LA INTERPRETACIÓN
DEL VIOLONCHELO ROMÁNTICO

LA INTERPRETACIÓN DEL VIOLONCHELO ROMÁNTICO

De Paganini a Casals

Trino Zurita

Antoni Bosch editor

Antoni Bosch editor, S.A.
Palafolls 28, 08017 Barcelona, España
Tel. (+34) 93 206 0730
info@antonibosch.com
www.antonibosch.com

Título original de la obra:
La interpretación del violonchelo romántico. De Paganini a Casals.
Copyright © 2015 Princeton University Press

© 2016 de la edición en español: Antoni Bosch editor, S.A.

ISBN: 978-84-941595-3-4
Depósito legal: B. 8.600-2016

Diseño de la cubierta: Compañía
Fotocomposición: Paty Candia
Corrección: Andreu Navarro
Impresión: Bookprint

Impreso en España
Printed in Spain
Colaboran el Centro de Documentación Musical de Andalucía y la Fundación de la Universidad Alfonso X el Sabio

A mis padres, José Luis y Teresa

Índice

Notas

Todas las traducciones son del autor, excepto las del idioma alemán, que son de Elvira Cuesta y Carlos Meléndez. En cualquier caso, también nos hacemos responsables de ellas.

Los ejemplos musicales relacionados con citas de texto pertenecen a la misma referencia bibliográfica señalada en dichos textos.

Las indicaciones de expresión y articulación recogidas en los ejemplos musicales que se refieren a las grabaciones son nuestras.

Para escuchar las grabaciones fonográficas citadas en este libro el lector puede acceder al enlace www.trinozurita.com/historicalrecordings.zip

El sistema de identificación de alturas que se ha seguido es el siguiente:

Introducción

En las últimas décadas se han hecho grandes avances en la reconstrucción de las técnicas y los usos interpretativos que pudieron estar vigentes hasta la muerte de Beethoven. La recuperación de la tradición interpretativa romántica, sin embargo, no ha disfrutado hasta el momento de esfuerzos certeros y reseñables, algo que choca con el fervor historicista en el que andamos sumidos en los últimos tiempos. Las grabaciones de principios del siglo XX tampoco han inspirado, paradójicamente, a los intérpretes que han querido abordar el repertorio romántico con criterios históricos. Y es que algunos de los más eminentes virtuosos del romanticismo tardío dejaron testimonio de su desempeño en los primitivos cilindros de cera, registros que hoy recuperamos para entender mejor una forma de comunicar la música que a principios del siglo XX ya se encontraba al filo de la extinción. Un atento estudio de estos documentos sonoros nos descubre una tradición que se aleja radicalmente de todo lo que hoy en día asociamos a una interpretación romántica, pero también de todo el historicismo interpretativo que actualmente inunda los escenarios y el mercado discográfico. Las grabaciones históricas nos ofrecen, en consecuencia, un apasionante campo de investigación en el que todavía queda un largo camino por recorrer.

Tenemos dudas razonables para aceptar que los rudimentarios sistemas de grabación pudieran haber captado en su totalidad las características y sutilezas expresivas de aquellos intérpretes: se tuvo que pedir un sonido potente, que el músico se acercara lo más posible al cuerno del gramófono y que no se moviera para que el sonido quedara bien impreso; puede que incluso se hubiera llegado a la selección de aquellos intérpretes cuyo estilo y sonido fuera más apropiado para su registro fonográfico. En definitiva, todo apunta a que los mecanismos de grabación pioneros influyeron sobre las interpretaciones de los virtuosos.[1] A pesar de los condicionantes, las grabaciones nos permiten apreciar en aquellos músicos tres rasgos expresivos que serán objeto de un profundo estudio en este trabajo: el carácter prosódico, el vibrato y el portamento. No es la primera vez que estos rasgos se abordan tomando como punto de partida las primeras grabaciones del siglo xx. Los musicólogos Robert Philip, Clive Brown, Daniel Leech-Wilkinson, David Milson, Neal Peres da Costa y George William Kennaway, entre otros, han aportado textos de incuestionable valor, que constituyen las principales fuentes secundarias contemporáneas que hemos empleado en nuestra investigación. No obstante, el estudio de las fuentes primarias es el que nos ha permitido recorrer un camino propio y alcanzar una mejor comprensión y contextualización de los rasgos preponderantes en el estilo de los virtuosos románticos. Entre las principales fuentes primarias se encuentran las citadas grabaciones, los tratados sobre interpretación y expresión musical, la crítica musical, las memorias de compositores e intérpretes y las ediciones anotadas y fraseadas del repertorio vocal e instrumental. El estudio de estas fuentes, finalmente, ha sido primordial para obtener herramientas de aplicación práctica, objetivo último de este trabajo.

En el primer bloque de este libro, conformado por los dos primeros capítulos, se quiere dar respuesta a varias cuestiones que se presentan cuando deseamos asumir el papel de un intérprete de la segunda mitad del siglo xix: ¿Qué tendencias o escuelas interpretativas coexistieron? ¿Qué rasgos definen a cada una de ellas? En el período finisecular, ¿se había superado la estética de los virtuosos? ¿Cuál era la relación del intérprete con la partitura? ¿Cuál era el modelo de intérprete deseado por los compositores de la época? Para responder a estas preguntas nos acercaremos a los protagonistas de las corrientes de pensamiento musical que se consolidaron en la segunda mitad del siglo. Veremos si la misma polarización estética que existió en la creación musical alcanzó a la interpretación y de qué manera. De cara a la lectura del segundo capítulo debemos esclarecer la doble connotación que guardan entre sí los términos *virtuoso* y *artista*, que es la misma que se desprende de los textos decimonónicos: por un lado definen una relación de estructura clasista entre el intérprete y el creador, y por otro, a nivel exclusivamente interpretativo, ambos términos se utilizaron para diferenciar a los virtuosos que tuvieron aspiraciones elevadas para la obra de arte musical de los que únicamente persiguieron la ostentación de su personalidad y

---

[1] Cf. Leech-Wilkinson, Daniel. "Early recorded violin playing: evidence for what?" En: Claudio Bacciagaluppi, Roman Brotbeck y Anselm Gerhard, eds. *Spielpraxis der Saiteninstrumente in der Romantik.* Bern: Argus, 2011, vol. iii, pp. 9-22.

el virtuosismo puro. Antes, en el primer capítulo, intentaremos bosquejar el panorama estético-interpretativo que se consolida en las últimas décadas del siglo XIX y presentaremos a los principales protagonistas de este trabajo.

La idea de una *escuela vocal* en la interpretación instrumental deberá estar latente durante la lectura del presente estudio, ya que los tres rasgos expresivos que desarrolla (carácter prosódico, vibrato y portamento) pertenecen al mismo modelo: la voz humana. En nuestra opinión, las referencias al modelo vocal aplicado a la interpretación musical siempre han navegado entre la ambigüedad y la simplificación, incluso a la hora de justificar los recursos expresivos antes citados. Aquí queremos ahondar en esta cuestión y demostrar la dimensión que adquirió la palabra en la interpretación. Además, para comprender mejor la expresión musical en el contexto de la escena romántica, revisaremos los principios que prevalecieron en el arte dramático y la declamación, pero también los rasgos que caracterizaron el estilo de los poetas y oradores, porque hacia ellos dirigieron sus miradas los virtuosos, para terminar recurriendo a los testimonios sonoros, pruebas fehacientes que vendrán a reforzar nuestro discurso.

En el cuarto capítulo afrontaremos el rasgo más fascinante que exhiben todos los intérpretes tardorrománticos registrados fonográficamente: el carácter prosódico. Demostraremos que este rasgo se relaciona con una concepción vocal del cantabile instrumental y, por tanto, esta irregularidad no siempre es producto del capricho del músico, ni responde exclusivamente a un deseo de destacar las notas estructuralmente importantes dentro del fraseo, como tampoco es un fenómeno que pueda explicarse, sin más, mediante el tempo rubato, sino que ha de asociarse a una forma de comunicar la música vinculada a la expresión oral de la palabra, ya sea ésta cantada, declamada o hablada. Comprender y exponer el origen de esta irregularidad es uno de los principales objetivos de este libro, empeño que se habrá iniciado, en parte, en el capítulo anterior. Para terminar, partiendo de la extraordinaria contribución del violonchelista Hugo Becker, propondremos una metodología para el análisis del carácter prosódico en la interpretación, con el objetivo de comprender este fenómeno en las interpretaciones de los primeros músicos grabados.

El estudio del vibrato comenzará con una contribución musicológica en el ámbito del violonchelo, contribución que nos servirá para presentar los dos tipos de vibrato que coexistieron en el siglo XIX: el vibrato que implica la ondulación del sonido en intensidad y el que implica la ondulación del sonido en altura. Asimismo, nos replantearemos el enfoque que se ha dado hasta ahora del vibrato, admitiendo las contradicciones que se dan entre los diversos testimonios y cuestionando ciertas opiniones instaladas en la tradición musicológica. La revisión, por un lado, de la visión individual que dieron del vibrato los violonchelistas románticos y, por otro, de las grabaciones de los violonchelistas del período entre siglos, arrojará bastante luz sobre la asunción del vibrato en la interpretación.

La sección más amplia de esta obra estará dedicada al portamento, recurso que alcanzó en el violonchelo su máxima expresión. Debido en parte a la influencia violinística, y en parte a la displicencia manifiesta a reivindicar este recurso expresivo desde un punto de vista historicista, el portamento ha sufrido en las últimas décadas un tratamiento bastante lacónico, cuando las grabaciones de los violonchelistas se revelan ante cualquier simplificación del principal recurso expresivo en los instrumentos de cuerda. En la primera parte de este capítulo estudiaremos la idiosincrasia estética del portamento y cómo ésta se vincula específicamente con la concepción dramática de la escena romántica. Una vez más la *escuela vocal* estará presente en varios sentidos, pero descubriremos, al mismo tiempo, que el portamento en la práctica llevaba consigo connotaciones ajenas a cualquier interés por emular la voz humana. En la segunda parte propondremos una amplia taxonomía del portamento, que pretende ser la más completa realizada hasta el momento y que hemos elaborado aunando teoría y práctica.

Desde esta perspectiva romántica, en toda la obra subyace el interés por comprender, como nunca antes se ha hecho, los rasgos que definieron el estilo de uno de los intérpretes más importantes de todos los tiempos, Pau Casals, ya que situamos al violonchelista español no como punto de inflexión (perspectiva bien conocida, sobre todo por su contribución a la evolución de la técnica violonchelística), sino como deudor de la tradición que lo educó y a la que pertenecen los recursos expresivos que fueron distintivos de su arte, de ahí que la figura de Casals marque el fin de la época en la que centramos nuestra investigación.

Panorama estético-interpretativo en la segunda mitad del siglo XIX

Considerábamos a Paganini como un gran cantor-violinista, como el creador de una escuela patética y dramática aplicada al arte del arco.[2]

François-Joseph Fétis, 1851

El primer capítulo de esta obra servirá para trazar las escuelas de interpretación que se consolidaron en el período posromántico y discutir sobre la clasificación de los estilos interpretativos en términos de escuelas nacionales. Aunque los violonchelistas centrarán el foco de atención, la alusión a cantantes, pianistas y violinistas resultará inevitable para obtener una visión amplia y coherente. Por otro lado, uno de los aspectos más interesantes en la interpretación violonchelística de la segunda mitad del siglo XIX es la paulatina incorporación de la pica. Este elemento es un factor que bien podría haber servido para establecer escuelas de interpretación, ya que, como escribe el violinista John Dunn: *Estilo* es sinónimo de lo que a menudo se ha llamado *Escuela*, sin embargo resulta confuso. El estilo no hace ninguna referencia a la postura o a la apariencia de un intérprete en acción".[3] Pero, ciertamente, no encontramos suficientes argumentos para hablar de escuelas de violonchelo que se fundamenten en la postura del cuerpo o en la forma en la que los virtuosos cogieron el violonchelo. Quizá sí se podría afirmar que la mayoría de los intérpretes de la escuela clásica más estricta, es decir, los violonchelistas más conservadores, tocaron sin ella.[4] En cual-

---

[2] Fétis, François-Joseph. *Notice biographique sur Nicolo Paganini*. Paris: Chez Schonenberger, 1851, p. 78.

[3] Dunn, John. "On playing the violin". En: John Greig, ed. *The Musical Educator*. London: Caxton, 1910, vol. III, p. 13.

[4] Nos referimos a Alfredo Piatti, Robert Hausmann o Julius Klengel (se pueden encontrar fotografías que muestran a Klengel sujetando el violonchelo con pica y sin ella).

quier caso, y para evitar la confusión a la que aludía Dunn, el concepto de escuela se situará aquí en el plano estético-interpretativo.

1. El cantabile de Paganini

La irrupción de Niccolò Paganini (1782-1840) en la escena musical europea supuso toda una revolución en la concepción de la técnica y de la expresión en los instrumentos de cuerda. Fueron numerosas las novedades que vinieron de la mano del genio italiano, aunque ahora pondremos en primer plano al poeta de cantabile inalcanzable,[5] al cantor-violinista que introdujo en la interpretación una serie de recursos —acentos, inflexiones vocales y gestos— que procedían no sólo del canto, sino también de los sonidos naturales de la expresión humana, sonidos con los que el hombre manifiesta sus sentimientos y emociones.

> No hace falta decir que el portamento del arco, las dificultades casi insuperables vencidas por Paganini, la riqueza de sus variaciones y el sonido imitador del canto concitaron éxtasis. Aunque [esto] no es nuevo para los milaneses, que han escuchado más veces este portento, siempre de tal envergadura que parece que les excite como la primera vez.[6]

Más tarde, Fayole escribiría:

> A Paganini le gusta tocar los *cantabile* enteros con un solo dedo, en los que la presión y los *portamentos* [*glissades*] comunican al sonido acentos quejumbrosos *que oprimen el corazón*.[7]

La ejecución de toda una melodía con un mismo dedo no parece en absoluto algo caprichoso, como si esta práctica por sí misma pudiera haber causado admiración. Tampoco parece que el sonido imitador del canto que producía Paganini con su violín responda a un deseo exclusivo de imitar el portamento o el legato vocal, deseo que se habría visto sobrepasado con una expresión basada en un único dedo arrastrado por la cuerda.[8] Esta

---

[5] Sedlaczek, Proffesor. "Paganini in Prag". En: *Neues Archiv für Geschichte, Staatenkunde, Literatur und Kunst.* Wien: Franz Ludwig, 1829, vol. i, p. 10.

[6] *I teatri: giornale drammatico musicale e coreografico.* Milano: Giulio Ferrario, 11 de diciembre de 1827, pp. 584-585.

[7] Fayolle, François-Joseph-Marie. *Paganini et Bériot, ou avis aux jeunes artistes qui se destinent à l'enseignement du violon.* Paris: Logouest, 1831, p. 45.

[8] En la segunda parte del capítulo "La escuela vocal" se abordará cómo pudo ser el canto italiano decimonónico.

práctica parece tener más bien sus raíces en la naturaleza de la expresión humana, en melodías de líneas sinuosas y melismáticas, en los sonidos de las pasiones. El gran virtuoso Ole Bull (1810-1880), que daría continuidad al estilo dramático en la segunda mitad del siglo, escribió unas extensas notas sobre la vida y la contribución de Paganini que apuntan en este sentido:

> Nadie puede entender profundamente a Paganini sin un sentimiento educado de la melodía, sin el arte de dar vida y expresión a la misma. Sin un conocimiento del arte del canto italiano es imposible apreciar adecuadamente su forma de tocar. Contemporáneo de Pasta, Pizzaroni, Rubini y Malibran, Paganini rivalizó con ellos cantando con su violín melodías, muchas de las cuales habían sido cantadas por estos artistas, sorprendiendo a *ellos* incluso más que al público. De hecho, su estilo era tan original, los medios con los que produjo sus efectos para emocionar fueron tan variados e inesperados y su música estaba tan llena siempre de nuevos episodios de sorprendente belleza y originalidad, que los violinistas de la época quedaron confundidos.
> La mitad de los virtuosos vanidosos no se dignaron estudiar los misterios del violín, ni el alma de la melodía, ni sus principios de la digitación, ni los múltiples colores del sonido y la expresión, es decir, [no estudiaron] nada de lo que no llegaron a comprender, [sólo] ejecutaron "trucos" y "tocaron para la multitud".[9]

Más adelante, Bull vuelve a insistir sobre el carácter vocal del cantabile de Paganini:

> Paganini especialmente destacó en dar vida a las melodías más simples, en dar a su tono las cualidades de la voz humana, en contrastes de luz y sombra y de expresión, ora quejumbrosa, ora brillante y alegre, ora fantástica.[10]

El empleo de recursos inesperados para impresionar, la introducción de una digitación expresiva extrema, así como el interés por reproducir los infinitos matices de la voz humana, nos hacen pensar que Paganini llevó el canto melódico hasta límites insospechados, hacia un lenguaje emocional que, incluso, pudo exceder los estándares del sistema temperado, iniciando con ello un concepto de cantabile cuya resonancia perdurará hasta bien entrado el siglo xx. El violonchelista Justus Johann Friedrich Dotzauer (1783-1860), de postura muy contraria, defensor de la sensibilidad y la pureza en el canto, se refiere a una práctica que parece ir más

---

[9] Bull, Sara. *Ole Bull. A memoir.* Cambridge: The Riverside Press, 1882, pp. 369-370.

[10] Ibíd., p. 371.

allá de la afinación expresiva cuando critica el estilo dramático, el que "se pierde en sostenidos y bemoles".[11] Según François-Joseph Fétis, con este tipo de lenguaje emocional Paganini inauguró un nuevo estilo interpretativo, que no siempre encontró la aprobación de la élite musical:

> Después de haber dicho cuáles eran las inmensas cualidades del talento de Paganini, es necesario tener en cuenta la impresión general que producía. Muchas personas se extasiaban con la poesía de su interpretación, particularmente en el canto; lo considerábamos como un gran cantor-violinista, como el creador de una escuela patética y dramática aplicada al arte del arco. (...) En la oración de *Moisés*, por ejemplo, fue hermoso cuando se oyó cantar al barítono sobre la cuarta cuerda, ya que le dio un gran carácter, pero cuando tomó la voz de *Elcia*, una octava más alta, en la misma cuerda, cayó en una expresión afectada de sonidos arrastrados y temblorosos que el buen gusto condena.[12]

2. Escuelas de interpretación en la segunda mitad del siglo XIX

Las prácticas paganinianas se extendieron entre los virtuosos de arco de dos maneras. Por un lado, una serie de intérpretes se convirtieron en seguidores acérrimos del nuevo estilo e intentaron reproducir, o traducir a su propia personalidad, sus rasgos característicos. Otros virtuosos, en cambio, dando continuidad al espíritu clásico, integraron en su propio estilo los elementos novedosos sin perder la compostura, la visión elevada del arte ni los principios que habían heredado de los viejos maestros. Joseph Verey escribe en 1871:

> Casi todos los violinistas imitaron el estilo de Paganini. La escuela de Viotti, Rode y Kreutzer se mantuvo apagada y desabrida, aunque estos eminentes violinistas todavía dejaron algunos discípulos que, tomándolos como modelos, fundaron un nuevo estilo en el que se retuvo mucho de lo que fue excelente, pero se alió a concepciones más románticas y poéticas de lo que se había imaginado posible para el violín hasta la fecha.[13]

---

[11] Dotzauer, J. J. F. *Methode de violoncelle*. Mayence: Schott Editeurs, s.d. [1825], p. 56.

[12] Fétis, François-Joseph. *Notice biographique... Op. cit.*, p. 78.

[13] Verey, Joseph. "Famous Violin Players". En: *The Era Almanack*. Edward Ledger, ed. London: s.d., 1871, p. 79.

Los recursos expresivos que pusieron en juego los músicos de la escuela dramática pronto se extendieron, y muchos de ellos, una vez pasada la moda de los virtuosos, se consolidaron como propios de la estética interpretativa del período posromántico. Diversos autores coinciden en señalar que el estilo dramático fue menguando, entre ellos Eduard Hanslick en una crítica a Ole Bull de 1858. En el siguiente fragmento encontramos, además, un esbozo claro de cuál era la opinión de los opositores al estilo dramático de interpretación:

> Ole Bull ha sido dado siempre a un virtuosismo desequilibrado, a una combinación de soberana bravura y maneras bizarras que podrían denominarse "paganinianas". El entusiasmo por este tipo de efectos, que dejan la mente y el corazón intactos y excitan sólo la sorpresa, ha disminuido sorprendentemente en los últimos veinte años.[14]

Tendencias más racionales en la concepción de la vida y aspiraciones más idealizadas en la concepción del arte fueron ganando terreno en la cultura musical durante la segunda mitad del siglo,[15] lo que provocó el rechazo a los excesos en cualquier dirección, pero también que se reivindicaran las cualidades naturales de cada instrumento. En este sentido, Charles de Bériot reflexiona en el prefacio de su *Méthode de violon* (1858) sobre el papel que debía asumir el violín, para concluir que su misión verdadera era la de "imitar los acentos de la voz humana",[16] mientras que, análogamente, Wilhelm Joseph von Wasielewski, en su *Das Violoncell und seine Geschichte* (1889), reclama para el violonchelo su verdadero carácter, que viene dado por su propio registro: "El violonchelo, que se mueve preferentemente por la hermosa región del tenor y del bajo, remueve nuestra alma con su sonoridad cautivadora y la imponente riqueza de su sonido, también con la expresión elegíaca, que en virtud de su peculiar timbre está en él intrínsecamente más que en el violín".[17] El violonchelista Hugo Becker escribe que, en comparación con el violín, el violonchelo posee un tamaño mayor, un registro más grave, cuerdas más gruesas y, por tanto, en lo que concierne a la expresión, su discurso se basa principalmente en el timbre del barítono. Pero, dada su idoneidad para la interpretación de la cantilena, Becker advierte: "Los violonchelistas han de cuidarse del sentimentalismo y la excesiva blandura [*Wei-*

---

[14] Hanslick, Eduard. *Music Criticism, 1846-99*. Henry Pleasants, ed. y trad. Baltimore: Penguin Books, 1963, p. 70.

[15] Cf. Ibíd., p. 69.

[16] Bériot, Charles de. *Méthode de violon*, op. 102. Paris: Schott, s.d. [1858], vol. I, p. 1.

[17] Wasielewski, Wilhelm Joseph von. *Das Violoncell und seine Geschichte*. Leipzig: Breitkopf und Härtel, 1889, p. 236.

chlichkeit], de no desnaturalizar este noble instrumento".[18] Se instala, pues, la búsqueda de la verdad en la expresión. El violinista John Dunn, bajo la influencia de la *Violinschule* de Louis Spohr, manifiesta que un sentimiento refinado y elevado ha de impregnar el todo en el estilo de un solista, en el que adquiere importancia, principalmente, "una mayor atención al detalle en el fraseo, el carácter y la individualidad, la cual reviste al estilo solista con más distinción y valor".[19] De forma similar, el violonchelista Carl Schroeder habla de cuatro preceptos que han de prevalecer en la interpretación de un artista: el fraseo, la cultura intelectual, el gusto y la individualidad, dejando claro que la individualidad del intérprete nunca deberá suplantar a la del compositor.[20]

Aunque el estilo de la escuela dramática tal como se había entendido en sus orígenes pasara de moda y el radicalismo expresivo quizá se apaciguara en algunos casos, un grupo importante de virtuosos dio continuidad al estilo dramático primando la emocionalidad en la expresión y anteponiendo su personalidad arrolladora en la interpretación. Este estilo, que encontró casi siempre la oposición de los grandes pensadores y compositores de la segunda mitad del siglo, convivirá con el de aquellos virtuosos que no cedieron a los gustos del público y mantuvieron sentimientos más elevados hacia la obra de arte (entiéndase desde la perspectiva de la época y asumido el lenguaje expresivo que se había instalado en la escena romántica). Son numerosos los indicios que invitan a realizar este planteamiento antitético, que apareció en la crítica musical decimonónica al mismo tiempo que el nuevo estilo ganaba adeptos. El estilo dramático no sólo contribuyó a polarizar las tendencias en la interpretación, sino que proyectó una sombra homogeneizadora sobre los estilos interpretativos de los diferentes centros musicales europeos, insuflando una nueva concepción de la técnica instrumental y de la expresión que se extendió a todas las regiones de forma que:

> Un violinista, que pueda ser llamado así con propiedad, será hoy en día difícilmente identificado por su forma de tocar como perteneciente a una nación en particular. Los franceses son sólidos y científicos, los alemanes ligeros y elegantes, los belgas ambas cosas. De hecho, se ha extendido una paz tan duradera en las relaciones, y se ha alentado una comunidad de estudios y sentimientos, que los rasgos fuertes de nacionalidad están desapareciendo de los grupos y las

---

[18] Becker, Hugo, y Rynar, Dago. *Mechanik und Ästhetik des Violoncellspiels*. Wien: Universal, 1971 (1.ª ed. 1929), p. 207.

[19] Dunn, John. "On playing the violin"... *Op. cit.*, p. 13.

[20] Cf. Schroeder, Carl. *Katechismus des violoncellspiels*. Leipzig: Hesse, 1890, pp. 79-86.

masas, y se detectan ahora principalmente en las peculiaridades de artistas individuales.[21]

La marcada polarización estilística provocó también que las dos corrientes se personificaran en las figuras de sus máximos exponentes. En este comentario, por ejemplo, Paganini y Romberg encarnan ideales antagonistas:

> En cuanto a gracia y elegancia de ejecución, esencia del sonido [*Mark des Tones*], y todo lo relacionado con el carácter de este gran violín tenor, nadie ha superado a Bernhard, el padre de todos los violonchelistas. Es el cantante más cautivador en su instrumento. Quien espere un meteoro del tiempo, un Paganini, se ha engañado enormemente. Bernhard Romberg no mal-usa su instrumento para la destrucción del arte. En su opinión, el rebuscamiento artificioso queda fuera de los límites de la estética. Y hasta hoy sigue siendo fiel a ese sentimiento.[22]

Ahora, el estilo clásico representado por Alfredo Piatti se contrapone al estilo dramático de Batta:

> El señor Piatti no tiene para nada la mirada celestial, ni la fisonomía rafaelesca de Batta, es un hombre ordinario, simple, desprovisto de toda afectación, de toda charlatanería. (...) El señor Piatti parece haber encontrado en las profundidades de su instrumento acentos desconocidos. La voz humana no tiene inflexiones más vibrantes, más patéticas.[23]

Asimismo, importantes trabajos decimonónicos focalizados en el ámbito de la expresión musical reconocen dos corrientes interpretativas consolidadas. Adolph Friedrich Christiani, en su obra *Principles of expression in pianoforte playing* (1885), afirma que una obra artística puede tener cientos de lecturas, pero que se podrían resumir en dos tipos: unas más objetivas y otras más subjetivas, dependiendo de cuál sea el elemento preponderante en la interpretación: la emoción o la inteligencia.

---

[21] Anónimo. "Music in Germany and Belgium: Its Progress, Present State, and Prospects". En: John Cochrane, ed. *The Foreign Quarterly Review*. London: Chapman and Hall, 1845, p. 412.

[22] Gollmick, Carl. *Musikalische Novellen und Silhouetten*. Zeitz: Schieferdecker, 1838, p. 268.

[23] *Revue de Paris*. Paris: Louis Désiré Véron, 1844, vol. XXVII, p. 220.

En el caso de que la emoción sea más fuerte, la concepción será *subjetiva*. El artista tratará la obra como si él mismo la hubiera compuesto, sujeta a sus propios sentimientos. Un artista así es Rubinstein.
Por otro lado, donde la inteligencia del intérprete es más fuerte, su concepción será *objetiva*. El artista tratará la obra exclusivamente en el espíritu y el carácter del compositor, haciendo las ideas del compositor el objeto de su atención. Un artista así es Von Bülow.[24]

Mathis Lussy habla igualmente de dos escuelas de interpretación en la época. Así comienza la introducción del capítulo "Du mouvement passionnel" ("Del elemento pasional") de su libro *Traité de l'expression musicale* (1874), una de las contribuciones más importantes sobre la expresión musical en la segunda mitad del siglo XIX:

Abordamos ahora la parte más difícil de nuestro trabajo, porque aquí nos encontramos en presencia de dos escuelas que profesan principios diametralmente opuestos. Una exige un tempo [*mouvement*] uniforme, sin *accelerando* ni *ritardando*; la otra, por el contrario, suele acelerar o retardar a cada ritmo, a cada incidente. Para los primeros, tocar con la regularidad y la precisión de una máquina es la cima de la perfección; para los segundos, alterar el tempo a cada ritmo y producir una ejecución irregular [*boiteuse*] no tiene nada de desagradable. Unos sacrifican el detalle a la unidad, otros la unidad al detalle.[25]

En resumen, en los autores de la época no encontramos la intención de atribuir características nacionales al estilo de los intérpretes, sino más bien una inclinación a juzgarlos y a agruparlos según su concepción de la expresión y su relación con la obra de arte musical. Efectivamente, Lussy constata la existencia de dos escuelas que se diferencian por la implicación emocional del intérprete, implicación que se traduce en la regulación y el uso que éste hace de la fuerza, el énfasis, los matices, el tempo, la gestualidad y demás recursos expresivos durante la ejecución.[26]
La crítica musical y las grabaciones históricas de principios del siglo XX parecen confirmar estas dos tendencias, que asumimos en este trabajo y que designaremos como *escuela dramática* y *escuela clásica*, denominaciones libres de cualquier connotación nacional y consolidadas en el período sometido a estudio. En ambos casos los virtuosos participarán de características, sentimientos y preocupaciones estéticas comunes, aunque

---

[24] Christiani, Adolph Friedrich. *Principles of expression in pianoforte playing*. Philadelphia: Theodore Presser, 1885, pp. 16-17.
[25] Lussy, Mathis. *Traité de l'expression musicale*. Paris: Heugel, 1874, p. 115.
[26] Cf. Ibíd., p. 8.

a veces también del empleo más o menos prominente de una serie de recursos técnicos y expresivos. Ante una clasificación tan amplia es difícil mantener una concepción rígida de escuela, más aún cuando el estilo es algo vivo, flexible y en constante evolución, tanto por la asimilación que un artista individual hace de la tradición a la que se adscribe como por la impronta que él deja sobre la misma. A continuación desgranaremos detalles individuales del estilo de algunos de los violonchelistas más importantes de la segunda mitad del siglo XIX que nos permitirán definir posturas más o menos extremas dentro de cada escuela. Atenderemos fundamentalmente a los sonidos arrastrados y temblorosos, recursos en los que profundizaremos en sucesivos capítulos.

3. Escuela dramática y escuela clásica

Los virtuosos de la escuela dramática protagonizaron la propagación de las prácticas denominadas *sentimentalistas*, de ahí que a mediados de la centuria el vibrato fuera ya un elemento propio de los músicos adscritos a esta escuela. Por ejemplo, los comentaristas destacaban en Joseph Servais (1850-1885), el hijo menor de Adrien-François, las mismas cualidades que habían hecho famoso a su padre. Esta fue la impresión que causó en La Haya después de tocar, entre otras obras, el *Concerto Militaire* de su padre:

> Joseph Servais tocó con el ardor y la precisión que distinguían a su ilustre padre. (...) Nadie mejor que él podría tener el sello que distingue a nuestro gran violonchelista. Exactitud, amplitud de sonido y mecanismo, todo está junto. Pero hay una objeción, ¿por qué ese vibrato imperturbable a cada nota sostenida? Joseph Servais tiene cualidades suficientes para ser despreciado por esto, que, en definitiva, no añade nada al sonido.[27]

Años más tarde encontramos una opinión análoga tras la interpretación de otra pieza de su padre, el *Concierto en la menor*, op. posth., en un Concert Populaire en Paris: "[Joseph Servais] lo interpretó con una gran seguridad en el mecanismo y un sonido largo y mordiente; su mano izquierda es de una habilidad perfecta, que se prodiga solamente en demasiado *vibrato*".[28] Es coherente pensar que, en el caso de Joseph Servais, el vibrato que tanto llamaba la atención fuera una constante en su estilo.

---

[27] *Le Guide Musical: revue internationale des nouvelles musicales de la Belgique et de l'Étranger*. Paris: Schott, 24 de noviembre de 1870, p. 4. Firmado por L. C.

[28] *Revue et Gazette Musicale de Paris*. Paris: Au bureau du journal, 28 de febrero de 1875, p. 69.

Una revista musical alemana sirvió de sustentáculo a dos comentaristas que quisieron discutir sobre el empleo del vibrato por parte de David Popper (1843-1913). El primer crítico escribe: "Su sonido es excelente y uno no podría descubrir ningún trazo del intolerable vibrato de algunos virtuosos. El recurso expresivo que aplicó y que es necesario para la calidez exigida en el sonido fue sólo el tembloroso (u oscilante) movimiento de vibrato tal como es legítimamente enseñado".[29] Después, el segundo recrimina al anterior no poseer ningún conocimiento de lo que es un tono natural y homogéneo, y tener los oídos infectados por el gusto enfermo que —según afirma— estaba de moda en aquel entonces. Este último termina diciendo: "No percibimos por tanto ni un solo sonido del señor D. Popper al que, permitiéndolo el tempo, no aplicara su 'legítimamente enseñado movimiento de vibrato'".[30] Esto nos hace pensar que, en efecto, Popper aplicó el vibrato frecuentemente, y que el recurso se encontraba muy extendido en la década de los sesenta. Del mismo modo, un intérprete clasificado hasta hoy en la escuela clásica alemana, Bernhard Cossmann (1822-1910), reflejaba tras su estancia en Paris nuevos elementos en su estilo que llamaron la atención del público germano:

> El violonchelista Cossmann pertenece al nuevo virtuosismo francés: instrumento muy pegado [al cuerpo], mucho *tremolo*, [parece] más un violín que un violonchelo, pero posee una elegante conducción del arco, y gran delicadeza y romanticismo en la ejecución.[31]

Años más tarde, Immanuel Faisst, corresponsal del *Allgemeine musikalische Zeitung* en Stuttgart, apreciaba las mismas características anotadas anteriormente y se lamentaba de que Cossmann practicara el "sentimentalismo lacrimoso durante tanto tiempo de moda, con su vibrato y *tremolo* nervioso que no se corresponde con el verdadero carácter del violonchelo".[32] Es evidente que su estilo se enriqueció con los recursos sentimentalistas de moda en Paris, que permanecieron para siempre como elementos distintivos de su estilo. Ahora vamos a corroborar por otro cauce lo dicho por estos comentaristas: Joachim Raff compuso sus *Zwei Fantasie-Stücke, op. 86* (1854), en Weimar. Cossmann había llegado allí en 1850, invitado por Liszt para ocupar el puesto de violonchelista princi-

[29] *Neue Zeitschrift für Musik*. Leipzig: marzo de 1863. Citado en: *De'ak, Steven. David Popper... Op. cit.*, p. 61.
[30] *Neue Zeitschrift für Musik*. Leipzig: noviembre de 1863. Citado en *ibíd*.
[31] *Die Grenzboten*. Ignaz Kuranda, ed. Leipzig: Ludwig Herbig, 1846, vol. II, p. 399.
[32] *Allgemeine musikalische Zeitung*. Leipzig: Breitkopf & Härtel, 1 de febrero de 1871, p. 75.

pal de la Orquesta de la Corte Ducal. Ambos músicos pertenecían, por tanto, al selecto círculo musical del compositor húngaro.[33] El estilo del violonchelista —que como hemos visto se caracterizaba por el empleo de mucho vibrato— tuvo que influir sobre la forma en la que Raff concibió finalmente estas dos piezas. En el siguiente fragmento, Raff introduce la indicación *molto vibrato* para exigir mayor intensidad de expresión, una indicación que podríamos considerar excepcional para la época y que se encuentra, además, en un pasaje que no es precisamente de notas sostenidas.

Ej. 1.1. Raff, Joachim. *Erinnerung*, op. 86/2. Leipzig: Rieter-Biedermann, s.d. [1862], vc-p. 2.

Carl Davidoff (1838-1889), otro violonchelista vinculado tradicional-mente con la escuela clásica, fue atacado severamente por abusar del portamento: "El señor Davidoff se ha ganado en su país y en Alemania una reputación sólida que su talento justifica: es un maestro. Posee un mecanismo perfecto, un estilo grande, pero también algunos glissandos [*glissades*] que afean un poco su *cantabile*".[34] Fueron varios los conciertos que Davidoff ofreció durante su estancia en Paris en 1875, los cuales se encuentran muy bien documentados en la *Revue et Gazzette Musicale*. Pues bien, la interpretación del *Aria* de Bach en un concierto en la Sala Erard dejó el siguiente comentario, en el que tampoco pasó inadvertida la manipulación del texto original de la pieza:

---

[33] Parece ser que también fue en aquella época cuando Liszt realizara para su amigo Cossmann [*für freund Coßmann*] la transcripción para violonchelo y piano del recitativo y romanza "O du mein holder Abendstern" de la ópera *Tannhäuser* de Wagner. Por otro lado, destacar que Cossmann venía de Leipzig, donde había formado cuarteto con Ferdinand David, violinista alemán cuyo estilo también mostraba numerosos elementos dramáticos. Cf. Milsom, David. *Theory and Practice in Late Nineteenth Century Violin Performance; an examination of style in performance, 1850-1900*. Aldershot: Ashgate, 2003, p. 19.

[34] *Revue et Gazzette Musicale de Paris*. Paris: Au bureau du journal, 17 de enero de 1875, p. 22.

> Tiene las cualidades más preciadas: un sonido muy hermoso, que en
> la sala Erard parecía mucho más rico y más lleno que en el Cirque, un
> mecanismo perfecto, un sentido propio de la función del bajo en la
> música de cámara. Sin embargo, su ejecución se ve ensombrecida por
> unos *portamenti* demasiado frecuentes, algunos de los cuales ya no son
> adornos del canto, sino vulgares glissandos. Este defecto fue particu-
> larmente notable en la *Aria* de la *Suite en re* para orquesta de J. S. Bach,
> que Davidoff *moderniza* más de lo debido cambiando a veces el texto.[35]

La interpretación de la misma pieza de Bach días más tarde en el Conservatorio de Paris causó la misma impresión:

> Tocó la pieza con una expresión delicada, pero disminuyendo de-
> masiado el sonido del instrumento y, como ya hemos dicho, con
> demasiados *portamenti* para ganar el apoyo de los oyentes, siempre
> fáciles de seducir con estos sentimentalismos en el estilo.[36]

Sin embargo, el exceso de portamento no mermó ni un ápice la estima
de Edmun van der Straeten por el violonchelista ruso. Al contrario, se
entiende que en los pasajes de intensidad Davidoff utilizaba los recursos
propios para dar expresión:

> Su estilo era majestuoso y completamente reservado, excepto cuando
> se alcanzaba un clímax que requería la más plena expresión. En tales
> momentos Davidoff mostraba gran fuerza emocional, poniendo to-
> dos los recursos a su disposición para dar la máxima expresión. Todo
> sentimentalismo barato que intentara ganar el aplauso de la multitud
> era extraño a su naturaleza, él lo detestaba.[37]

Ahora quisiéramos poner en valor la grabación histórica del violonchelista ruso Alexander Verzhbilovich (1850-1911), el alumno más importante de Davidoff. Si atendemos a los portamentos realizados por
Verzhbilovich, verificamos una presencia de los mismos comparable a
la que encontramos en las interpretaciones de los virtuosos dramáticos
Joseph Hollman y Heinrich Kruse. Por tanto, aunque tenemos motivos para pensar que los violonchelistas dramáticos del romanticismo

---

[35] *Revue et Gazette Musicale de Paris*. Paris: Au bureau du journal, 7 de febrero
de 1875, p. 46.

[36] *Revue et Gazette Musicale de Paris*. Paris: Au bureau du journal, 7 de marzo
de 1875, p. 77.

[37] Straeten, Edmun van der. *History of the violoncello, the viol da gamba, their
precursors and collateral instruments*. London: William Reeves, 1915, vol. II, p. 619.

temprano introdujeron de forma más prominente el portamento en el cantabile, las evidencias nos demuestran que, al menos, a finales del XIX no fue así: todos los violonchelistas aplicaron masivamente el portamento, que se había convertido en un elemento intrínseco del cantabile. Este documento sonoro tiene mayor importancia, si cabe, porque la grabación tuvo lugar en 1904, en el mismo cambio de siglo y en plena madurez del violonchelista, cuando su estilo individual ya estaba afianzado.

Como se viene apuntando, a mediados de siglo una serie de intérpretes afines a la tradición clásica comenzaron a mostrar síntomas de que los recursos sentimentalistas se estaban extendiendo en la interpretación. Gracias al intenso trabajo pedagógico-editorial que llevaron a cabo algunos de estos intérpretes, quienes enriquecieron las partituras con numerosas anotaciones técnicas y de expresión, podemos acreditar esta tendencia y conocer cómo era el tratamiento del texto musical al servicio del gusto romántico. Por otro lado, en las composiciones de los propios virtuosos encontramos los mejores ejemplos donde estudiar la influencia que el estilo interpretativo pudo tener sobre el compositivo, ejemplos, por tanto, que no podemos desdeñar. Hermann Keller cita a Carl Czerny y a Ferdinand David como los iniciadores de esta práctica editorial.[38] Entre los violonchelistas, el que con mayor empeño acometió este trabajo fue Friedrich Grützmacher (1832-1903). Keller observa que los intérpretes no sólo cumplieron con los encargos de los editores, sino también con los deseos de los músicos aficionados,[39] luego, ¿deberíamos tomar estas ediciones con cautela debido a los intereses que podrían haber tenido unos y otros en que ciertos recursos sentimentalistas estuvieran presentes para el deleite de los aficionados? Creemos que no. Queremos pensar que las anotaciones en las ediciones evidencian al mismo tiempo el fin pedagógico que éstas tuvieron y las verdaderas características del estilo interpretativo. Los aficionados consumidores de música impresa quisieron reproducir la música con los elementos propios de la praxis interpretativa, de la misma forma que sus admirados virtuosos, aunque a veces esta praxis estuviera alejada de sentimientos elevados o de las exigencias de la élite musical. En Grützmacher encontramos una total coherencia, por ejemplo, entre su edición del *Concierto en la menor* de Schumann (Ej. 1.2) y su edición de las *Trois sonates faciles et progressives*, op. 43, de Romberg, piezas estas últimas de mero interés pedagógico. Grützmacher realiza en ambos casos un trabajo notacional minucioso en el que destaca especialmente la atención a los aspectos expresivos.

El exceso de portamento que observamos en Grützmacher —quizá

---

[38] Keller, Hermann. *Fraseo y articulación*. Buenos Aires: Eudeba, 1964, p. 138.
[39] Ibíd.

tanto como el que escuchamos en muchas grabaciones históricas de principios del siglo xx— entendemos que puede ser considerado como tolerable para el buen gusto en la segunda mitad del siglo xix. Así, si Grützmacher introdujo el portamento con frecuencia, nunca llamó la atención de los comentaristas:

> Sin nada que envidiar a los más importantes y célebres virtuosos del violonchelo de la actualidad en cuanto a formación técnica, los supera mediante la riqueza y la belleza de su sonido y esa ejecución llena de espíritu que distingue al verdadero artista del virtuoso. (...) Gracias a la ejecución limpia y llena de emoción de Grützmacher, y en una postura de artista verdadero, se mantuvo alejado de cualquier lamento sentimentaloide con el que los virtuosos del violonchelo tienen acostumbrados a sus oyentes.[40]

Los dos ejemplos siguientes son ilustrativos de la abundancia de portamento que encontramos en Grützmacher. En el fragmento perteneciente al segundo movimiento del concierto de Schumann vemos el portamento presente prácticamente en cada compás a través de tres formas prescriptivas. Primero, la digitación expresiva nos ayuda a deducir en qué intervalos podría haber sonado un portamento. Después, la anotación *"gliss."* reclama el portamento en aquellos intervalos donde no se habría esperado su aplicación o, simplemente, allí donde no hay otra forma de indicarlo. Por último, queremos reparar en el portamento escrito por el propio Schumann mediante un mordente. Al igual que en el pasaje de Raff (Ej. 1.1), aquí el mordente no ha de entenderse como una simple nota de adorno, sino como un elemento indicativo de portamento. Las interpretaciones modernas entienden que estas pequeñas notas deben ser sencillamente más o menos rápidas, ajenas al contexto vocal en el que se concibieron. Más adelante se estudiarán otros ejemplos y se analizarán ampliamente todos los tipos de portamento.

---

[40] *Signale für die Musikalische Welt.* Leipzig: Bartholf Senff, enero de 1866, p. 86.

Ej. 1.2. Schumann, Robert. *Concerto*, op. 129, Langsam. Grützmacher, ed. Leipzig: Peters, s.d., p. 8.

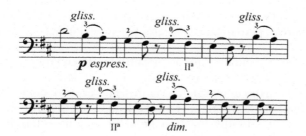

Ej. 1.3. Mendelssohn, Felix. *Sonata n. 2*, op. 58, Molto allegro e vivace. Grützmacher, ed. Leipzig: Peters, 1887, p. 73.

4. Escuela clásica: perfil estricto

En 1861, un cronista desde Leipzig escribía en *The Athenaeum*: "La forma de tocar de Davidoff es magistral en todos los aspectos, de hecho, a excepción del señor Piatti, cuyo estilo es muy diferente, no he escuchado a nadie que le iguale".[41] Desgraciadamente, no se aportan en la crónica más datos que permitan vislumbrar las diferencias entre un violonchelista y otro, aunque pensamos, por las palabras de Straeten recogidas más arriba, que en manos de Davidoff el violonchelo poseía un carácter más poético y vigoroso (como lo es su propia música). Sea como fuere, este

---

[41] *The Athenaeum*. London: Francis, 16 de noviembre de 1861, p. 660.

comentario nos sirve para seguir trazando una de las hipótesis que proponemos en este trabajo: que una serie de intérpretes de la escuela clásica, probablemente la mayoría, incorporaron a su estilo algunos recursos expresivos dramáticos, que se distinguen claramente de aquellos que se mantuvieron en una línea más conservadora, ligada a principios estéticos elevados y puros, en conexión idealizada con los maestros virtuosos del pasado. Entre los violonchelistas, el mayor exponente de este último grupo será el italiano Carlo Alfredo Piatti (1822-1901). Los calificativos empleados para elogiar el estilo de Piatti serán muy similares a los utilizados para alabar el de Joachim.

> Lo que más sorprende del maravilloso arte del joven sonador es que ni en la más ardua dificultad pierde de vista el mejor efecto de sonido y de sentimiento: siempre la misma entonación y seguridad, siempre la misma fuerza, la medida más exacta, la más esmerada claridad y precisión, alternando con la dulzura del canto. En las dificultades más terribles no hay más que una expresión musical natural para conseguir un efecto. Y no se crea dificultades sólo por el placer de decir: yo las he vencido. No se ve cuánto cuestan. Y el alma recibe la impresión de sorpresa, pero dulzura y alegría es lo que queda.[42]

En Piatti se observan cualidades que lo alejan bien de cualquier resquicio dramático: expresión contenida, seriedad, naturalidad, compostura, virtuosismo libre de artificio y hasta cierta dosis de espiritualidad.[43] Un comentario equivalente es el que nos ofrece Joseph Verey sobre el más grande violinista clásico, Joseph Joachim, en el que se hace referencia al virtuosismo sin ostentación y a la concepción vocal de la cantilena: "Toca las dificultades más prodigiosas sin el menor esfuerzo aparente. Su tono es magnífico, lleno, rico, vibrante, y en los pasajes cantabile su estilo se asemeja más a un canto exquisito que a una interpretación instrumental".[44] Así, podríamos aseverar que estos intérpretes situados en el extremo más conservador de la escuela clásica tuvieron que cultivar el portamento con moderación. Hugh Reginald Haweis, que analiza el estilo de Joachim en *The Argosy*, escribe:

> En un intérprete tan libre de todo artificio parece capcioso —podría ser presuntuoso— insinuar algún manierismo, pero la práctica por

---

[42] "Glissons n'appuyons pas". *Giornale di Scienze, Lettere, Arti, Cronache, Teatri, Varietà e Mode*. Milano: s.d., 20 de junio de 1838, p. 195.

[43] Nos reservamos para el capítulo dedicado al vibrato reveladores y llamativos datos del joven Piatti que entrarían en contradicción con los testimonios que tradicionalmente vienen definiendo su estilo.

[44] Verey, Joseph. "Famous Violin Players" ... *Op. cit.*, p. 80.

parte del señor Joachim del portamento, tocado allí donde deberíamos esperar que le afectara y afectándole allí donde esperaríamos que lo tocara, el violinista transmite algunas veces una ligera sensación de afectación. Sin embargo, incluso aquí nos detenemos a considerar si no puede ser, después de todo, un refinamiento de belleza.[45]

Teniendo en cuenta la emocionalidad predominante en la escena romántica y que el portamento era el recurso que mejor se vinculaba con dicha emocionalidad, puede que el joven Joachim tocara con bastante portamento, quizá más del que podemos escuchar en sus grabaciones de madurez. En cualquier caso, pensamos que no es una profusión de portamento lo que había percibido Haweis. Straeten, que redactó su *Technics of Violoncello Playing* con el asesoramiento y la supervisión de Piatti,[46] afirma que "el portamento es un adorno favorito de los cantantes y su efecto es muy bello si se aplica con limitación y discriminación. Abusar del mismo produce un efecto de quejido que llega a ser irritante y hasta intolerable".[47]

Hans von Bülow, un intérprete modelo dentro de la escuela clásica más estricta, no dejó de expresar en una carta a su hija Daniela su predilección por aquellos músicos con los que compartía ideales estéticos:

La pasada noche me acordé vivamente de mi violonchelista favorito de Frankfurt, Hugo Becker. Popper, el judío vienés, estuvo quejumbroso y tocando el charlatán con un mal gusto espantoso (...) Si ves a Becker, dale mi más cordial saludo y dile que estoy deseando mucho, muchísimo, tocar con él la última sonata para violonchelo de Beethoven en Bremen, el 7 de abril [de 1891], y, ¿tocará por favor su parte de memoria también?[48]

En efecto, Hugo Becker (1863-1941) se aleja radicalmente del cóctel que combina sentimentalismo fácil y espectáculo acrobático-musical, y se alinea con los defensores de sólidos principios intelectuales en el de-

---

[45] Haweis, Hugh Reginald. "Herr Joachim". En: *The Argosy*. London: Strahan & Co., 1867, vol. III, p. 307.

[46] Así lo atestigua Straeten cuando en su semblanza de Alfredo Piatti comenta: "El autor recuerda con agradecimiento la gran cantidad de valiosa ayuda que ha recibido de este gran maestro a la hora de elaborar su *Technics of Violoncello Playing*, y la paciencia con la que comentó difíciles aspectos técnicos". Straeten, Edmun van der. *History of the Violoncello... Op. cit.*, vol. II, p. 585.

[47] Straeten, Edmun van der. *Technics of Violoncello Playing*. London: The Strad, Donajowsky & Duncan, 1898, p. 137.

[48] Bülow, Hans von. *Letters of Hans von Bülow to Richard Wagner, Cosima Wagner, his daughter Daniela, Luise von Bülow, Karl Klindworth, Carl Bechstein*. Hannah Waller, trad. New York: Knopf, 1931, p. 423.

sarrollo del arte.[49] El anterior comentario y las frecuentes referencias a Bülow por parte de Becker, tanto en su edición de las *Suites* de Bach como en su *Mechanik und Ästhetik des Violoncellspiels*, son un ejemplo de la admiración mutua que ambos músicos se profesaron. Becker es uno de los más importantes violonchelistas de la era pre-Casals y representa lo que podríamos considerar como la última evolución del estilo románti-co, que asume lo mejor de las dos escuelas interpretativas. En su edición de la *Violoncell-Schule* de Kummer, Becker resume muy bien cuál es su visión del portamento, y rechaza todo glissando derivado de una falta de maestría en la ejecución de un cambio de posición:

> El glissando nunca debe utilizarse de forma inconsciente o como "truco mnemotécnico" en piezas difíciles. Se trata de un recurso expresivo. Si se ejecuta de forma lenta para alcanzar un determinado efecto (por ejemplo, en pasajes elegíacos), se recomienda unirlo con un diminuendo, que mantiene alejada la pesadez [*Aufdringlichkeit*]. Nunca se debe dejar que los glissandos se sucedan unos a otros en dirección opuesta. Eso sería de mal gusto.[50]

Es posible que la austeridad que se le requería a un artista representante del estilo clásico más estricto en la aplicación del portamento supusiera una práctica del mismo más frecuente de lo que una percepción actual consideraría como tolerable. Aunque estemos hablando del perfil más estricto de la escuela clásica, lo hacemos siempre desde la perspectiva del siglo XIX, cuando una serie de prácticas expresivas estaban tan asumidas que devinieron idiomáticas: las grabaciones históricas del primer quindenio del siglo XX nos demuestran cómo el portamento se convirtió en algo más que un recurso expresivo. Otro violonchelista clásico perteneciente a la línea más conservadora, Luigi Forino (1868-1936), pide igualmente cautela y restricción a la hora de aplicarlo:

> El portamento del sonido de una nota a otra es uno de los grandes recursos de la voz humana y de los instrumentos de cuerda. Es un efecto, como el vibrato, que hay que utilizarlo con mucha parsimonia y gran criterio. Sirve para unir, como en la voz humana, dos notas del grave al agudo con mayor intensidad. Sobre cuándo utilizar el portamento no puede aconsejarse, todo depende del sentido artístico y del buen gusto del intérprete. El abuso y la exageración del porta-

---

[49] Straeten no duda en calificar a Becker como un "intérprete clásico en el mismo sentido que este término se aplica a Joachim o Piatti". Straeten, Edmund van der. *History of the violoncello... Op. cit.*, vol. II, p. 484.

[50] Kummer, Friedrich August. *Violoncell-Schule, op. 60.* Hugo Becker, ed. Frankfurt: Peters, s.d. [1909], p. 46.

mento llevan a ese detestable maullido que nunca es suficientemente condenado.[51]

Carl Schroeder afirma por su parte que los aullidos que pasan por portamento, junto a un vibrato exagerado, una acentuación antinatural o un fraseo erróneo, son los defectos más comunes entre muchos intérpretes. Estas licencias —afirma Schroeder— están en contra del buen gusto, que depende además del respeto absoluto al texto musical y a las indicaciones dadas por el compositor.[52] El estilo elevado, el *bello stile*, fue excepcionalmente compendiado por Forino con estas palabras:

> Con un arco bien sostenido e igual sobre la cuerda, con un fraseo amplio y grandioso dentro de los límites de un ritmo no metronómico, pero gradualmente medido, con el uso parco y concienzudo del portamento y del vibrato, con la adaptación de las posiciones y las arcadas al correcto fraseo, y de los golpes de arco al carácter del pasaje, con la correcta interpretación de los adornos, en condiciones de hacerlo todo claro para los oyentes, de realizarlo con un bello estilo.[53]

---

[51] Forino, Luigi. *Il violoncello, il violoncellista ed i violoncellisti*. Milano: Hoepli, 1930, p. 287.

[52] Cf. Schroeder, Carl. *Katechismus... Op. cit.*, p. 80.

[53] Forino, Luigi. *Il violoncello... Op. cit.*, p. 300.

Artista *versus* virtuoso

La música... representa a un mismo y único tiempo la intensidad y la expresión del *sentimiento*; es la esencia encarnada e inteligible del sentimiento; capaz de ser aprehendida por nuestros sentidos, ella los traspasa como un dardo, como un rayo, como el rocío, como un espíritu, y colma nuestra alma.[54]

Franz Liszt, 1855

Si para los románticos la música había representado la intensidad y la expresión de los sentimientos, la interpretación se convertirá en el acto de sublimación de los mismos. En el virtuoso romántico, especialmente en el de la escuela dramática, vemos reflejadas las constantes que bosquejarán el espíritu romántico: la originalidad, la exaltación de la individualidad, el abandono a los impulsos y a las emociones, la prominencia de la espontaneidad sobre la reflexión y, en general, una nueva concepción de la vida: la figura del virtuoso encarnará el modelo de héroe romántico que permitió que el nuevo estilo, para muchos vulgar y sentimental, sedujera a la masa popular. Como se atestigua en decenas de escritos, el estilo patético y dramático iniciado por los Paganini, Liszt y Servais fue el que tuvo mayor favor del público; sin embargo, la aspiración de estos intérpretes no sólo fue agradar e impactar con su ejecución, sino también la expresión de todo su ser. Los primeros virtuosos de corte romántico abrieron nuevos caminos con una concepción fantástica y poderosa de la técnica instrumental, añadiendo además a la interpretación una serie de recursos relacionados con la expresión de los sentimientos —acentos, inflexiones vocales y gestos— desconocidos hasta entonces y que tenían

---

[54] Liszt, Franz. "Berlioz and His 'Harold' Symphony". En: William Oliver Strunk, ed. *Source Readings in Music History from Classical Antiquity through the Romantic Era*. New York: Norton, 1950, p. 849.

como modelo la naturaleza, la naturaleza de la expresión humana: los sonidos con los que el hombre manifiesta sus sentimientos y también las emociones más instintivas, recursos expresivos que cada virtuoso adaptó a su propio carácter. El dispositivo gestual es uno de los recursos fundamentales del virtuoso dramático: el énfasis en el ademán calculado, la actitud del cuerpo con la que se manifiesta cada estado de ánimo, la exteriorización del sentimiento, esto es, excesos dramáticos que buscaban la empatía emocional con el oyente y que para los representantes de actitudes más conservadoras certificaban una patología. Otra de las características de los virtuosos románticos fue el halo de misterio que les rodeaba, a ellos y a su arte, cercano a lo demoníaco unas veces y a lo sobrehumano otras, capaz de herir las sensibilidades más delicadas o desatar el clamor más desaforado:

> Servais ha encontrado tanto en Paris como en San Petersburgo una acogida que nada tiene que envidiar a la que obtuvo el famoso pianista húngaro [Liszt], y es que, de hecho, ambos son muy similares en cómo actúan con su instrumento y en la magia eléctrica de su igual de virtuosa como característica interpretación. Durante su estancia en la capital rusa, los periódicos recogieron que los médicos de algunas damas de alta alcurnia prohibieron a éstas escuchar la música del violonchelista [ni siquiera] desde la distancia, pues podría ser perjudicial para sus nervios; esto nos pareció exagerado, pero después de haber sido testigos de su interpretación, lo creemos posible.[55]

Al mismo tiempo, el nuevo estilo generó discordia entre compositores e intérpretes, ya que el virtuoso sometía a su personalidad arrolladora toda la música que interpretaba, barriendo todo atisbo del estilo individual del compositor. "Es el método clásico embellecido por todos los delirios de la imaginación".[56] Con ello surgió lo que podría llamarse un conflicto de individualidades. En una de sus apariciones en Viena, en 1828, Paganini tocó sendos conciertos de Rode y Kreutzer, es decir, música que no era producto de las exigencias de su estilo. Un crítico vienés destacó el momento en el que Paganini abordó una música que no le era afín:

> Hasta la fecha sólo le hemos escuchado tocar una obra de Kreutzer y otra de Rode, pero en ambas ocasiones el estilo individual del compo-

---

[55] *Magazin für die Literatur des Auslandes*. Berlin: Veit & Co., 30 de enero de 1844, Berlin, p. 52.

[56] *Revue et Gazette Musicale de Paris*. Paris: s.d., 9 de abril de 1843, p. 127. Firmado por Henri Blanchard.

sitor desapareció bajo el tratamiento ingenioso del intérprete. La composición podríamos haberla tomado fácilmente como suya propia.[57]

En el mismo sentido, Anton Schindler escribió que había que evitar escuchar la música de Beethoven en manos de los virtuosos, ya que éstos daban a todas las obras, sin distinción, un tratamiento mecánico y de bravura. Beethoven también había visto en el estilo de la escuela dramática una violación de la verdad contenida en el mensaje. Según Schindler:

> Beethoven tenía mucha razón cuando dijo: "A esos hombres, con la fluidez de los dedos, habitualmente también se les escapa el sentido y el sentimiento". ¿Qué hace un virtuoso así con las melodías hondamente sentidas y sencillas de Beethoven? Pues hará, por ejemplo, lo mismo que hizo el señor Liszt con muchas de las canciones de F. Schubert; lo que Paganini con la magnífica cantilena de los conciertos de Rode, y lo que Rubini con la *Adelaida* de Beethoven. ¿Acaso reconocéis el original en esa terrible floritura y distorsión, y os parece eso bueno, bello y correcto? ¿No significa eso violar la verdad en lo más profundo?[58]

Aunque los grandes virtuosos románticos tocaron habitualmente obras de otros compositores y colegas, el hecho es que cada cual se lucía verdaderamente con sus propias piezas, que se acomodaban a la naturaleza de su técnica y mediante las cuales canalizaban de la mejor forma toda su individualidad, de ahí la ingente cantidad de obras virtuosísticas que produjeron, la mayoría de ellas piezas solísticas insustanciales y ampulosas con acompañamientos ligeros. Estas prácticas compositivas continuarán vigentes en la segunda mitad del siglo XIX, tanto en los virtuosos de la escuela dramática como en los de la escuela clásica. La fiebre, la música y el estilo de los virtuosos pasará de moda, pero ellos seguirán persiguiendo la fama y el aplauso fácil, a la vez que la mayoría del público seguirá queriendo verse seducido por el artificio y la prestidigitación, por la sensiblería y el dramatismo. En este contexto e inercia surgieron los textos y comentarios que estudiaremos a continuación, a través de los cuales pretendemos, por un lado, dar una visión de las posturas estéticas con las que se alinearon los principales intérpretes de la segunda mitad del siglo XIX, y por otro, estudiar cómo convivieron las dos individualidades, la del compositor y la del virtuoso que necesitaba la aclamación del público. Veremos qué esperaba

---

[57] Citado en: Courcy, Geraldine I. C. de. *Paganini, the Genoese.* Norman: University of Oklahoma Press, 1957, vol. I, p. 267.

[58] Schindler, Anton. *Biographie von Ludwig van Beethoven.* Münster: Aschendorff, 1840, p. 214.

del intérprete la elite musical que estableció las líneas de pensamiento estético y qué ocurrió finalmente con el conflicto de individualidades que se había desatado.[59]

1. Hanslick y el intérprete intelectual

A través de las críticas, epistolarios, ensayos, semblanzas y demás testimonios escritos del siglo XIX, observamos la admiración mutua que se profesaron los pianistas, cantantes, violinistas y violonchelistas de la escuela clásica y los compositores y musicólogos de la corriente formalista, pero también la recia oposición de todos ellos a los virtuosos que hacían ostentación de sus sentimientos durante la ejecución, por eso nos preguntamos: ¿Por qué los compositores conservadores románticos se decantaron por los intérpretes de la escuela clásica? ¿Qué rasgos apreciaron en ellos? ¿Qué misión debía cumplir el intérprete para estos compositores? ¿A qué responde el desafecto con el que, en general, se juzgaban las interpretaciones de los virtuosos adscritos a esta escuela? Para responder a estas preguntas hemos querido acercarnos a la figura principal de la corriente formalista, Eduard Hanslick (1825-1904), con el fin de hacer un breve repaso a su estética musical, indagar sobre las cuestiones relacionadas con la interpretación musical y situar al intérprete en este contexto estético. Como punto de partida tomaremos este fragmento del capítulo IV de su celebérrima obra *Vom Musikalisch-Schönen* (*De lo bello en la música*), publicada en 1854:

> Aquellos teóricos que fundan lo bello en la música sobre los sentimientos que ella despierta, construidos sobre el fundamento más incierto, científicamente hablando, son bastante ignorantes sobre la naturaleza de esta conexión, por lo que pueden, a lo sumo, dar sólo rienda suelta a la especulación y a los vuelos de la imaginación. Una interpretación de la música basada en los sentimientos no puede ser aceptable tanto para el arte como para la ciencia. Un crítico no justifica el valor o el significado de una sinfonía con la descripción de sus sentimientos subjetivos al oírla, ni puede iluminar a los estudiantes haciendo de los sentimientos el punto de partida de su argumentación.[60]

---

[59] Con un planteamiento distinto al que nosotros proponemos aquí, recomendamos al lector un excelente texto complementario: Brown, Clive. "Polarities of virtuosity in the first half of the nineteenth century". En: A. Barizza y F. Morabito, eds. *Nicolo Paganini Diabolus in Musica. Studies on Italian Music History.* Turnhout: Brepols, 2010, pp. 23-49.

[60] Hanslick, Eduard. *The beautiful in music.* Gustav Cohen, trad. London: Novello and Company, 1891, p. 120.

Aquí encontramos un aspecto fundamental de su ideario estético, el rechazo a la estética del sentimiento, la representada por autores con actitudes más progresistas. Sintéticamente, la música es para Hanslick pura forma, y las ideas musicales son puramente musicales, cuyo deleite sólo es posible a través de la contemplación pura. Por consiguiente, cuando aborda una creación, el compositor no tiene el propósito de expresar sentimientos, suscitar emociones o describir una pasión cualquiera. El acto creativo tiene lugar en la mente del compositor, en cuya imaginación cristaliza todo el proceso y la estructura según los cánones del arte.[61] La exclusión del sentimiento en el acto creativo y el rechazo a la palabra le conduce irrevocablemente a afirmar que el único género que servirá a la música como lenguaje autónomo será el de la música instrumental. Bien lo define otro formalista como Charles Beauquier: "La música pura, la música instrumental, se desarrolla en el infinito de los sonidos. Es el arte libre, abstracto, que no imita nada, y que no tiene significación más que en ella misma. Mientras que la música vocal es simplemente humana, la música instrumental es exterior al hombre, no tiene sentido fuera del hombre que lo que ella expresa en su vida sensible e intelectual".[62] El súmmum de la belleza sólo sería alcanzable, pues, a través de la música instrumental. Entonces, ¿dónde se sitúa la música vocal, modelo en la interpretación instrumental, música sublimada por los autores sentimentalistas desde Rousseau?

> En la música vocal o en la ópera es imposible trazar tan bien la distinción entre el efecto de la música y el de las palabras que llegue a ser posible una definición exacta de la parte que cada una ha tenido en la producción del conjunto. Un examen sobre el contenido de la música debe dejar de lado incluso las composiciones con inscripciones o la denominada música programática.[63]

Observamos en Hanslick un rechazo a la música vocal y a toda aquella de inspiración literaria. La mixtura entre las artes es para él un compromiso artificioso que supone un sacrificio para el arte que se subordina. Para demostrarlo pone el ejemplo del recitativo, elevado por la estética wagneriana, el género en el que la música se adecua mejor a los requerimientos retóricos y a la acentuación de cada palabra, donde la música se convierte en una sombra y renuncia por completo a su esencia. Hanslick nos invita a que tomemos cualquier recitativo, eliminemos su parte

---

[61] Cf. Ibíd., pp. 79-80.

[62] Beauquier, Charles. *Philosophie de la musique*. Paris: Germer Bailliere, 1865, p. 156.

[63] Hanslick, Eduard. *The beautiful... Op. cit.*, p. 45.

vocal y encontremos en la música algún mérito o significado: "La *belleza* [musical] tiende a desaparecer a medida que está dirigida a la *expresión de un sentimiento específico*".[64] La belleza de la música es, pues, autónoma, y no se puede ampliar mientras esté coartada con factores ajenos a ella.

Esta concepción puramente romántica de la música tiene sus antecedentes en autores como E. T. A. Hoffmann o Arthur Schopenhauer. Para ellos la música instrumental, libre de conceptos y alejada de cualquier elemento que pueda acercarla a otra forma de expresión y, más concretamente, subordinarla a la palabra, encuentra en su estética la posición más elevada. Hoffmann, en su ensayo *Beethovens Instrumentalmusik* (1813), nos da una imagen de la música, de la música instrumental, como ideal romántico, que supone un giro a la relación que tradicionalmente habían mantenido música y palabra. Con la siguiente definición de la música como arte comienza Hoffmann su escrito:

> Cuando se habla de la música como un arte independiente, ¿no debería entenderse solamente la música instrumental, que desdeña la ayuda y la mezcla con otro arte (la poesía), y que expresa puramente la reconocida esencia de este arte? Ella es la más romántica de todas las artes, casi se podría decir que es la única verdaderamente romántica, ya que sólo lo infinito es su objeto.[65]

Teniendo en cuenta que la música no expresa un sentimiento determinado, sino el sentimiento *in abstracto*, la práctica tan habitual de, mediante la fantasía, revestir los sentimientos "[hasta volverlos] de carne y hueso, y llegar a ver ahí toda suerte de escenas de la vida y de la naturaleza",[66] será rechazada por los teóricos formalistas. Sin embargo, será muy común en el ámbito instrumental no sólo recurrir a un texto poético para alcanzar la mejor declamación de una frase —algo que estudiaremos más adelante—, sino también a imágenes y situaciones dramáticas como elementos de inspiración externos. Un ejemplo elocuente que ilustraría este tipo de prácticas nos lo ofrece el violinista Giuseppe Cambini en su tratado de violín. Podemos ver también cuán lejos se encuentra el desnudo texto musical de su expresión adecuada.

---

[64] Ibíd., p. 58.

[65] Hoffmann, E. T. A. "Beethovens Instrumentalmusik". En: Edgar Istel, ed. *E.T.A. Hoffmanns musikalische Schriften*. Stuttgart: Greiner und Pfeiffer, s.d. [1906], p. 86.

[66] Schopenhauer, Arthur. *Die Welt als Wille und Vorstellung* (1819). Citado en: Fubini, Enrico. *La estética musical desde la Antigüedad hasta el siglo xx*. Madrid: Alianza, 2005, p. 290.

Supongo que no se me ocurre tocar esta frase sólo con el mecanismo de los dedos y del arco que tira y empuja cada nota con un peso igual, produciendo siempre un sonido uniforme y fuerte. (...) Ejecute pues la frase de la manera siguiente, hinche y disminuya el sonido en la medida que los reguladores lo indican. Sobre todo piense que usted quiere emocionarme... electrice su brazo con el fuego de este pensamiento... para que vuestro arco sea su lengua y su fisonomía; que él me hable. (¡Qué! ¡Sabe que soy inocente! ¡Me ve desgraciado! ¡Y no se digna a consolarme!) Entonces, usted mismo, fuertemente emocionado por la energía de esta interpelación expresiva, declame la frase como yo la indico.[67]

Los seguidores de la estética del sentimiento, aquellos que buscan "el deleite en las propiedades *elementales* de la música",[68] reivindican por tanto el poder supremo de la música para suscitar en cada obra tensiones y conflictos emocionales. Para ellos la música es un sufrimiento y no un goce. Por el contrario, Hanslick defiende que la música no tiene ningún significado externo a sí misma. El compositor, quien piensa y trabaja sobre el sonido lejos de las realidades del mundo exterior, no concibe el acto de componer como una traducción al sonido de un significado determinado. Los sonidos son para él una lengua original e intraducible.

Considerando los aspectos esbozados, veamos ahora cómo debía ser la contemplación pura de la música o, lo que es lo mismo, el acto puro de escucha, y la misión que adquiere el intérprete como transmisor o intermediario, para completar así la tríada compositor-intérprete-oyente desde la óptica hanslickiana.

En el acto puro de escuchar disfrutamos de la música en sí misma, y no pensamos en traer a ella ninguna materia extraña. Sin embargo,

---

[67] Cambini, Giuseppe Maria. *Nouvelle méthode théorique et pratique pour le violon.* Paris: Naderman, s.d. [*ca.* 1803], p. 20.

[68] Hanslick, Eduard. *The beautiful... Op. cit.*, p. 134.

la tendencia a permitir que nuestros sentimientos sean despertados implica algo extraño a la música. Una actividad exclusiva del *intelecto*, resultado de la contemplación de lo bello, implica no un proceso estético, sino uno *lógico*, mientras que una acción predominante sobre los sentimientos nos lleva a un terreno más resbaladizo, implicando ni más ni menos que una relación *patológica*.[69]

La actitud patológica o de "receptividad pasiva"[70] durante la escucha podría definirse como un estado mental de continua ensoñación, expectación y sobreexcitación de los sentidos a la deriva de la composición. En cambio, la actitud contemplativa no busca en la composición la expresión de tales o cuales sentimientos, sino el "deleite estético" [*Kunstgenuß*],[71] que es el proceso mental que convierte la escucha musical en una fuente de placer: "La satisfacción intelectual que provoca en el oyente seguir y anticipar de forma continua las intenciones del compositor, ora para ver sus expectativas cumplidas, ora para verse agradablemente equivocado".[72] Este goce estético, en definitiva, requiere un gran esfuerzo, actividad y capacitación mental, que permita al oyente sostener la atención y los pensamientos durante la escucha.

> La actividad *mental* es necesaria para todo deleite estético y varía considerablemente en los oyentes en la escucha de una misma composición. En el caso de naturalezas sensuales y emocionales ésta puede reducirse a un mínimo, mientras que en personas predominantemente intelectuales es, por así decirlo, decisiva. Este último tipo de mente es el que, en nuestra opinión, se inclina más al *justo medio*. Para embriagarse no se requiere más que debilidad, mientras que la escucha estética es un arte en sí mismo.
>
> La costumbre de deleitarse con las sensaciones y las emociones se limita generalmente a aquellos que no están preparados para apreciar artísticamente lo *musicalmente* bello. El laico es el que más siente la música, el artista formado el que menos.[73]

Hanslick se lamenta de que a los que no están de acuerdo con los planteamientos sentimentalistas y a los que no buscan en la música la revolución de las emociones se les califique como "fríos, apáticos y de

---

[69] Ibíd., p. 21.

[70] Ibíd., p. 124.

[71] Hanslick utiliza el término *Kunstgenuß*, que podría traducirse como 'goce artístico'. La interpretación al inglés de este término dada por Gustav Cohen es *aesthetic enjoyment*. Cf. Hanslick, Eduard. *The beautiful... Op. cit.*, p. 134.

[72] Hanslick, Eduard. *The beautiful... Op. cit.*, p. 135.

[73] Ibíd., pp. 136-137.

naturaleza intelectual".[74] Con todo lo relacionado hasta ahora sobre el pensamiento formalista de Hanslick y contraponiendo las dos posturas, la del oyente intelectual y la del oyente patológico, podemos ir vislumbrando análogamente dos tipos de intérpretes: el intérprete patológico (¿el que siente más?) y el intérprete intelectual (¿el que siente menos?). El primero pondrá el acento en el efecto sensual que pueda extraer de la composición, en causar una impresión general sobre el sentimiento del oyente; el segundo en servir una interpretación penetrada y razonada, que permita la transparentación del espíritu del compositor y el deleite estético del oyente.

"La música es para ser tocada, no para ser toqueteada [*Spielerei*]".[75] Esta frase resume muy bien la idea hanslickiana de lo que debe ser la interpretación, porque define las dos actitudes ante una composición: por un lado la de los intérpretes serios, conscientes de que para que una obra de arte musical pueda ser percibida en todo su esplendor y la atención pueda centrarse en la forma de la obra, en sus características particulares y en la individualidad del compositor, tienen que cumplir con la legítima función de transmisores; sólo de esta manera será posible la contemplación pura, en la que el oyente se deleita con la composición que se ejecuta y en la que todo interés material está ausente. En contraposición a esta actitud, se sitúa la de aquellos intérpretes que se encuentran en un estado extático, de estremecimiento continuo, que consideran que el objetivo supremo de la música es la excitación de los sentimientos propios y ajenos. Hoffmann ya había descrito estos dos tipos de intérpretes en el párrafo final de su *Beethovens Instrumentalmusik*:

> ¡Muchos de los llamados virtuosos rechazan las composiciones de piano del maestro con el reproche de que son muy difíciles! Y después añaden: ¡y son muy desagradecidas! La dificultad radica en lograr una interpretación fiel y adecuada de las composiciones de Beethoven, en entenderlo, en penetrar profundamente en su esencia, en atreverse con audacia, consciente de su propia consagración a su propósito, a entrar en el círculo de los fenómenos mágicos llamados por su poderoso encantamiento. El que no sienta esta consagración, el que sólo considere esta música sagrada como un entretenimiento [*Spielerei*], como una diversión para el tiempo de ocio, como un mero

---

[74] Ibíd., p. 134.

[75] Esta frase, que nosotros la hemos adaptado libre e intencionadamente, es traducida al inglés por Gustav Cohen como "Music is to be played, but it is not to be played with" [Die Musik ist ein Spiel, aber keine Spielerei]. Ibíd., p. 172. // Cf. Hanslick, Eduard. *Vom Musikalisch-Schönen*. Leipzig: Rudolph Weigel, 1854, p. 102.

placer sensual para oídos sordos, como adecuada para su propia ostentación [virtuosística], debe dejarla estar. Sólo así es posible hacer
la acusación: ¡Y son altamente desagradecidas! El verdadero artista
vive sólo en la obra que él ha comprendido en el espíritu del maestro
y que ahora interpreta. Él desprecia que su personalidad de alguna
manera esté presente, y todos sus esfuerzos se encaminan exclusivamente a resucitar los miles de colores brillantes, todas las imágenes y
fenómenos maravillosos llenos de gracia que el maestro con su poder
mágico encerró en su obra, que abracen a los hombres en círculos
claros y brillantes, y encendiendo su fantasía y sus sentimientos más
íntimos, conducirlos en veloz vuelo hacia el lejano reino espiritual de
los sonidos.[76]

A pesar de su frontal rechazo a las influencias elementales de la música,
comprobamos que Hanslick no es tan radical a la hora de definir el papel del intérprete y contempla la posibilidad de que las emociones y los
sentimientos del intérprete puedan deslizarse durante la ejecución musical; esto lo justifica aduciendo que "desde un punto de vista filosófico,
una composición es la obra de arte *acabada*, independientemente de su
interpretación".[77] A partir de esta sentencia debemos hilar muy fino para
encontrar una solución de compromiso dentro de su argumentación, ya
que, por un lado, afirma que la contemplación pura es el único método
válido de escucha, por consiguiente, es posible durante el acto de la interpretación; no obstante, por otro, que la composición puede verse "adulte-
rada" durante la ejecución con el "flujo directo de un sentimiento hacia
el sonido",[78] con lo cual la contemplación pura, ¿no sería sólo posible
ante la contemplación de la composición sobre el papel, que es donde la
creación permanece intacta? Definir cómo y en qué medida debe fluir el
sentimiento durante la interpretación es ahora nuestro afán.

Hanslick deja la puerta abierta a la expresión de los sentimientos por
parte del intérprete y le reconoce el privilegio de "respirar durante la
interpretación la excitación apasionada, el ardiente deseo, la fuerza pu-
jante y la alegría".[79] En el acto de la interpretación se da, por tanto, la
exteriorización del sentimiento, lo que permite al ejecutante derramar
progresivamente sus sentimientos más íntimos: "una subjetividad se hace
realmente efectiva en sonidos que suenan".[80] Aun así, Hanslick se mantiene prudente, dando a entender que la misión del intérprete es la de

---

[76] Hoffmann, E. T. A. "Beethovens Instrumentalmusik". En: Edgar Istel, ed.
E.T.A. Hoffmanns... Op. cit., p. 94.
[77] Hanslick, Eduard. *The beautiful... Op. cit.*, p. 105.
[78] Ibíd.
[79] Ibíd.
[80] Ibíd., pp. 105-106.

ofrecer una ejecución correcta que, al mismo tiempo, aprehenda y asimile el elemento específicamente musical de la creación del genio inventivo. "El intérprete puede, por supuesto, dar sólo lo que la composición contiene, y se exige de él poco más que una interpretación correcta de las notas; no tiene más que adivinar y exponer el espíritu del *compositor* — cierto es, sin embargo, que el espíritu del *intérprete* es el que se manifiesta en este acto de reproducción".[81] Nos quedamos con la duda de si esta última afirmación es un ejercicio de resignación ante lo evidente: para que la composición musical se perciba en todo su esplendor se requiere un intermediario, un intermediario al que se le pide que ponga poco o nada de su parte. En este sentido, los intérpretes de la escuela clásica son los que mejor responden a los principios estéticos postulados por Hanslick, de hecho, las simpatías mutuas entre los autores conservadores y los intérpretes de perfil clásico están bien documentadas. El intérprete que mejor ilustra esta afiliación ideológica es Joseph Joachim, uno de los principales representantes de la escuela clásica más estricta en el período tardorromántico. John Alexander Fuller, en su biografía del gran violinista húngaro, define el estilo interpretativo clásico en los mismos términos que lo hace Hanslick, atacando a aquellos virtuosos que intentan emular este estilo a base de la inexpresión más absoluta:

> Es probable que las intuiciones entrenadas de los más excepcionales intérpretes les lleven, por un proceso de razonamiento inconsciente, a adoptar una forma de interpretar cualquier pasaje que sea tan lógico, tan en consonancia con el estilo de la época a la que la música pertenece, que parezca que lo hicieran para oyentes cultivados, y pueda estar en realidad exactamente de acuerdo con los deseos originales del compositor. Sea como fuere, no hay nada peor que los intérpretes que no colorean, que se imaginan que están alcanzando un "estilo clásico" evitando todos los matices, sean de tempo o de intensidad, que no hacen lo realmente indicado en la partitura, aquellos que presentan al oyente lo más opaco de cada recurso. Son estas buenas gentes las que han traído la palabra *clásico* al descrédito que sin duda existe en algunas mentes, que hablan de la "frialdad clásica" como si adjetivo y sustantivo fueran inseparables.[82]

Fuller opina más bien todo lo contrario, que el estilo clásico no renuncia a una expresión cálida y ardiente. Como muestra de ello pone el ejemplo de Joachim, cuyas interpretaciones se habían tildado de clásicas: "No puede haber duda alguna en la mente de cualquier oyente inteligente

---

[81] Ibíd., p. 106.

[82] Fuller Maitland, John Alexander. *Joseph Joachim.* London & New York: John Lane, 1904, pp. 26-27.

que [su estilo] es cálido, con la vitalidad emocional de un organismo noble, una vitalidad que llega a ser, por momentos, idéntica a la que inspiró la composición en su origen".[83] Otra visión coincidente es la que manifiesta el violonchelista Carl Schroeder cuando antepone la individualidad del compositor a la del intérprete: "Si el artista ha estudiado y aprendido cómo dar expresión al sentimiento individual del compositor, su propia individualidad durante la interpretación es también de gran significación".[84] No se trata, pues, de renunciar a la vitalidad emocional o a los sentimientos —como se ha dicho—, sino de deslizarlos durante la interpretación con respeto a la individualidad del compositor y a las características de la obra en cuestión. Los violonchelistas que mejor responden al modelo de intérprete expuesto por Hanslick son Alfredo Piatti y su alumno Robert Hausmann. Sobre Piatti, así escribió el propio Hanslick en 1858, en los mismos términos que se ha definido a los intérpretes de la escuela clásica desde Romberg:

> Su forma de tocar, que por la belleza del sonido es incomparable, está también completamente desarrollada tanto en la dirección del virtuosismo como en la del refinamiento y la perfección de estilo. (...) Piatti no permite que el método del virtuoso, puro y simple, se interponga en el camino cuando es necesario realizar una simple cantinela y, en este último caso, (...) hay una ausencia total de ese horrible sentimentalismo que tan a menudo se encuentra entre los violonchelistas. Cuando interpreta un adagio, ese vibrato perpetuo que muchos toman por sentimiento, está bastante ausente en el caso de Piatti.[85]

Probablemente, Piatti y Joachim compartieron un estilo similar. Morton Latham no duda en situarlos al mismo nivel, manifestando que Piatti enseñó directa o indirectamente a todos los violonchelistas de su tiempo, de la misma forma que Joachim a los violinistas.[86] Hanslick siempre realzó el afán de estos dos artistas por la búsqueda de la simplicidad y la pureza de estilo, especialmente en la interpretación de los autores clásicos, y por evitar la vanidad común de los virtuosos de la escuela dramática y los recursos que éstos habían puesto de moda. Así, tras la audición en Viena de la *Romanza en Fa* de Beethoven, en 1861, Hanslick escribió que "Joachim la proyectó con maravillosa amplitud y reposo, tocando la melodía

---

[83] Ibíd., p. 27.

[84] Schroeder, Carl. *Katechismus des violoncellspiels.* Leipzig: Hesse, 1890, p. 80.

[85] Citado en: Straeten, Edmun van der. *History of the violoncello, the viol da gamba, their precursors and collateral instruments.* London: William Reeves, 1915, vol. II, p. 584.

[86] Latham, Morton. *Alfredo Piatti. A sketch.* London: Hill and Sons, 1901, p. 119.

simplemente sobre la cuerda Mi, cuando erróneamente cualquier otro violinista habría fracasado oscureciéndola artificialmente".[87]

Ej. 2.1. Beethoven, Ludwig van. *Romanze in F dur,* op. 50. Joachim, ed. Berlin: Simrock, 1905, vl-p. 2.

Hanslick alabó de Joachim la ausencia de sentimentalismo y de adornos artificiales en el canto, sin embargo, ¿no fue el estilo de Joachim más allá de lo deseable? ¿Acaso no hay que dejar que fluya la subjetividad del artista en la interpretación, cuando el sentimiento se desliza, se respira, a través del sonido? El siguiente comentario parece revalidar la impresión que nos ha dejado *Vom Musikalisch-Schönen,* la de un Hanslick no tan formal en lo que respecta al concurso del sentimiento en la ejecución, aunque lejos del sentimentalismo del estilo dramático:

> Esta modesta grandeza, sin adornos, parece ser la característica más sobresaliente del estilo interpretativo de Joachim. Sin embargo, muchos efectos sutiles, espontáneamente conmovedores, se perdieron. El grande, el estilo dramático, siempre excita admiración antes que amor: éste ocupa la mente y no puede, por tanto, avanzar con tanta rapidez al corazón. Como generalmente ocurre con el carácter de las personas, también en las individualidades artísticas encontramos que ciertos atributos están obligados a ser mutuamente excluyentes. En

---

[87] Hanslick, Eduard. *Music Criticism, 1846-99.* Henry Pleasants, ed. y trad. Baltimore: Penguin Books, 1963, p. 80.

muchos pasajes de Beethoven, la naturalidad estimulante de [Joseph] Hellmesberger habría tocado de forma más directa a nuestros corazones que la inflexibilidad y la seriedad romana de Joachim.[88]

Hausmann viajó a Londres para estudiar con Piatti por recomendación de Joachim. Este último le invitaría, además, a formar parte de la Musikhochschule de Berlin (1876)[89] y más tarde de su famoso cuarteto (1878).[90] Su afiliación al círculo de los conservadores le valió para entrar en contacto con Brahms y convertirse en uno de los mayores favorecedores de su obra, pero, al mismo tiempo, se ganó la antipatía y la crítica de los partidarios de la Nueva Escuela Alemana. Así quedó reflejado en un concierto en el que Hausmann estrenó la *Sonata en Fa mayor* (1886) de Brahms, estreno del que fue testigo el compositor y crítico musical Hugo Wolf, defensor de posturas más progresistas. Wolf ataca tanto a la figura del compositor como a la del violonchelista:

La interpretación del señor Hausmann fue tan fría y planeada como las composiciones que tocó, y también aburrida. Puede ser que la sonata para violonchelo de Corelli, con piano, complaciera a aquel que pensara que la entendió, puede ser que una sarabanda y una bourrée de Bach provoquen visiones y el sonido de las voces de los ángeles, puede uno ser un lunático y encontrar un misterio de redención universal detrás de cada nota de la pluma del gran Bach —de acuerdo, vamos a tratar de encontrar alguna simpatía para tales absurdos. Pero escribir, imprimir y haber interpretado algo como una nueva *Sonata para violonchelo y piano* (en Fa, opus 99) del señor Dr. Johannes Brahms, tomar parte en ella, además, exigir que ella guste, ver que agrada y tener la seguridad de que tal placer no se trata de una ironía diabólica, sino de un aplauso sincero, ofrecer este nuevo trabajo como el cielo sabe qué, observar todo esto y no estar infectado por semejante locura, que está más allá de la broma, me ayuda tanto que empiezo a tener cierto grado de autorrespeto. ¿Qué es la música hoy, qué es la armonía, qué es la melodía, qué es el ritmo, qué es la forma si este caos [*tohuwabohu*] es aceptado seriamente como música? Si en cambio el señor Dr. Johannes Brahms se empeña en engañar a sus devotos con este novísimo trabajo, si lo que busca es pasar un buen rato con su veneración estúpida, entonces eso es otra cosa, y admiramos en el señor Brahms al mayor charlatán de este siglo y de todos los siglos venideros.[91]

[88] Ibíd., pp. 80-81.
[89] Wasielewski, Wilhelm Joseph von. *Das Violoncell und seine Geschichte*. Leipzig: Breitkopf und Härtel, 1889, p. 171.
[90] Straeten, Edmun van der. *History of the violoncello... Op. cit.*, vol. II, p. 457.
[91] Wolf, Hugo. *The music criticism of Hugo Wolf*. Henry Pleasants, ed. y trad. New York: Holmes & Meier Publishers, 1978, p. 234.

Este comentario refleja la rivalidad que existió entre los autores románticos, pero también encierra cierta subestimación hacia el género camerístico. A ojos de los progresistas, el cultivo de la música de cámara era un ejercicio para el despliegue de las habilidades técnico-compositivas y no respondía a la compulsión por expresar un pensamiento musical. Wolf, en uno de sus escritos, lanza la siguiente pregunta: "¿No se podrían comparar los instrumentos de cuatro cuerdas con la palidez de la acuarela, y el colorido exuberante de la orquesta con el tono cálido del óleo?".[92] Justamente, la mayor parte de la producción camerística de la segunda mitad del xix se la debemos a los autores con mayor arraigo en la tradición clásica.

2. *Alles mit Maß*

Hugo Wolf (1860-1903), activista defensor del cromatismo wagneriano, la instrumentación de Berlioz y las aportaciones de Liszt para trasladar a la música la literatura y el sentimiento lírico, representó a través de su crítica musical la defensa de los ideales progresistas y la emancipación de la música de la disciplina clásica. Wolf también se manifiesta categóricamente contrario al estilo efectista de los virtuosos y condena sin paliativos el virtuosismo puro, sea de la índole que sea y en cualquier instrumento:

> ¿Está el arte servido, o puede el público encontrar refresco cuando, por ejemplo, el violonchelista X busca efectos en su instrumento más propios de un piccolo, o cuando un violinista Y intenta imitar sobre su cuerda Mi la voz áspera de un contrabajo, o cuando una contralto logra un Do agudo y una soprano un Sol grave, sin mencionar a los pianistas? Las cosas pueden ser difícilmente más disparatadas en un manicomio. Y, sin embargo, es precisamente este miserable sinsentido lo que principalmente atrae al público.[93]

El intérprete wolfiano debe conciliar dos enfoques en su empeño: por un lado, "el del músico teórico (el artista) y su concepción de las obras en sí mismas", y por otro, "el del músico práctico (el virtuoso), en la medida que logra comunicar dicha concepción directa e inteligiblemente",[94] cualidades ambas que —según Wolf— Hans von Bülow supo reunir como pianista. Wolf no hizo más que dar continuidad en su crítica musical al concepto wagneriano de intérprete, sobre el cual el compositor alemán había reflexionado en su ensayo *Der Virtuos und der Künstler* (1840), con-

---

[92] Ibíd., p. 10.
[93] Wolf, Hugo. *The music criticism... Op. cit.*, p. 127.
[94] Ibíd., p. 76.

cepto que tiene sus antecedentes —como se ha visto— en Beethoven (a través de Schindler) y Hoffmann. Aunque pueda parecer contradictorio, Wagner defiende una postura si cabe más conservadora que la apuntada por Hanslick, en la que muestra su frontal rechazo al modelo de intérprete en boga y a la utilización caprichosa que hace éste del texto musical.

> El mayor mérito del artista ejecutante, el virtuoso, consistiría, por tanto, en una reproducción pura y perfecta de ese pensamiento del compositor, una reproducción sólo asegurada a través de una verdadera paternidad de sus intenciones y, en consecuencia, de la renuncia total a todo tipo de invenciones propias.[95]

Se acepta el concurso del sentimiento y la creatividad del intérprete bajo una fidelidad extrema a las intenciones del compositor. Para medir esta honestidad ante el texto musical, Wagner define tres tipos de intérprete:

1. En el primer lugar está el que mejor puede encarnar el papel de intérprete, el compositor, ya que sólo él puede dar buena cuenta de sus propias intenciones.
2. A continuación nos encontramos con aquellos que son capaces de observar en una obra musical intenciones artísticas ajenas y, a partir de ellas y de su propia creatividad, establecer las suyas propias.
3. Por último, en palabras de Wagner, están los "artistas que no tienen pretensiones de productividad y pertenecen al arte, por así decirlo, sólo en virtud de sus aptitudes para hacer de las obras de arte de un extraño su posesión íntima".[96] Entiende que estos últimos están faltos de la humildad necesaria para someter sus atributos personales a la composición y evitar que afloren durante la ejecución, "porque es la obra de arte en su más pura reproducción la que se debe intensificar ante nosotros, y de ningún modo la individualidad distrayente del artista intérprete o ejecutante".[97]

En una época en la que el estilo dramático de los virtuosos estaba en su máximo apogeo, Wagner —al igual que Hanslick— reconoce que su ideal artístico es difícilmente alcanzable, ya que "va en contra de todas las condiciones bajo las cuales los creaciones artísticas ganan el favor del

---

[95] Wagner, Richard. 'The Virtuoso and the Artist'. En: William Ashton Ellis, trad. *Richard Wagner's Prose Works*. London: Kegan Paul, Trench & Trübner, 1898, vol. VII, p. 111.

[96] Ibíd.

[97] Ibíd.

público. (...) ¿Quién puede culpar al público por ello?".[98] Wagner exime al público de toda culpa, entendiendo su curiosidad ante el artificio y su deseo de delectación. Los virtuosos eran figuras públicas y urbanas siempre rodeadas de admiradores anhelantes y eufóricos y, ciertamente, todo un negocio para los fabricantes de instrumentos, los empresarios y las editoriales musicales. Wolf escribía que no podía soportar "la paciencia de cordero y los extraordinariamente conmovedores rasgos de bondad humana de quienes los asisten. ¿Qué demonio atormenta a esas criaturas miserables?".[99] Con el mismo tono de indignación recoge en su crítica una serie de recitales de música de cámara que tuvieron lugar en enero de 1884, en los que tomó parte uno de los más grandes violonchelistas románticos, David Popper. Wolf se detiene en su interpretación del *Spinnlied*, una de las piezas más populares del violonchelista checo, notando a modo de burla que quizá tendría más gracia si dicha pieza se tocara alternativamente en el violín y en el violonchelo, "sin embargo, él prefiere tocarla sólo en el violonchelo, que silba, grazna y gime en las posiciones más altas, y suena a cualquier cosa menos a una *Spinnlied*".[100] De otro lado, subraya —como lo había hecho Wagner— la injustificada popularidad de los virtuosos y de su alfeñique repertorio. Wolf cuenta que Popper ofreció un concierto posterior en cuya publicidad rezaba "*Spinnlied* bajo demanda popular",[101] lo que para él significaba atribuir el éxito de la pieza a la percepción excepcionalmente profunda de su audiencia. A pesar de algunos destellos de modernidad, Popper seguía anclado en la tradición virtuosística romántica.

"*Alles mit Maß*"[102] (Todo con moderación) es una frase extraída de un poema de Eduard Mörike y —según Wolf— el principio que debe prevalecer tanto en la vida ordinaria como en el arte. Un apóstol de esa moderación sería el violinista Pablo de Sarasate, "portador de un sonido tamizado, dulce, insinuante, que lo sitúa lejos de lo dramático y de los enérgicos acentos de pasión".[103] Esta moderación rechazaría el exceso en los placeres musicales, pero también el academicismo clásico de un Hausmann o un Hans von Bülow. A este último, Wolf lo tachó de ser un intérprete frío, que promulgaba un tipo de interpretación instructiva. Reconoce que a veces el intérprete debe dejarse llevar por el entusiasmo y cometer alguna injuria, "sin embargo, [Bülow] está totalmente falto de

---

[98] Ibíd.

[99] Wolf, Hugo. *The music criticism... Op. cit.*, p. 127.

[100] Ibíd., p. 4.

[101] Ibíd., p. 10.

[102] Wolf, Hugo. *Hugo Wolf's musikalische kritiken.* Leipzig: Breitkopf und Härtel, 1911, p. 228. // Wolf, Hugo. *The music criticism... Op. cit.*, p. 175.

[103] Wolf, Hugo. *The music criticism... Op. cit.*, p. 180.

la vacuna necesaria para dar vida y alma a un cuerpo muerto"[104] (curiosamente algo similar es lo que había dicho Hanslick de Joachim). Pero sería injusto quedarnos sólo con esta opinión sobre Bülow, ya que, por haber sido un intérprete tan respetuoso y serio ante las composiciones que abordaba y, sobre todo, por haber presentado un marcado aire de modernidad en sus planteamientos interpretativos, se hallaba más cerca del ideal wolfiano de lo que pudiera parecer tras una aproximación interesada a su crítica musical. Así, en otro comentario apreciamos cómo el estilo clásico de Bülow era preferible a aquél fundamentado en la charlatanería y en el puro efecto:

> Todo el mundo conoce a Bülow como un pianista virtuoso. Entre los virtuosos, es el mejor intérprete del repertorio clásico, especialmente de las obras para piano de Beethoven. Este artista es, de hecho, uno de los pocos fenómenos consolidados entre la multitud de pianistas modernos, el único que concentra sus capacidades en una concepción más profunda, en una meditación a fondo, en última instancia, en la representación objetiva de la esencia de los grandes maestros, (...) que contrasta con los jóvenes burlones e impertinentes de la escuela de Liszt, que perciben el objetivo de su imaginada maestría en el mecanismo, en las acrobacias vacías, en la brillantez superficial, en los saltos y cabriolas y otros sinsentidos ridículos de mal gusto, y se imaginan a sí mismos estar haciendo maravillas mientras golpean el instrumento como poseídos por demonios. Estos merodeadores pianísticos de nueve días hacen escaso honor a su gran maestro.[105]

El abandono a la delectación musical se daba de igual forma en el canto operístico y liederístico. Tras una representación de *Lohengrin*, Wolf dijo del barítono Willibald Horwitz: "Esgrime, golpea, corta y sierra el aire como si estuviera luchando con fantasmas".[106] También le molestaba el abuso de ciertos recursos de efecto, en este caso del gran tenor Heinrich Vogl, como "la abrupta interrupción del sonido después de un fuerte crescendo. Este recurso vocal puede, bajo ciertas circunstancias, ser incomparablemente efectivo, especialmente en el recitativo y en los pasajes emocionales de carácter violento, pero no en la cantilena, no en el canto sostenido, donde cada sonido debe estar muy bien redondeado, es decir, ningún crescendo debe darse sin la compensación, sin el diminuendo complementario".[107] Por no citar su fuerte oposición a la grotesca *rabbia* de los cantantes italianos. De todo esto deducimos otra

---

[104] Ibíd., pp. 256-257.
[105] Ibíd., p. 78.
[106] Ibíd., p. 149.
[107] Ibíd., p. 147.

característica que ha de poseer un intérprete, que se suma a la moderación antes citada y a la servidumbre y honestidad wagneriana: la sinceridad. En la interpretación debe prevalecer la expresión verdadera, libre de fingimiento y artificio: no es lo mismo "proyectar pasiones" que "ser apasionado".[108] En este sentido, el violonchelista Arthur Broadley había dicho que el intérprete no debe renunciar al sentimiento. Eso sí, advierte que sería un error dejar que únicamente el sentimiento guiara nuestra interpretación, por eso el genio del intérprete debe ser entrenado.[109] Añade además que "es el efecto en el oyente lo que uno ha de tener en cuenta, no importa cuán turbulentos sean los sentimientos del intérprete. Si la pasión no encuentra su camino durante la interpretación, el público será absolutamente consciente de este hecho".[110]

En conclusión, los progresistas parecen situarse en una posición más centrada, menos radical que los conservadores respecto al papel del intérprete y, en cualquier caso, a pesar de las fuertes disputas estéticas que mantuvieron ambos grupos, las posturas sobre este asunto nos parecen más cercanas que encontradas. A mediados del siglo XIX los compositores comenzaron a tener gran influencia social, cultural y política, de tal modo que se sirvieron de ella para hacer valer sus principios estéticos, para la salvaguarda de su corpus musical y, también, para procurarse intérpretes afines que divulgaran de la mejor forma su trabajo. Éste fue uno de los motivos por los que el estilo de los virtuosos dramáticos comenzó a quedar anticuado. Los compositores primaron en la ejecución la fidelidad hacia el texto musical y la preservación de su propia individualidad. Aquellos intérpretes que sometían la obra de arte a su propio arbitrio serían repudiados. Desde una óptica conservadora, el intérprete, aunque en una primera aproximación parezca relegado a una posición de menor importancia, adquiere paradójicamente una posición privilegiada, pues, como había dicho Hanslick, tiene el privilegio de expresar directamente a través de su instrumento el sentimiento por el que está siendo movido en el momento, sentimiento —esto es importante— que se deriva de un ejercicio intelectual en relación con la forma y el contenido de la composición, es decir, el intérprete debe ser servidor y transmisor de la música tal como es, sin aditamentos ni interferencias de carácter patológico. Sólo mediante un trabajo reflexivo y un sentimiento apenas respirado (esto es, una "naturalidad estimulante"), él hace posible la contemplación de la obra de arte en toda su dimensión. Los autores progresistas, con Wag-

---

[108] Cf. Wolf, Hugo. *The music criticism... Op. cit.*, p. 52.
[109] Cf. Broadley, Arthur. *Chats to 'cello students*. London: The Strad, Donajowsky & Duncan, 1899, p. 97.
[110] Ibíd., p. 96.

ner a la cabeza, no estuvieron tan lejos de estos intereses, ya que, por un lado, rechazaron de plano el academicismo más reaccionario (al igual que Hanslick) y, por otro, transigieron con la pasión del intérprete siempre y cuando ésta respondiera a sentimientos verdaderos y no entrara en conflicto con las ideas artísticas del creador. Como había apuntado Wagner, el intérprete es a la vez el representante del creador, que debe velar por la seriedad y la pureza del arte, y el intermediario de las ideas artísticas, porque éstas llegan a su existencia física gracias a él: "la verdadera dignidad del virtuoso reside en la dignidad que es capaz de preservar para la creación artística".[111] Estas palabras, no nos cabe duda, las podría haber firmado el propio Hanslick.

3. Hacia el nuevo virtuosismo

Los ideales promulgados por el sagrado elenco de pensadores musicales románticos necesitaban la complicidad de los intérpretes virtuosos, que éstos tomaran conciencia de la importancia de poner su virtuosismo al servicio de la obra de arte. Poco a poco lo consiguieron. Charles Dollfus, filósofo y director de la *Reveu germanique*, escribe en 1859 sobre Hans von Bülow:

> La *virtuosité* —¡que el cielo nos guarde!— se somete al arte, lo hace un medio a su servicio. Para hacer brillar al individuo, ella se subordina a las obras que debería sólo interpretar con respeto y verdad. El raro mérito del señor Bülow es que pone su talento, absolutamente perfeccionado, al servicio de las obras que interpreta, hasta tal punto que piano y pianista desaparecen para dejar ver el arte, la composición, el genio del maestro que él interpreta. Es un buen ejemplo, pero difícil de seguir. Hay que tener para ello una inteligencia musical de primer orden, y a su disposición todos los recursos que respondan a la interpretación de las obras más diversas.[112]

Si continuamos con la crítica de Dollfus observamos que la impersonalidad que atribuye a Bülow no refleja reproche, sino alabanza, pues hace referencia a la renuncia del intérprete intelectual a su propia individualidad para que aflore la del compositor:

---

[111] Wagner, Richard. "The Virtuoso and the Artist"... *Op. cit.*, p. 112.
[112] *Revue germanique*. Paris: Librairie A. Franck, 1859, vol. VI, p. 235. Firmado por Charles Dollfus.

El señor Bülow es ante todo correcto, claro, expresivo. Su interpretación es intelectual, llena de limpieza y de justeza. A fuerza de perfección supo hacerlo impersonal. Ninguna nota es sacrificada y las relaciones entre ellas se mantienen con una rectitud y una seguridad que no permiten la menor confusión. Tiene un sentimiento del todo y de la armonía en alto grado. En cuanto a la melodía, la dibuja con la punta de los dedos sobre el piano con una finura tal que un oído distinguido saborea todos los matices encantadores, justos y delicados. El cuidado que el artista pone en las transiciones, sin forzarlas jamás, permite que la trama melódica no se pierda un solo instante.
Somos felices de constatar aquí el éxito de un talento bastante fuerte para mostrarse respetuoso hacia sí mismo y hacia el público, y para no pedir nada a la destreza, a la habilidad y a la fantasmagoría.[113]

Bülow se encuentra en las antípodas del virtuoso prototípico romántico y representa el nacimiento de un nuevo tipo de intérprete, el que ofrece al público "algo más que un agradable entretenimiento musical".[114] Éste se aleja de lo popular, del repertorio de lucimiento banal, trillado y conocido por todos los aficionados, y dirige su oficio hacia un público instruido, capaz de apreciar la composición musical en sí misma y el mensaje que ella entraña a través de la inteligencia emocional y la penetración intelectual. Del artista ejecutante no se espera —como hemos comprobado— aditamentos, alteraciones, o la falta de cualquier elemento anotado por el compositor, lo que supondría una intromisión reprobable. Además, hay que valorar de Bülow, por ejemplo, la interpretación de las últimas cinco sonatas de Beethoven en un mismo recital, un ejercicio a la par de comprensión e interpretación y algo inaudito hasta la fecha (1881),[115] pero también su independencia de opinión, reflejada en su entusiasmo por la música de los maestros de su tiempo, tanto por la de Liszt y Wagner como por la de los antiwagnerianos Brahms y Rubinstein.[116] Todas estas características interpretativas llevarán la figura del intérprete al siglo XX y redefinirán el concepto de virtuoso y virtuosismo:

El virtuosismo, por ejemplo, en el sentido estricto de la palabra, ha dejado realmente de existir hoy. Otro virtuosismo reemplaza a aquel ventajosamente: es el virtuosismo iluminado e instruido, de tendencias nobles, ancho de miras, de horizontes casi infinitos, asociándose con una idea para servir al intérprete inspirado, en lugar de agarrarse a una floritura para convertirse en deslumbrante agente *translateur*;

---

[113] Ibíd., p. 236. Firmado por Charles Dollfus.
[114] Hanslick, Eduard. *Music Criticism... Op. cit.*, p. 184.
[115] Ibíd., p. 185.
[116] Ibíd., p. 184.

percibiendo en el todo y en las partes que el gran propósito del arte esencialmente se confunde con el de la civilización misma.[117]

Steven De'ak, en coincidencia con Hanslick, señala el camino trazado por Hans von Bülow, Joseph Joachim y Clara Schumann (a los que añadimos nosotros los violonchelistas Alfredo Piatti y Hugo Becker)[118] como el que hará evolucionar el estilo interpretativo, gracias a "la sumisión sin compromisos y a la sublimación de la voluntad e ideas del compositor".[119] Asimismo, De'ak cuenta que en una ocasión acompañó a Popper a un concierto de Pau Casals, tras el cual pudo descubrir cómo su maestro no se mostraba totalmente conforme ante "el nuevo lenguaje estético y la nueva técnica violonchelística"[120] que mostraba el violonchelista español. De Casals recuerda, como primeras impresiones, "una expresión ascética intensamente concentrada sobre el escenario, con los ojos cerrados cuando tocaba: un mensajero solitario de los grandes maestros alcanzando su lenguaje más íntimo",[121] también la escasez de portamento y una nueva escuela postural. De'ak termina reflexionando sobre la reacción de su maestro Popper:

> El propio estilo interpretativo de Popper había representado un paso adelante y alejado respecto a los artistas que le precedieron. Sin embargo, había un vínculo, un punto de apoyo desde el cual saltar hacia adelante. Pero para él, estar ahora completamente de acuerdo con la tendencia progresista habría significado la negación de las convicciones de toda una vida, sobre las que se había construido su arte y su éxito.[122]

La fe ciega en la nota escrita que exigieron teóricos y compositores tan intensamente durante más de medio siglo, junto con la aparición de grandes intérpretes que pusieron su arte al servicio de sus planteamientos, hicieron que el estilo interpretativo en los instrumentos de cuerda fuera transformándose paulatinamente. Creemos en la hipótesis de que éste fue uno de los factores que contribuyó a la progresiva homogeneización del estilo, a la mengua de los recursos expresivos típicamente románticos —con la consiguiente extinción de los modelos expresivos vocales— y a la coartación de

---

[117] *Le Guide Musical: revue internationale des nouvelles musicales de la Belgique et de l'Étranger.* Paris: Schott, 4 de mayo de 1871, p. 3. Firmado por Edmund van der Straeten.

[118] Hanslick también habría incluido, probablemente, al Brahms pianista. Cf. Hanslick, Eduard. *Music Criticism... Op. cit.*, p. 185.

[119] De'ak, Steven. *David Popper.* Neptune City: Paganiniana, *1980,* p. 238.

[120] Ibíd., p. 241.

[121] Ibíd., p. 240.

[122] Ibíd., p. 241.

la libertad de los intérpretes. Casi rebeldemente, Broadley reivindica en 1899 el papel del intérprete, ya que es imposible que el compositor pueda recoger en una partitura sus pensamientos musicales de tal manera que en ella quede impresa cada inflexión en la intensidad del sonido de una melodía, las sutiles variaciones rítmicas y, sobre todo, el sentimiento exacto que la música debe transmitir;[123] por eso ataca a quienes consideran la música como un acontecimiento exclusivamente sonoro, cuya belleza estriba en la forma en la que se combinan los distintos elementos de su estructura:

> Para algunas personas —tal vez para algunos intérpretes— la música no es más que el sonido resultante de una gran variedad de combinaciones sonoras, en ritmos distintos; ella no expresa nada más que eso. La emoción y el sentimiento no tienen cabida en el vocabulario del músico, algo que no apele únicamente a la inteligencia nos dicen que hay que considerarlo vulgar y sensual. Por suerte para el instrumentista de cuerda, estas personas superiores son una minoría, la mayoría todavía se conmueve y finalmente seguirá emocionándose con una melodía cantada o tocada desde el corazón.[124]

Más tarde, Pau Casals tampoco comprendió el estilo que había representado Joachim, el de la escuela clásica más estricta, ni el de aquellos que habían glorificado el texto musical sin más (lo habían hecho, no olvidemos, en un contexto en el que se primaba una concepción dramático-emocional del discurso musical): "¡Ese fetichismo de la objetividad, parece mentira! (...) ¡Cuántos excelentes instrumentistas están obsesionados aún por la nota escrita y, sin embargo, ésta no es más que un medio limitadísimo de expresión!".[125] Casals, más bien, se alineaba con la fantasía desbordante del violinista belga Ysaye. Sobre Joachim comentó:

> Joachim no destacaba precisamente por su originalidad (por lo menos, el Joachim que yo había escuchado). Sus ejecuciones resultaban un poco frías porque querían ser demasiado clásicas; yo tenía la impresión de que el maestro, por miedo a rebasar ciertos límites, no se atrevía a transparentarse por completo. Cada vez que le había oído tocar (solo o con su cuarteto), había experimentado la sensación de que no siempre daba todo cuanto pedía la música.[126]

---

[123] Broadley, Arthur. *Chats... Op. cit.*, p. 95.
[124] Ibíd.
[125] Corredor, José María. *Pau Casals cuenta su vida. Conversaciones con el maestro.* Barcelona: Juventud, 1975, p. 217.
[126] Ibíd., p. 246.

Pero estos testimonios no deben confundirnos, pues en Casals encontramos respeto, verdad, intuición y sentimiento, características primordiales que siempre promulgó en un intérprete moderno:

> El intérprete, mediante la partitura que tiene ante sus ojos, debe esforzarse por reconstituir no una pretendida objetividad, sino la variedad de estados de ánimo que engendraron esa partitura, y siempre según la resonancia verídica que despiertan en su espíritu.[127]

Todo parece indicar que el Piatti de los años de madurez se situó en el mismo extremo que Joachim y, probablemente, llegó a representar la misma corrección que Casals había censurado. Broadley, confeso admirador de Piatti, insiste por su parte en que el intérprete debe "cultivar un estilo que satisfaga los gustos más refinados, infundiendo al mismo tiempo a la interpretación tanto de su propia personalidad y sentimiento como admita la naturaleza de la composición".[128] Una vez más, parece como si Broadley quisiera arañar mayor espacio para el intérprete y reprobar los extremos academicistas. Finalmente, el conflicto de individualidades y los reproches hacia los intérpretes por parte de los compositores continuarán un siglo después del trascendental escrito hoffmanniano. Esto anotaba Arnold Schönberg (1874-1951) hacia 1916:

> La interpretación será más elevada cuanto una ejecución más se atenga a lo escrito, esto es, cuanto más capaz sea de captar la verdadera intención del autor de dicho escrito, ya que el intérprete no es tutor de una obra huérfana, ni mucho menos su padre espiritual, sino su más fervoroso servidor: quiere leer en sus labios todos sus deseos antes que los haya pensado, concebido, para custodiarlos, etc. La obra tiene dos imperfecciones en contra: la de la notación y la del servidor. Desgraciadamente, el servidor es casi siempre una individualidad que quiere vivir la vida y no dedicarla a la obra. Por eso, la mayoría de las veces se convierte en un parásito exterior.[129]

---

[127] Ibíd., p. 217.

[128] Broadley, Arthur. *Chats... Op. cit.*, p. 97.

[129] Schönberg, Arnold. "Notas al esbozo de una nueva estética de la música de F. Busoni" (1916). En: Busoni, Ferruccio. *Esbozo de una nueva estética de la música.* Miguel A. Albi, trad. Sevilla: Editorial Doble J, 2009, p. 64.

La escuela vocal

> La primera diferencia entre una melodía vocal y una instrumental consiste en el hecho de que aquélla, por así decirlo, es la madre, y ésta su hija.[130]
>
> Johann Mattheson, 1739

> El cantabile debe considerarse como un discurso declamatorio.[131]
>
> Bernhard Romberg, 1840

La cita de Mattheson nos sirve para establecer el punto de partida: la posición de inferioridad de la música instrumental respecto a la música vocal en el siglo XVIII. Tener en cuenta esta circunstancia es esencial para comprender el relato de los sucesivos capítulos. Mattheson había dicho, además, que la voz era el instrumento más perfecto,[132] consideración extendida y aceptada que provocaría que a nivel interpretativo —ámbito en el que se sitúa la presente obra— el músico instrumentista tuviera asumido que su misión era la imitación de la voz.[133] En el tránsito del siglo XVIII al XIX se fue consolidando una nueva apreciación de la música instrumental, que reclama para ella autonomía y su liberación de la palabra. La interpretación instrumental, sin embargo, no se desvinculará del modelo al que siempre había aspirado.

---

[130] Mattheson, Johann. *Der vollkommene Capellmeister*. Hamburg: Christian Herold, 1739, p. 204.

[131] Romberg, Bernhard. *Violoncell Schule*. Berlin: Trautwein, s.d. [1840], p. 126.

[132] Mattheson, Johann. *Der vollkommene... Op. cit.*, p. 96.

[133] Un excelente texto sobre la actitud que prevaleció hacia la música instrumental en el siglo XVIII se puede encontrar en la sección "La primacía de la voz y la melodía", en: Neubauer, John. *La emancipación de la música. El alejamiento de la mímesis en la estética del siglo XVIII*. Francisco Giménez Gracia, trad. Madrid: Visor, 1992, pp. 102 y siguientes.

A los aprendices del arte del violonchelo se les inculcó desde los primeros pasos que su misión debía ser la imitación de la voz humana. Uno de los métodos más populares del siglo XIX, el *Méthode de violoncelle* (1804) —también conocido como método del Conservatorio de Paris— aconseja a los alumnos en este sentido:

> El principal mérito del violonchelo está en las cualidades de su sonido y en su timbre, que se acerca mucho a la voz humana; si no se intenta sacar partido de esto por medio del estudio constante del adagio, nos alejaremos de su carácter verdadero.[134]

Años más tarde, Dotzauer escribió:

> Por muy brillante que parezca la superación de los pasajes más difíciles, es infinitamente más meritorio tener un sonido hermoso y tocar con un *canto exquisito* [*gesangreich*], para acercarse al más noble de todos los instrumentos, la *voz humana*, que debe ser invariablemente el modelo y el ejemplo para cada músico.[135]

Broadley, al final de la centuria, recomienda explícitamente la imitación del canto:

> Tomando la voz como ejemplo, hay que esforzarse en interpretar una composición de la misma manera que lo haría un buen vocalista, imitando de la manera más fiel y veraz posible el fraseo y los diversos efectos que se observan en el canto.[136]

La importancia de la voz como modelo expresivo la encontramos a lo largo de todo el romanticismo y desde varias perspectivas. Straeten, por ejemplo, reclama el valor a la vez pedagógico y espiritual del canto. Para discernir las más sutiles gradaciones del sonido recomienda un entrenamiento del oído a través del estudio del canto desde una edad temprana, sean cuales sean las capacidades vocales del alumno,[137] "para despertar los sonidos que dormitan en el alma y entrenar la sensibilidad y la ra-

---

[134] Baillot, Levasseur, Catel y Baudiot. *Méthode de violoncelle et de basse d'accompagnement*. Paris: À l'imprimerie du conservatoire, s.d. [1804], p. 133.

[135] Dotzauer, J. J. F. *Méthode de violoncelle*. Mayence: Schott Editeurs, s.d. [1825], p. 56.

[136] Broadley, Arthur. *Chats to 'cello students*. London: The Strad, Donajowsky & Duncan, 1899, pp. 55-56.

[137] Wagner había dicho algo similar. Cf. Wagner, Richard. *On conducting*. London: William Reeves, 1897, pp. 18-19.

pidez de nuestro oído".[138] Forino, por su parte, recoge esta reflexión muy extendida entre los instrumentistas de cuerda: "Como en nuestro lenguaje común, en las frases musicales existe un acento, una inflexión mayor y menor de la intensidad del sonido que deja claro y delineado el proceder de la frase melódica".[139] Los comentaristas atribuyeron asimismo cualidades vocales al estilo de los intérpretes. Por ejemplo, el crítico y musicólogo George Hogarth subraya que el violinista Louis Spohr "se distinguía particularmente por su sonido puro y delicado, su facilidad y suavidad en la ejecución, por su expresión, y por el carácter vocal de su estilo".[140] En una crítica anónima sobre el violonchelista Batta leemos: "Es el artista más interesante y más completo sobre su instrumento que hemos oído de la escuela *vocal*".[141] De la misma forma, Hugo Wolf encontraba en la interpretación del Cuarteto Rosé "acentos dramáticos en la esfera de la música vocal que nunca hubiera creído posibles".[142] El director Franck Laubach se refiere al violonchelo en estos términos: "Su pronunciación franca en los pasajes declamatorios, y más aún su *cantabile* y *portamento*, lo señalan decisivamente como el sustituto de la voz humana".[143] La impresión de Ramón Zambrana, médico y humanista, es otro buen ejemplo de que los violonchelistas lograron reproducir con éxito los rasgos del lenguaje:

> Si convencionalmente se propusiesen los hombres dar a los sonidos músicos un valor semejante al que tienen las palabras articuladas, acabarían por poseer un idioma nuevo que transmitiría las ideas, como las transmite la poesía, valiéndose de dichas palabras articuladas, con la misma exactitud y la misma fuerza. (...) ¿V. no ha oído hablar a la música? Pues yo la he oído, particularmente en el violonchelo, que tanto imita la voz humana.[144]

---

[138] Straeten, Edmund van der. *Technics of Violoncello Playing*. London: The Strad, Donajowsky & Duncan, 1898, p. 7.

[139] Forino, Luigi. *Il violoncello, il violoncellista ed i violoncellisti*. Milano: Hoepli, 1930, p. 281.

[140] Hogarth, George. *Musical history, biography, and criticism*. London: John W. Parker, 1835, vol. I, p. 372.

[141] *The Athenæum*. London: John Francis, 8 de junio de 1839, p. 438.

[142] Wolf, Hugo. *The music criticism of Hugo Wolf*. Henry Pleasants, ed. y trad. New York: Holmes & Meier Publishers, 1978, p. 158.

[143] Laubach, Franck. "The Orchestra. The Violoncello". En: John Greig, ed. *The Musical Educator*. London: Caxton, 1910, vol. III, p. 92.

[144] Zambrana, Ramón. *Soliloquios*. La Habana: Imprenta La Intrépida, 1865, p. 123.

Tras la lectura de estos testimonios se podría incluso sugerir que el violonchelista más que cualquier otro músico tuvo que sentirse inclinado, debido al timbre de su instrumento y su atribuida semejanza con la voz humana, a reproducir e imitar los rasgos característicos de la voz. En cualquier caso, éstos y otros muchos textos que se estudiarán vienen a confirmar esta tendencia heredada, asumida y generalizada: todos los intérpretes desarrollarán su práctica instrumental bajo la influencia de la palabra. El modelado vocal del canto instrumental constituyó el hito en la expresión en los instrumentos de cuerda a lo largo de todo el romanticismo. Un modelado que se inspira, por un lado, en la declamación poética, y por otro, en el canto y, de forma más idealizada, en el bel canto dieciochesco.

Parte 1: declamación

1. La declamación como modelo en la práctica instrumental

Johann Joachim Quantz (1697-1773) es uno de los primeros en recoger a mediados del siglo XVIII en su celebérrimo tratado de flauta la importancia que adquiere la declamación oratoria como modelo para la expresión en la interpretación. Quantz comienza así el capítulo dedicado a la expresión —"De la bonne expression en général, lorsqu'on chante ou qu'on joue" (De la buena expresión en general, cuando se canta o cuando se toca):

> La expresión en la música puede ser comparada con la de un Orador. El Orador y el Músico tienen ambos la misma intención, tanto en relación con la composición de sus producciones como con la misma expresión. Quieren apoderarse de los corazones, excitar o apaciguar los movimientos del alma, y hacer pasar al auditor de una pasión a otra. Les es ventajoso cuando el uno tiene algunas nociones de los conocimientos del otro.[145]

Músico y orador tienen, por tanto, la intención de herir las mismas fibras sensibles. Esta declaración inicial de Quantz en el ámbito de la expresión ya nos hace pensar que el estilo performativo de ambas artes pudo tener más zonas comunes de las que hoy alcancemos a imaginar. Charles Avison en su *An essay on musical expression* (1752) también señala esta analogía:

---

[145] Quantz, Johann Joachim. *Essai d'une méthode pour apprendre à jouer de la flûte traversière, avec plusieurs remarques pour servir au bon goût dans la musique.* Berlin: Chrétien Frédéric Voss, 1752, p. 102.

El artista juicioso, mediante su *esfuerzo* o maestría, puede posiblemente dar una agradable ternura de espíritu incluso a una composición indiferente, mientras que, por otro lado, el descuido o la ignorancia en el empeño de su arte, por más que el intérprete pueda ser experto en otros aspectos, podrá disfrazar, si no destruir enteramente, esas bellezas características, que son las únicas que pueden elevar la dignidad y la perfección de la música.

Me atrevo a decir que el lector encontrará un caso similar al que estoy mencionando en la *recitación* [*Reading*], ya que esto se producirá de forma natural en ella sobre este punto: cómo dominando la fuerza de la expresión se pueden encontrar diferentes formas de leer al mismo autor; especialmente en la poesía, donde un énfasis justo y enérgico es tan esencial para hacer notar esos interesantes efectos diseñados particularmente para deleitar la imaginación y afectar al corazón. Pero, ¿cuán infinitamente por debajo de este diseño está escrito el mejor poema si lo escuchamos recitado [*rehearsed*] con acentos salvajes y vehementes, o se repite con un tono *monótonamente* frío y sin vida? En cualquiera de estos casos, nuestro disgusto o atención cansada estarán en proporción a las bellezas del autor del que se ha abusado. Y esto es lo que ocurrirá con una interpretación poco juiciosa de una buena composición musical.[146]

Al igual que Avison, Quantz previene de los perjuicios de una mala declamación y, continuando con el paralelismo entre el orador y el músico, hace hincapié sobre todo en dar variedad a la expresión del tono, del movimiento y del carácter de la pieza, ya sea ésta cantada o tocada con un instrumento, de lo que dependerá el efecto que produzca sobre el espíritu del oyente:

> Pedimos a un Orador que tenga la voz fuerte, clara y nítida; la pronunciación distinta y perfectamente buena; que no confunda las letras juntas, y que no se las coma; que aplique una variedad agradable en los tonos de la voz y de las palabras; que evite la uniformidad en la declamación; que deje oír el tono de las sílabas y las palabras, tanto con fuerza como con dulzura, tanto viva como lentamente; que eleve la voz en ciertas palabras que exigen fuerza, y que se modere en otras; que exprese cada pasión con el tono de voz que le es propio; que se ajuste en general al registro [étendue] del pasaje del que habla; finalmente, que se conforme a todas las reglas que son aprobadas en el campo de la elocuencia.[147]

---

[146] Avison, Charles. *An essay on musical expression*. London: Davis, 1752, pp. 103-105.

[147] Quantz, Johann Joachim. *Essai... Op. cit.*, pp. 102-103.

Si Quantz define a la perfección las características generales que ha de poseer un buen orador y deben de servir de modelo al músico instrumentista, Daniel Türk (1750-1813), citando a Johann Georg Sulzer, establece en su *Klavierschule* una analogía incontestable entre la composición del discurso musical y la del discurso oratorio. El fraseo, la puntuación y la respiración se entienden bajo la misma concepción:

> Conviene comparar toda una pieza con un discurso, porque, como éste, que se descompone en partes grandes o pequeñas, lo mismo ocurre en la música. Una *parte* completa (*sección principal*) de una pieza relativamente larga es aproximadamente lo que se entiende por una parte de un discurso. Un *período* musical (una *sección*), de la que una parte puede contener varios, sería lo que un *período* en un discurso, que se separa del siguiente por un punto (.). Un *ritmo* musical puede compararse con las divisiones más pequeñas de una oración, lo que se indica con dos puntos (:) o con un punto y una coma (;). El *inciso* más pequeño sería lo que en el discurso se separa por una coma (,). Si todavía se quisiera distinguir la *cesura*, habría que compararla con la cesura de una composición en verso.[148]

En nuestro recorrido por alcanzar a vislumbrar el alcance de un modelo expresivo fundamentado en la declamación, la figura de Beethoven adquiere gran relieve por varios motivos: 1) por dar continuidad a un estilo interpretativo inspirado en la declamación, 2) por haber depurado un discurso musical fundamentado en las reglas de la prosodia, 3) por haber alumbrado el mayor corpus camerístico dedicado al violonchelo del siglo XIX y, finalmente, 4) por haber compartido una concepción sinónima de la expresión musical con el más importante violonchelista clásico-romántico: Bernhard Romberg (1767-1841).

> En cuanto a la declamación musical, Beethoven amplió la noción aceptada comúnmente hasta entonces hasta el punto de afirmar: "*De la misma manera que el poeta realiza su monólogo o diálogo con un determinado ritmo continuo, mientras que el recitador tiene que hacer cesuras o pausas para asegurar el sentido, incluso allí donde al poeta no le estaba permitido mostrarlas con ninguna puntuación, este tipo de declamación puede aplicarse a la música, y sólo se modifica según el número de intérpretes en una obra*".[149]

---

[148] Türk, Daniel G. *Klavierschule*. Leipzig: Schwickert/Halle: Hemmerde und Schwetschke, 1789, p. 343.

[149] Schindler, Anton. *Biographie von Ludwig van Beethoven*. Münster: Aschendorff, 1840, p. 196.

¿Qué implicaba una expresión o una escritura fundamentada en la declamación? La mayor libertad y naturalidad que había buscado Beethoven, sin constricciones. Para Beethoven la expresión musical está más allá de lo anotado en la partitura porque, como el poema, el discurso musical requiere un tratamiento libre si se quiere dotar de sentido al contenido. Anton Schindler (1795-1864) escribió que las interpretaciones de Beethoven eran de una expresión libre y, salvo algunas excepciones, no se sometían a un tempo fijo; al contrario, utilizó el *tempo rubato* sin caer en ningún momento en la caricatura, inspirado siempre por el momento y el carácter de la composición:[150]

> [La forma de interpretar de Beethoven] era la declamación más clara y comprensible, y esa elevada expresividad [Potenz] quizá sólo pueda estudiarse a partir de sus obras. Sus viejos amigos, que siguieron atentamente el desarrollo de su espíritu en todas las direcciones, aseguraban que no adoptó esta forma de interpretar hasta entrados los primeros años del tercer período de su vida, y que se apartó completamente de sus interpretaciones anteriores, que eran menos matizadas; de ello se desprende que su mente investigadora ya había encontrado los medios y los métodos para abrir con acierto, tanto a laicos como a consagrados, las puertas de los misterios de su espíritu.[151]

Muchos autores se han dedicado a demostrar que Schindler tergiversó muchos de los documentos de Beethoven en su posesión, que tuvo pretensiones oscuras a la hora de atribuirse para sí mismo el mérito de haber mantenido una estrecha relación con Beethoven, para lo cual llenó la biografía del maestro alemán de datos ficticios. George Barth, en su incomparable trabajo sobre el estilo interpretativo de Beethoven, *The pianist as orator: Beethoven and the transformation of keyboard style*, también aborda esta cuestión y defiende la tesis de que Beethoven practicó un estilo sin restricciones en el tempo a partir de un tratamiento del ritmo y la acentuación basado en el discurso oratorio y en la declamación; para ello se apoya en los testimonios de contemporáneos como Schindler, Czerny o Clementi, pero más consistentemente, desde la perspectiva de la tradición clásica, en los de autores como C. Ph. E. Bach y Daniel Türk. Al mismo tiempo, Barth tiene que superar los relatos contradictorios de los alumnos de Beethoven. Schindler fue uno de los mayores defensores de la flexibilidad en el tempo a la hora de abordar las obras de Beethoven (en contra del estilo más metronómico defendido por Czerny) y el que más insiste en la importancia que tuvo en Beethoven el

---

[150] Cf. ibíd., p. 228.
[151] Ibíd.

estilo declamatorio y los principios de la prosodia. Barth concluye que "Czerny estuvo más preocupado por los peligros del sentimentalismo y la pérdida de cohesión, mientras Schindler sostiene que sin una comprensión profunda del contenido y el drama de gestos individuales los intentos de cohesión son meramente superficiales".[152] A pesar de la rigidez que muestra Czerny, éste también hace referencia a la declamación, si bien no con tanto énfasis como Schindler. "Aunque Czerny menciona ocasionalmente la importancia del 'énfasis adecuado' en la declamación musical —apunta Barth—, se separa de Mattheson, Quantz, Emanuel Bach, Kirnberger y, por supuesto, Schindler, en no dar a la idea de retórica musical un lugar prominente en sus escritos. Parece que es muy consciente del estilo declamatorio, pero rara vez lo menciona, y cuando lo hace es para referirse a él generalmente en su sentido más especializado".[153] Tratando el asunto de la declamación, Schindler no parece referirse sólo a una impresión propia, sino a una opinión común entre los colegas y allegados a Beethoven, quienes afirman que este estilo fue adoptado por él en el último período de su vida. De hecho, Schindler atestigua que, en 1816, las razones que persuadieron a Beethoven para acometer la revisión de todas sus sonatas para piano fueron "especificar la idea poética que subyace en muchas de estas obras, para facilitar su comprensión, determinar su interpretación, (...) y asentar las bases de la declamación musical".[154] En un escrito titulado *Für Studirende von Beethoven's Clavier* (1854), Schindler señala también a Muzio Clementi como otro autor que buscó en la declamación las características del verdadero fraseo y que pudo haber influido en Beethoven:

> Beethoven había escuchado que Clementi, tras una larga búsqueda e investigación de las normas auténticas para la interpretación, finalmente encontró los medios y métodos en el arte del canto. Como cantante autodidacta que era, intentó trasladar la prosodia de la palabra y las reglas de la declamación cantada y hablada a la música instrumental. Así llegó al punto en el que su interpretación misma se transformó en canto. Y algunas obras, en las que se trataba de interpretar estados especiales del alma, como por ejemplo en su *Didone abbandonata*, se conformaban en un discurso entendible. Clementi me mostró que para lograr que una interpretación sea expresiva es indispensable saber cuál de los diversos metros de los que se sirve la música se puede colocar debajo de cada melodía, si el yámbico, el trocaico, etc., debido a la reubicación de los acentos principales y la

---

[152] Barth, George. *The Pianist as Orator: Beethoven and the Transformation of Keyboard Style*. Ithaca and London: Cornell University Press, 1992, p. 78.

[153] Ibíd., p. 97

[154] Schindler, Anton. *Biographie... Op. cit.*, p. 195.

cesura, que también hay que tener en cuenta en la música instrumental, sobre todo en la interpretación libre.[155]

Se encuentran aquí enunciados los dos modelos expresivos: el canto y la declamación (declamación cantada y hablada). Las referencias a la declamación poética como modelo para la expresión musical no son sólo atribuibles a Schindler. El propio Beethoven escribió en una carta a éste:

> Sin el conocimiento de la prosodia no se puede conseguir nada de los alumnos, pues el arte de la correcta acentuación y la distinción entre largas y breves descansa en él. (...) La correcta declamación de la poesía hecha con palabras sirve de analogía en este punto.[156]

A pesar de que Schindler fue un hombre especulativo, que no fue ni un virtuoso pianista ni un erudito musical de su tiempo y que —parece ser— quiso sacar réditos de su relación con Beethoven, estamos de acuerdo con Barth en que hay elementos de coherencia para dar crédito a las aportaciones que ofrece sobre el estilo interpretativo de Beethoven. Como argumenta Barth, los antecedentes son claros y el modelo adoptado por Beethoven no sería un caso aislado, sino que daría continuidad a una tradición bien asentada en la práctica interpretativa, como lo demuestran los tratados publicados hasta entonces. Ahora bien, ¿hay referencias entre los violonchelistas a un estilo interpretativo fundamentado en la declamación? ¿Hay indicios para pensar que la prosodia de la palabra tuvo un papel determinante en la expresión instrumental romántica? Comencemos respondiendo a la primera pregunta: es precisamente un amigo y coetáneo de Beethoven, Bernhard Romberg (1767-1841), el único violonchelista —que tengamos constancia— que hace referencia a un modelo expresivo inspirado en la declamación y en la expresión poética en el romanticismo temprano. La amplia y valiosa aportación de Romberg viene a reforzar la hipótesis de Barth y la idea de que para los músicos románticos continuaba existiendo una fuerte relación entre las artes de la palabra y la interpretación musical.

---

[155] Schindler, Anton. "Für Studirende von Beethoven's Clavier-Musik". En: *Niederrheinische Musik-Zeitung für Kunstfreunde und Künstler*. Köln: DuMont-Schauberg, 20 de mayo de 1854, pp. 156-157.

[156] Huber, Anna Gertrud. "Beethovens Anmerkungen zu einer Auswahl von Cramer-Etüden". En: *Beethovenstudien*. Zürich: Hug, 1961, vol. I, p. 1. Citado en: Peter Gülke, ed. *Beethoven. El problema de la interpretación*. José Luis Gil, trad. Barcelona: Labor, 1992, pp. 54-55.

Schindler publicó su *Biographie von Ludwig van Beethoven* en 1840, el mismo año que un septuagenario Romberg su *Violoncell Schule*, trabajo que corrobora punto por punto las preocupaciones estéticas de Beethoven apuntadas por Schindler y da continuidad a la línea trazada por otros autores del siglo xviii como Mattheson, Quantz o Türk. En el capítulo dedicado a la expresión, "Ueber den Vortrag" (Sobre la interpretación), Romberg señala desde el principio la importancia capital de la declamación para el perfeccionamiento del arte del fraseo, pues en ella "la importancia más o menos grande de ciertas frases y palabras depende de los diferentes énfasis, de la bajada o elevación de la voz, o de la fuerza o debilidad de la misma".[157] Todo lo que se aleje de esto —continúa— es como "pronunciar un discurso con una voz monótona y destruiría la impresión que se ha propuesto, más bien causaría aburrimiento. Tal es el destino de la música si no introducimos los matices necesarios, las luces y las sombras".[158] En su búsqueda del ideal vocal Romberg nos remite asimismo a la poesía, comparando el ritmo de las sílabas largas y breves de los versos con el de las notas largas y breves de la música. Para ello nos pone el siguiente ejemplo: "Ich liebe",[159] [en la edición francesa "Je t'aime"[160] (Te-ámo)], que en términos musicales podría anotarse:

Y que ha de entenderse como una apoyatura acentuada:

Un ejemplo similar había sido dado por Francesco Galeazzi en su *Elementi teorico-pratici di musica* (1791), pero adaptado a la prosodia de la lengua italiana. Galeazzi da a entender que la métrica musical es como la métrica de la poesía: unas notas son de expresión fuerte y otras de expresión débil.

---

[157] Romberg, Bernhard. *Violoncell Schule... Op. cit.*, p. 126.
[158] Ibíd.
[159] Ibíd.
[160] Romberg, Bernhard. *Méthode de violoncelle*. Paris: Henry Lemoine, s.d. [*ca.* 1840], p. 125.

Como las sílabas de las palabras, "ni son todas de la misma fuerza ni producen la misma sensación".[161]

> Quien no entienda el ritmo es imposible que alguna vez pueda dar expresión justa a lo que toca o a lo que canta. Él es a la música lo que la métrica a la poesía, pero también algo más: no sólo establece el ritmo, lo que comúnmente se llama tempo, o sus partes, lo que se llama compás, sino que caracteriza y da sentido a las mismas partes del compás.[162]

El músico debe saber adaptar bien los acentos de la prosodia a las partes fuertes del ritmo musical. Por ejemplo, si hubiera que poner música a la palabra *Amore*, se le daría una pronunciación ridícula y alterada —según Galeazzi— si se transcribiera conforme al primer ejemplo, "porque en el primer caso se diría *àmorè*, en vez de *amòre*".[163]

Quizá, la conclusión más inmediata que se pueda extraer de la aplicación del estilo declamatorio y poético a la interpretación instrumental sea la constatación de un estilo enfático que respeta sobremanera la relación entre las partes fuertes y débiles del compás y la práctica de un fraseo contornado que toma como molde la estructura métrica para el desarrollo de la acentuación. Es por tanto la nota o la sílaba adecuada la que debe reflejar, como si se tratase de un "primer nivel de la expresión", el entorno métrico mediante el énfasis adecuado.[164] En este contexto adquieren gran importancia las apoyaturas acentuadas:

---

[161] Galeazzi, Francesco. *Elementi teorico-pratici di musica con un saggio sopra l'arte di suonare il violino.* Roma: Pilucchi Cracas, 1791, vol. i, p. 205.

[162] Ibíd.

[163] Ibíd.

[164] Galeazzi también observa que la práctica habitual en la época de adelantar o retrasar la melodía puede hacerse siempre y cuando ésta no se vea desfigurada por su relación con el ritmo métrico-acentual, ya que al perder el auxilio de la métrica la expresión se vuelve forzada: "Se puede, por tanto, desplazar [*trasportare*] la cantilena, adelantándola o retrasándola medio compás, en un tempo ordinario sin alterar mucho la expresión de modo que el efecto sea casi el mismo. Digo *casi*, porque realmente hablando, no es en absoluto la misma". Galeazzi, Francesco. *Elementi teorico-pratici... Op. cit.,* vol. i, p. 206.

La apoyatura que se escribe sin abreviatura, en grandes notas, recibe, tanto en forte como en piano, una ligera presión que se aplica proporcionalmente. Esta relación de intensidad debe ser cuidadosamente observada en su conjunto tanto en el canto como en el discurso.[165]

Por tanto, las apoyaturas acentuadas conforman la melodía acentual de la misma manera que las sílabas acentuadas en el discurso. Carl Czerny, por su parte, se expresa en los siguientes términos en el tercer volumen de su *Pianoforte-Schule*, op. 500 (1839):

Se sabe que cada lengua se compone de sílabas largas y cortas, es decir, de las que deben pronunciarse largamente o con peso y sobre las cuales viene el *acento*, y de las que son cortas y sin énfasis. En las siguientes palabras, por ejemplo:

⏑ — ⏑ — ⏑ — ⏑
Vergangenheit und Zukunft

Las marcadas con — son sílabas largas y las marcadas con ⏑ son sílabas cortas, y quien quiera decir estas palabras de mala forma estaría haciendo el ridículo porque lo haría casi sin sentido.
Exactamente lo mismo ocurre con las ideas musicales en las que la expresión tiene que recaer siempre sobre la nota adecuada. Si bien es verdad que en la música esto no se puede establecer por medio de reglas con tanta precisión como en el lenguaje, también es cierto que un buen sentido de la eufonía, la claridad, el ritmo, y en especial del carácter de la obra que se interpreta, guían al intérprete para que no falle en la declamación musical y para que la expresión de sus sentimientos sea entendible para el público.[166]

Se observa nuevamente un interés evidente y revelador por el conocimiento de la prosodia de la palabra, estableciéndose una analogía clara entre el énfasis sobre las sílabas largas y el énfasis (entiéndase también el alargamiento) sobre las notas importantes dentro del fraseo musical. Romberg escribe que las apoyaturas acentuadas que ocupan un lugar significativo en la melodía pertenecen en parte a la melodía y en parte a la armonía, pueden ser notas más largas o más breves y estar o no seguidas de una pausa si se encuentran dentro de la melodía. En todos los casos debe primar el relieve de la melodía, esto

---

[165] Romberg, Bernhard. *Violoncell Schule... Op. cit.*, p. 126.
[166] Czerny, Carl. *Vollständige theoretisch-practische Pianoforte-Schule*, op. 500. Wien: Diabelli, s.d. [1839], vol. III, p. 5.

es, la línea ascendente o descendente que ella dibuja como guía para la obtención del trazo dinámico, la acentuación y, en consecuencia, la expresión adecuada, teniendo en cuenta que "el aumento o disminución del sonido dependerá de si los sonidos suben o bajan. Solamente si en el descenso se presenta un sonido que no está en el modo en el cual la pieza está escrita, debemos acentuarlo un poco más".[167] Añade curiosamente que las excepciones a esta regla apenas se presentan. Romberg hace visible su explicación mediante la siguiente figura, que para él sería el esquema representativo de la expresión musical, esquema que podríamos considerar como el "segundo nivel de la expresión":

Con este sistema cada frase es representable mediante una figura, siendo un método infalible para clarificar nuestra propia concepción del fraseo y evitar la monotonía en la interpretación. En el ejemplo anterior notamos la importancia que adquiere el ritmo acentual marcado por las apoyaturas y cómo en un nivel superior se encuentra el diseño melódico-dinámico general de la frase. Los acentos deben regularse siguiendo la misma correspondencia que se da en el lenguaje cuando observamos su prosodia, es decir, deben graduarse siguiendo la curva melódica según sea el sentido del enunciado. A pesar de que Romberg no cita en ningún momento el alargamiento de las apoyaturas, éstas, en analogía con la prosodia, deberían ser también notas destacadas agógicamente. En este otro ejemplo —según Romberg— se debe considerar el si bemol una apoyatura acentuada. Se trata de una nota aislada que no pertenece al modo de la frase y que, a pesar de encontrarse en una línea descendente, debe pronunciarse con énfasis.

---

[167] Romberg, Bernhard. *Violoncell Schule... Op. cit.*, p. 127.

Otros violonchelistas románticos también nos aportan ejemplos que corroboran el esquema expresivo definido por Romberg: no el que traza un amplio arco dinámico sostenido, sino el que dibuja una línea más quebrada, que se perfila respondiendo a los contornos motívico-melódicos de la frase y a las tensiones y giros de la armonía.

Ej. 3.1. Muntz Berger, Joseph. *Nouvelle méthode pour le violoncelle*, op. 30. Paris: Sieber, s.d. [*ca.* 1822], p. 36.

Ej. 3.2. Kummer, F. A. *Violoncell-Schule*, op. 60. Leipzig: Hofmeister, 1839, vol. I, p. 28.

Romberg añade una última reflexión sobre la acentuación y señala algunas recomendaciones bastante interesantes sobre la afinación:

> Al igual que en la declamación oratoria el orador baja la voz en los lugares serios o conmovedores de su discurso, mientras que la eleva allí donde el tema es divertido y presenta imágenes risueñas, empleamos preferentemente los sonidos del modo menor en la música, especialmente en progresión descendente, si queremos expresar un sentimiento profundamente grave y serio. La razón es que, mientras los sonidos del modo mayor quedan invariablemente los mismos, subiendo como bajando, los del modo menor deben ser elevados dos o tres tonos para obtener la sensible, sin la cual no puede haber un final (cadencia). Cada vez que esta última [la sensible] se presenta como la última nota, hay que, a causa de la expresión, destacarla un poco más que las otras. Si en el modo menor aparece un sonido que no forma parte en absoluto de la tonalidad de la pieza, hay que acentuarlo particularmente. Precisamente, en esta manera diferente de acentuar yace ese tinte melancólico propio del modo menor. Hay que añadir a esto que para reforzar el carácter del modo menor se toma la nota sensible un poco más alta que en las tonalidades mayores, y la séptima menor un poco más baja.[168]

Continúa advirtiendo de que hay que guardarse de exagerar esta manera de proceder, pues parece ser que —como ya se apuntó en el primer capítulo— los virtuosos de la escuela dramática, para intensificar la expresión, llevaron la afinación melódica o expresiva hasta límites insospechados (más adelante retomaremos esta cuestión). En cualquier caso, Romberg admite la práctica de la afinación expresiva (tan defendida en el futuro por Casals) mediante la cual "se toma una nota con un sostenido un poco más alta, o con un bemol un poco más baja de lo que el cálculo teórico indica, aunque esto suponga un

---

[168] Ibíd., p. 128.

LA INTERPRETACIÓN DEL VIOLONCHELO ROMÁNTICO

conflicto entre el cálculo sonoro y el sentimiento".[169]

> Los ejemplos musicales y los estudios de la *Violoncellschule* de Romberg son realmente excelentes, pero algunas de las máximas que él pronunció parecen extrañas. Y también se detiene demasiado en cosas secundarias, en lugar de realzar los principios esenciales con la claridad y firmeza necesarias.[170]

Revisando a fondo el método de Romberg, creemos que estas palabras de Wilhelm Joseph von Wasielewski, de 1888, apuntan precisamente hacia los principios del fraseo y la expresión.[171] La mayoría de los contenidos se encuentran dentro de lo que cabría esperar de un tratado decimonónico; sin embargo, es cierto que las ideas sobre la declamación no las encontramos expresadas de forma tan contundente en ningún otro autor posterior, lo que puede ser indicativo de que un cambio de modelo se estaba produciendo, quizá en favor de un cantabile de naturaleza netamente instrumental, más sostenido y homogéneo. Si tuviéramos que citar, como dice Wasielewski, alguna cosa secundaria, señalaríamos la importancia capital que otorga Romberg a la apoyatura acentuada, al acento gramatical. De hecho, en el período posromántico las apoyaturas se consideraban un vestigio de épocas pasadas. El intérprete sólo tenía que seguir las indicaciones expresivas del compositor o de las innumerables ediciones fraseadas. En cambio, para los herederos directos de la tradición dieciochesca, la apoyatura escrita en grandes notas exigía unas reglas de interpretación que habían sido asumidas del vocabulario barroco, como una evolución de la apoyatura simple. Como dice Harnoncourt, "las viejas reglas para la interpretación de las apoyaturas abreviadas han de aplicarse ahora también a las apoyaturas desarrolladas, para lo cual es de especial importancia, lógicamente, reconocerlas".[172] Efectivamente, en esto centra sus esfuerzos Romberg. Hippolyte François Rabaud también lo deja bien claro: "Como su nombre indica (*appoggiature*, de la palabra *apoyar* [*appuyer*]), lleva consigo un matiz que no se necesita escribir",[173] demostrándonos que este tipo de expresión que ponía el

---

[169] Ibíd., p. 17.

[170] Wasielewski, Wilhelm Joseph von. *Das Violoncell und seine Geschichte*. Leipzig: Breitkopf und Härtel, 1889, p. 126.

[171] Aunque Straeten opina en su *Technics of violoncello playing* que Romberg no pudo dominar en absoluto el golpe de arco *staccato* y que, por las explicaciones que da sobre esta materia, estaba de pleno equivocado a la hora de abordar su estudio. Cf. Straeten, Edmun van der. *Technics... Op. cit.*, p. 50.

[172] Harnoncourt, Nikolaus. *La música como discurso sonoro*. Barcelona: Acantilado, 2006, p. 214.

[173] Rabaud, Hippolyte François. *Méthode complète de violoncelle*, op. 12. Paris:

énfasis en resaltar las tensiones melódico-armónicas representadas por las apoyaturas pertenecían a la praxis interpretativa.

Ej. 3.3. Rabaud, Hippolyte François. *Méthode complète de violoncelle*, op. 12. Paris: Leduc, s.d. [*ca.* 1877], vol. i, p. 22.

A mediados del siglo xix, Charles de Bériot (1802-1870) admitía igualmente que la apoyatura representada por una pequeña nota era un uso anticuado y lo habitual era escribirla tal como debía ejecutarse,[174] siendo de gran importancia reconocerla, saber expresarla y conocer su analogía con los sonidos acentuados y alargados de la prosodia: "Es tan frecuente e importante en la música como en el lenguaje".[175] Bériot recurre a una ejemplificación similar a la aportada por Romberg o Galeazzi:

En cuanto a las directrices para su interpretación, recomienda "apoyar el arco suavemente sobre la nota larga con el arco, haciendo vibrar la nota con el dedo si la expresión lo permite y dejando morir la nota final con tanta pureza como elegancia".[176] Puntualiza además que hay que tocar las dos notas de la apoyatura en la misma arcada, a excepción de cuando se encuentren entre ambas una o varias notas de adorno, como se da en el ejemplo siguiente, entonces la segunda nota habría de ejecutarse arco arriba:

Alphonse Leduc, s.d. [ca. 1877], vol. i, p. 22.

[174] Bériot, Charles de. *Méthode de violon (Método de violín)*, op. 102. Mayence: Schott's Söhne, s.d. [1858], vol. iii, p. 204.

[175] Ibíd.

[176] Ibíd.

La aportación del violinista Bériot es especialmente valiosa, no sólo porque cimenta el vasto tomo dedicado a la expresión de su *Méthode* en el canto y la palabra, sino porque reproduce y amplía gran parte de los ejemplos dados por Romberg. Bériot además aconseja imitar la articulación de las palabras y los acentos delicados del canto y la poesía, si no —dice— todo se convertiría en una mera vocalización:

> La claridad de la pronunciación depende enteramente del grado de fuerza que se da a las consonantes que comienzan cada sílaba. Mediante esta pequeña percusión la consonante emite la vocal con la que el cantante se da a entender, incluso en voz baja, hasta al auditor más alejado en una gran sala.[177]

La prosodia de la palabra —señala Bériot— debe servir de guía para la prosodia del arco. De la misma forma que se da a cada palabra su acento y cantidad, con el arco hay que establecer una analogía similar, organizando las arcadas para obtener un acento inspirado en la palabra: "La prosodia del arco consiste en la acción de *tirar* o *empujar* el arco con el fin de imprimir la acentuación que le es propia".[178] Para ello el violinista debe seguir en lo posible las siguientes recomendaciones:

> 1. Seguir en sus golpes de arco las sílabas de las palabras escritas o de las que se supone que son.
> 2. Marcar todas las sílabas largas arco abajo y las cortas arco arriba.
> 3. Cambiar el golpe de arco con las sílabas. Si ellas están demasiado juntas, indicarlas en un mismo golpe de arco por una separación casi insensible.[179]

Siguiendo el principio de la prosodia, todo dependerá de la palabra ficticia que pueda asumir la melodía que interpretamos. Bériot asegura que la mejor forma de aprender la prosodia del arco es mediante la ejecución de ingentes cantidades de música dramática, "porque en este género la melodía y las palabras son prosodiadas con cuidado. El violinista, guiado por ellas, se fortalecerá mediante un trabajo fácil, y gracias a esta práctica inteligente aprenderá a prosodiar la melodía instrumental cuando está privada del socorro de la poesía".[180] Sin duda, vemos en estas recomendaciones una posible justificación del carácter prosódico que escuchamos en el estilo interpretativo de los primeros instrumentistas grabados fonográficamente.

---

[177] Ibíd., p. 219.
[178] Ibíd., p. 232.
[179] Ibíd.
[180] Ibíd., p. 233.

Cuando se trata de distribuir los golpes de arco para hacer hablar a la melodía, sea en una composición propia, sea en la lectura de partituras con indicaciones a menudo descuidadas, o sea repitiendo de memoria la música escrita para el canto, hay que, con toda necesidad, seguir la variedad de las inflexiones de la palabra real o ficticia que nos imponen las leyes de la melodía.[181]

En el ejemplo que da Bériot y que reproducimos a continuación podemos observar cómo a través de esta metodología la variedad en el arqueo de una frase puede ser muy amplia, siempre que no se pierda de vista que el fin es ¡hacer hablar a la melodía! Las dos opciones de arqueo —nos dice Bériot— son aceptables, pues se adaptan al posible texto que podría expresar esta melodía. Además, siguiendo las recomendaciones de Bériot[182] y Broadley,[183] sería estéticamente permisible en la primera versión de la melodía hacer un portamento entre el mi'' y el re'' del primer compás, ya que ambas notas se cantan con la misma vocal:

O   Jung - frau Ma - ri - a   er - hö - re mein Fleh'n.
O   vier - ge Ma - rie___   ex - au - ce mes voux.

Lasst flieh'n unsvom Ge - sta - de   im Dun - kel die-ser Nacht.
Fuy - ons___ loin du ri - va - ge   a   l'om - bre de la nuit.

Ej. 3.4. Bériot, Charles de. *Méthode de violon (Método de violín)*, op. 102. Mayence: Schott's Söhne, s.d. [1858], vol. III, p. 234.

---

[181] Ibíd., p. 234.
[182] Cf. Ibíd., p. 235.
[183] Cf. Broadley, Arthur. *Chats... Op. cit.*, p. 55.

Situados al final del período a estudio, los conservadores Joseph Joachim y Andreas Moser vienen a dar vigencia a muchas de las ideas expuestas. En el primer volumen de su *Violinschule* (1905), estos autores escriben que tanto el ritmo como el acento se encuentran muy bien ilustrados en el cuerpo humano y en el habla. El ritmo en el habla se concibe a través de la diferenciación entre las sílabas largas y cortas, la elevación y disminución de la voz y la acentuación de ciertas palabras que por su significado son más importantes. Ellos contemplan dos tipos de acentos: el acento rítmico y el acento melódico. El primero depende del compás y el segundo, de naturaleza artística y fluctuante, del flujo melódico. "Aun suponiendo que se tocara sin acompañamiento, el acento rítmico debe prevalecer sobre el melódico, a menos que el compositor haya indicado explícitamente lo contrario mediante los símbolos oportunos".[184] Aquí, por ejemplo, los reguladores situados por Beethoven nos hacen abandonar el acento rítmico en favor del melódico:[185]

Nuevamente comprobamos la importancia del acento métrico en la interpretación decimonónica. La constante referencia a la equivalencia entre la métrica poética y la métrica musical invitan a pensar que, como en la declamación, el acento métrico en la interpretación musical fue bastante marcado. Por otro lado, Joachim y Moser explican que es muy importante tener en cuenta el acento métrico porque, en una melodía, un acento situado erróneamente puede alterar el significado a pesar de una buena interpretación [*Deklamation*].[186] La posición de la palabra *nicht* ('no') en la siguiente melodía demuestra —según Joachim y Moser— que compositor y poeta son de diferentes opiniones:

Das Es-sen, nicht das Trin ken bracht' uns ums Pa - ra - dies!

Más adelante, en el tercer volumen de la *Violinschule*, vuelven a abordar, ahora más específicamente, la cuestión de la declamación musical, com-

---

[184] Joachim J. y Moser, A. *Violinschule.* Berlin: Simrock, 1905, vol. I, pp. 57-58.
[185] Ibíd., p. 58.
[186] Ibíd.

pendiando extraordinariamente todos los elementos que contribuyen a imprimir el carácter prosódico en la interpretación (tampoco se olvidan de las apoyaturas acentuadas):

> Para la persona sensible existen ciertas diferencias incluso en notas del mismo valor y del mismo compás que, dependiendo del carácter del pasaje en cuestión, se perciben de una forma más o menos clara al ejecutar la pieza. Recordado esto, debe parecer evidente que hay que distinguir también entre las notas estructuralmente importantes (incluyendo las disonancias colocadas en partes fuertes del compás) y aquellas que sólo adquieren la importancia de notas de paso y auxiliares en tiempo débil. Este requisito se corresponde con cualquier teoría racional de la frase musical. Sin embargo, el ejecutante también necesita tener un sentido muy fino para no exagerar esas diferencias, sino más bien sugerirlas de manera apenas perceptible. Pues en el deseo de declamar de forma musicalmente correcta y de dar vida, se traspasa fácilmente esa línea donde lo característico deja de ser bonito.
> En el caso de motivos más cortos, como los que son propios de muchas canciones populares y pequeñas piezas instrumentales, conoceremos de forma más fiable cuál es la acentuación conforme al sentido si colocamos debajo un texto cuyo pie métrico coincida con el ritmo musical de esa pieza. Por ejemplo:

Hol - der Früh - ling, komm doch wie - der!

dolce assai

> Cualquier persona que hable bien alemán y disponga de conocimientos elementales de prosodia musical, ya no dudará sobre cómo han de tocarse conforme al sentido los compases anteriores, si no le corrige ya su propio instinto.[187]

Hugo Becker será partidario igualmente de situar una frase o un pequeño texto para clarificar la correcta acentuación de un motivo, también para comprender su correcta estructura rítmica.[188] Así pues, comprobamos que la práctica pedagógica de versificar una frase o motivo para alcanzar su óptima expresión estaba muy extendida en la práctica inter-

---

[187] Joachim J. y Moser, A. *Violinschule... Op. cit.*, vol. III, p. 7.
[188] Cf. Becker, H. y Rynar, D. *Mechanik und Ästhetik des Violoncellspiels*. Wien: Universal, 1971 (1.ª ed. 1929), p. 164.

pretativa y es un elemento más que se incardina en una tradición que toma como modelo las distintas manifestaciones de la expresión oral.

(Kampf-be-reit)

Adolph Kullak (1823-1862), en su *Die Ästhetik des Klavierspiels* (1860), aunque no habla de la versificación, sí nos dice que siempre que se interprete una pieza cuya procedencia sea vocal, o haga referencia a un texto, hay que —como dijera Bériot— hacer hablar a la melodía:

> Es cierto que el piano no tiene palabras; pero cuando se transcriben melodías de óperas, oratorios, etc., a su ámbito, él debe mantener igualmente la declamación adecuada. Debido a esta versatilidad de carácter vital, la composición de la melodía puede imitar simbólicamente desde el principio, sin estar fundamentada en palabras concretas, la diversidad en la expresión de la palabra, con total libertad: puede comenzar con preguntas, terminar con una exclamación, dejarse llevar aquí y allá por las dudas, etc., y así salir del rumbo normal de las frases retóricas y de su propia expresión.[189]

Por su parte, el violonchelista Arthur Broadley invita a la escucha de nuestra voz en la lectura o en el recitado de un poema, y añade que no basta con prestar atención a las inflexiones vocales, o a la subida y bajada de la voz entre los períodos o en las oraciones interrogativas, porque esto solo no se puede considerar sinónimo de lectura expresiva. Broadley —creemos que bajo la inspiración de la *Violoncell Schule* de Romberg— hace notar que el intérprete debe buscar algo más, de la misma forma que lo haría un buen orador: "El orador se apresura en un pasaje apasionado y arrastra uno doloroso, grita en el imperativo y susurra una frase tierna".[190] El intérprete debe poseer una elocuencia que convierta el mensaje del compositor en una "interpretación realmente viva".[191] También cita algunas cualidades vocales que deben ser observadas por un buen violonchelista como "la variación del tono que producen los cantantes por una gestión inteligente de la respiración, el deslizamiento cuando dos notas se cantan con una vocal, el sonido duro de una con-

---

[189] Kullak, Adolph. *The æsthetics of pianoforte-playing.* New York: Schirmer, 1907, p. 256.
[190] Broadley, Arthur. *Chats... Op. cit.*, p. 96.
[191] Ibíd., p. 97.

sonante inicial, el vibrato, y otros muchos efectos que son posibles en el instrumento más humano".[192] En definitiva, comprobamos que Broadley mantiene los mismos modelos que Romberg: canto y declamación.

La preocupación del intérprete romántico por conseguir el modelado vocal del discurso instrumental es constante en la tradición pedagógica, pero dicha preocupación también tuvo que proyectarse extraordinariamente en la práctica, ya que Eduard Hanslick no desaprovecha la oportunidad de abordar la cuestión en su *Vom Musikalisch-Schönen* (1854). Admitiendo que se podrían establecer ciertas analogías entre la música y el discurso hablado, analogías que considera evidentes, manifiesta que los músicos habían ido demasiado lejos intentando extraer las cualidades de la voz gobernada por los arrebatos de las diferentes pasiones para traducirlas a la música y con ello encontrar en cada efecto una equivalencia con el lenguaje, lo que para él se trata de una degradación de la música. Este deseo imitativo es lo que, en relación con el portamento, hemos llamado "naturalismo expresivo". Esta imitación perniciosa — según Hanslick— ha llevado a concebir la música como una lengua en sí misma, y las muestras más evidentes se encuentran en las composiciones menores de los virtuosos. Como se viene comprobando, ¡éstos nunca negaron sus aspiraciones! Así, Hanslick escribe:

> A menudo encontramos en las composiciones instrumentales más triviales cadencias rotas, recitativos, etc., que interrumpen el flujo de la melodía y que, extrañando al oyente, aparecen como si tuvieran un *significado* excepcional, pero que en realidad no significan nada más que fealdad. Piezas modernas en las que el ritmo principal es alterado constantemente con el fin de caer en interludios misteriosos o en una acumulación de contrastes evidentes y que son elogiadas por esforzarse en superar los estrechos límites de la música y elevarla a la categoría de idioma [*Sprache*].[193]

Las composiciones de los virtuosos reflejan esta tendencia en la expresión instrumental, aunque igual que ocurre con el vibrato o el portamento, los ejemplos evidentes no son muy abundantes, pues las intenciones de los virtuosos no siempre quedaron anotadas en la partitura. En algunos pasajes comprobamos que se pedía algo más que cantar con el instrumento. El fragmento extraído del *Concierto n.º 1* de Popper (Ej. 3.6) podríamos considerarlo como uno de esos añadidos criticados por Hanslick.

---

[192] Ibíd., p. 55.
[193] Hanslick, Eduard. *The beautiful in music*. Gustav Cohen, trad. London: Novello and Company, London, 1891, p. 95.

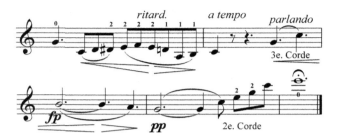

Ej. 3.5. Ernst, Heinrich Wilhelm. *Élégie*, op. 10. Vienna: Haslinger, s.d., vl-p. 3.

Ej. 3.6. Popper, David. *Concert für violoncell*, op. 8. Offenbach: André, s.d., vc-p. 8.

Ej. 3.7. Casella, César Augusto de. *Étude mélodique*, op. 54. Braunschweig: Litolff, s.d. [1883], vc-p. 2.

En conclusión, el músico-instrumentista romántico, intérprete de la idealizada y privilegiada música instrumental, continuó buscando en la expresión humana, en la declamación propia de un orador, el modelo para dotar de sentimiento a la música, y asoció la expresividad del canto instrumental a la imitación de los rasgos prosódicos del lenguaje.

2. La declamación poética en el romanticismo

El término *declamación* comprende en sí mismo muchas acepciones y modelos. Nos centraremos aquí en el aspecto performativo de la declamación de la prosa o el verso, lo que se denominó "la elocuencia exterior", cuyos elementos principales son la pronunciación, la entonación de la voz, la acción y el gesto. A través de estos elementos el orador o el actor pintaba los sentimientos y las pasiones que le dominaban en relación con el poema o el texto que interpretaba, aunque no debemos olvidar que ellos estaban sujetos a normas de convención en lo que se refiere al lenguaje corporal y a la expresión oral que no son fáciles de determinar, pero que intentaremos conjeturar a través de diversos testimonios. A finales del siglo XVIII y principios del siglo XIX, a medida que se consolidan los principios de naturalidad e individualidad en la expresión, la *actio* comienza a convertirse en una ciencia específica relacionada con la interpretación dramática; de hecho, algún autor cuestiona la actualidad del término *declamación* en el período romántico.[194] Veamos ampliamente la entrada "Declamation" recogida en el *Allgemeine deutsche Real-Encyklopädie* en su edición de 1827, que nos permitirá comprobar no sólo los lugares comunes que pudieron compartir declamación e interpretación musical, sino también muchas de las características ya apuntadas por las autoridades musicales desde el siglo XVIII:

> En la declamación todo se basa en las diferentes tonalidades [*Tonarten*] o tónicas [*Grundtönen*], en las diferentes inflexiones y movimientos de la voz y en los acentos. El carácter de la pieza a declamar determina la elección del sonido fundamental (...) También aquí, como en la música, la voz se divide en un registro medio y en un registro grave para, a partir de aquí, establecer las diferentes tonalidades y sonidos fundamentales que son necesarios en cada caso para la expresión de las emociones y las pasiones. Cada emoción, sea más fuerte o más débil, también tiene su expresión peculiar en el tono y en las inflexiones de la voz. No es lo mismo el habla de un hombre feliz que el de uno triste; ni es lo mismo un tono enojado que uno contento y tranquilo, etc.; sobre esto se basa la enseñanza de los tonos fundamentales en la declamación y en las diferentes tonalidades. (...) Acorde con la variedad de la poesía, la declamación poética también es diversa, a saber, épica o narrativa, dramática o escénica, y lírica (la verdadera declamación). En la frontera de la declamación poética se sitúa la oratoria, pero se diferencia mucho de la primera por el objetivo prosaico del discurso. El tempo siempre debe adecuarse cuidadosamente a la tonalidad correspondiente, puesto que muchísimas

---

[194] Véase más adelante la cita 206, a pie de página.

cosas en la declamación dependen de la correcta elección del ritmo y del cambio de compás. Eso tiene que ver con el conocimiento de los ritmos poéticos (o la métrica). Algo primordial es la intensidad de la voz requerida para una modulación adecuada, que es la que convierte las palabras muertas en vivas, y éstas a su vez son las que ilustran los sentimientos y las ideas escondidas en el interior y despiertan la viva participación del público. A esto se le denomina "acento", que reviste tal variedad, que la doctrina de los acentos y la determinación de su buen uso es la parte más difícil en la declamación, y exige una formación científica especial. (...) A modo de reproche se dice "declamar excesivo" cuando se hace referencia al uso indiscriminado y reiterado de los medios expresivos de los que dispone el declamador, particularmente de los acentos, puesto que con ello se frustran sus propósitos. Por consiguiente, el arte de unir, mediante el uso adecuado de los acentos y otras modificaciones de la voz, la diversidad de variantes del habla en su progresión rítmica dentro de un conjunto hermoso y uniforme, se encuentra en la enseñanza de la declamación (*Declamatorik*), que se basa en principios y normas científicas especiales. La enseñanza de la gesticulación se combina con ella, pues para una persona vivaz es imposible hablar sin ningún movimiento del cuerpo, aunque en la declamación, cuanto más puro pretendamos que sea su efecto y cuanto más se quiera revelar su propia grandeza, tanto más se busca prescindir de la mímica.[195]

El texto precedente sirve, en primer lugar, para plantearnos: ¿qué tipo de declamación pudo servir mejor de modelo a los intérpretes, la declamación poética o la declamación oratoria? Ambos géneros —como hemos visto— empleaban los mismos medios y tenían límites muy difusos. En este sentido, aunque en muchos músicos se percibe la misma ambigüedad a la hora de hacer referencia a un tipo de declamación u otra, recordemos que el interés, por ejemplo, de Avison, Beethoven o Romberg se centró en la elocuencia exterior de la declamación poética y no de la declamación oratoria, lo que parece una declaración sobre los sentimientos que deben prevalecer en el arte, ya que, como había dicho Kant, la oratoria es un arte sospechoso, engañoso y de persuasión, que trata "de imponerse por la bella apariencia (como *ars oratoria*) y no el mero hablar bien (elocuencia y estilo)",[196] que abusa de la poesía en su propio beneficio y, aunque pueda emplearse con fines justos,

---

[195] Entrada "Declamation" en: *Allgemeine deutsche Real-Encyklopädie für die gebildeten Stände (Konversations-Lexikon)*. Friedrich Arnold Brockhaus, ed. Leipzig: Brockhaus, 1827, vol. III, pp. 82-83.

[196] Kant, Immanuel. *Crítica del Juicio*. Manuel García Morente, trad. Madrid: Espasa Calpe, 1991, p. 287.

"es rechazable, porque de ese modo, las máximas y los sentimientos se corrompen subjetivamente";[197] en cambio, "en la poesía todo ocurre honrada y sinceramente".[198]

Dada la escasez de textos sobre la estética de la interpretación musical en el romanticismo, sobre todo en el incipiente, y dado el confeso afán imitativo que mostraron los músicos-intérpretes, queremos acercarnos al modelo: el actor u orador romántico, para estudiar las características que podrían haber sido asumidas por el virtuoso y haberse perdido en el tiempo debido a la naturaleza efímera de todo arte escénico. Por eso nos preguntamos: ¿podríamos aprender algo más sobre la expresión musical si miramos hacia la elocuencia exterior de los poetas, actores y oradores? En ese imitar la expresión del orador llevado por las pasiones, ¿qué rasgos del estilo de recitación podrían haber influido en los virtuosos más allá de los escasos apuntes recogidos en los tratados? ¿Cuáles de esas características se mantuvieron constantes a lo largo del siglo XIX? ¿Podemos recuperar algo de la dimensión visual, gestual o aural que la realidad romántica infundiera al estilo interpretativo de los virtuosos? Intentaremos responder a todas estas preguntas a través de la recopilación de testimonios de poetas y actores influyentes del período, en los que podamos ver reflejados las preocupaciones estético-interpretativas en el arte de la declamación.

3. El orador romántico: estudiando el modelo

Para ver cómo evoluciona el estilo de los oradores y se establece la declamación romántica es obligado remontarse a la segunda mitad del siglo XVIII, cuando comienzan a gestarse una serie de cambios estéticos que supondrán una actualización de la declamación bajo preceptos de naturalidad y espontaneidad en la expresión de los afectos, en los que el gesto como indicativo de la emoción comienza a ocupar un lugar central, si bien en un principio se trataba más bien de una pantomima disfrazada de verosimilitud. Jean-François Marmontel (1723-1799), contrario al estilo que gobernaba la declamación de la tragedia francesa de su tiempo, refleja estos intereses. Para él, el arte está para dominar los desenfrenos de las pasiones, por eso, cuando da una serie de consejos a la actriz La Clairon (1723-1803), quien al principio de su carrera poseía maneras que no se adecuaban a una visión más natural de la expresión, escribe:

> Hacía mucho tiempo que, sobre la manera de declamar los versos trágicos, estaba en disputa reglada con Mlle. Clairon. Encontraba

---

[197] Ibíd.
[198] Ibíd.

en su interpretación demasiada exageración, demasiado ardor, no había suficiente flexibilidad y variedad, y sobre todo mostraba una fuerza que sin ser moderada tenía más de arrebato que de sensibilidad. "Usted tiene —le decía— todos los medios para destacar en su arte; y con todo lo gran actriz que es todavía le sería fácil elevarse por encima de sí misma cuidando más los medios que prodiga. Usted me opone sus éxitos clamorosos y aquellos que usted me valió; me opone la autoridad del señor Voltaire, que él mismo recita sus versos con énfasis y quien pretende que los versos trágicos tengan en la declamación la misma pompa que en el estilo; y yo tengo que oponerle sólo un sentimiento irresistible, que me dice que la declamación, como el estilo, puede ser noble, majestuosa y trágica con sencillez; que la expresión, para que sea viva y profundamente penetrante, quiere gradaciones, matices, trazos imprevistos y súbitos que no puede tener cuando es cargada y forzada".[199]

La misma ambigüedad que hemos encontrado en los textos musicales estudiados y que nos impide precisar nítidamente qué tipo de declamación sirvió de modelo a los virtuosos la encontramos entre los filósofos, dramaturgos y poetas, ambigüedad que proviene de la amplia significación del término. Pero sea cual fuere su connotación, la declamación apuntaba por lo general hacia la expresión y la representación de sentimientos, pasiones y caracteres. Para Marmontel la declamación teatral y la declamación poética responden a los mismos principios. "El sentimiento, la pasión, el movimiento del alma tienen dos expresiones: una, la de la palabra, y otra, la de la acción",[200] por lo que la acción debe estar en consonancia con el sentido de lo que se expresa, sin dejarse llevar en ningún momento por el desenfreno natural de las pasiones, ya que éstas enturbiarían lo que se quiere expresar. El orador tiene que, por así decirlo, depurar los rasgos característicos de las emociones, estilizándolos; él tiene que observar que "cada movimiento del alma tiene una fisonomía, un tono de voz, un gesto que le es propio; y que la actitud del hombre, los movimientos del cuerpo, los rasgos de la cara, la voz, son como las cuerdas de un instrumento, que producen tal o cual acorde según el carácter de la pasión que las agita".[201] Marmontel, desde una postura sofisticada que recuerda los principios que más tarde guiarán a los virtuosos de la escuela clásica decimonónica, advierte de que no se debe confundir una declamación simple con una declamación fría, porque

---

[199] Marmontel, Jean François. *Oeuvres de Marmontel*. Paris: Belin, 1819, vol. I, p. 152.

[200] Marmontel, Jean François. *Oeuvres de Marmontel*. Paris: Amable Costes, 1819, vol. XIII, p. 4.

[201] Ibíd., p. 5.

"a menudo es fría sólo para no ser simple; y cuanto más es simple, más es susceptible de calor: ella no hace tanto sonar las palabras como sentir las cosas; no analiza tanto la pasión como la pinta en toda su fuerza"[202] (recordemos que Fuller cuestionará también el atributo frío asociado a un estilo elevado de interpretación).[203] El actor François-Joseph Talma (1763-1826), representante de la nueva escuela romántica, relata en su obra *Réflexions sur Lekain et sur l'art théâtral* (1825) la contribución a la declamación teatral del también actor Lekain (1728-1778). A través de ella podemos comprobar cómo era el estilo declamatorio en el período prerrevolucionario en Francia y cómo los actores no pudieron desligarse de la tradición:

> El sistema de declamación era entonces un tipo de salmodia, de melopea triste, que databa del nacimiento del teatro. Lekain, muy a su pesar y sometido a la influencia del ejemplo, sentía la necesidad de librarse de este canto monótono y de sacudir estas reglas de convenio que molestaban su genio ardiente dispuesto a desarrollarse. Dejó oír por fin, por primera vez en el teatro, los acentos verdaderos de la naturaleza. Lleno de una sensibilidad fuerte y profunda, de un calor ardiente y comunicativo, su interpretación fue primero fogosa y sin reglas, llena de juventud, arrastrada por los arrebatos de su acción, por el calor de su cadencia, y sobre todo emocionada por los acentos de una voz profundamente trágica. Los aficionados de la antigua salmodia, fieles a sus viejas admiraciones, le criticaron amargamente; le llamaron el *toro*. No encontraban en él esa declamación redundante y fastuosa, esa dicción cantante y martillada, donde el respeto profundo a la cesura y a la rima hacía derribar regularmente la cadencia de los versos. Sus pasos, sus movimientos, sus posturas, no tenían esa nobleza, esa gracia de nuestros padres, que caracterizaba entonces al *bel acteur*. Lekain, con el tiempo, llegó a ajustar todo el desorden que su inexperiencia necesariamente había desechado al principio en su interpretación. Aprendió a dominar su ardor y a calcular los movimientos. Sin embargo, no se atrevió desde el principio a abandonar totalmente este canto acompasado que entonces fue visto como el bello ideal de la declamación y que el actor conservaba hasta en los arrebatos de la pasión. Mademoiselle Clairon, Grandval y otros actores de este tiempo siguieron, así como él, el sistema de esta declamación pomposa y fuertemente acentuada que habían encontrado establecida. Hasta llevaban en sociedad este tono solemne que habían tomado

---

[202] Marmontel, Jean François. *Oeuvres de Marmontel.* Paris: Belin, 1819, vol. IV, p. 321.

[203] Ver, a modo comparativo, el testimonio de John Alexander Fuller en el segundo capítulo (cita 82).

del teatro... Sólo *mademoiselle* Dumesnil se entregó sin reservas a todos los arrebatos de una naturaleza que el arte no puede esclavizar. ¿Cómo los actores de esta época, y Lekain mismo, queriendo gustar a un público acostumbrado desde el nacimiento del teatro a esa salmodia pomposa se habrían atrevido a arriesgar con innovaciones demasiado intrépidas? El éxito de estas tentativas demasiado bruscas habría sido muy dudoso. La oposición, las críticas que soportaba *mademoiselle* Dumesnil les daban miedo, y, admirándola, no se atrevían a imitar su audacia. Estas reglas de convenio pesaban entonces sobre todo tipo de talento. ¿Cómo iban los actores a sustraerse de ellas más que los propios autores?[204]

Talma también utiliza su semblanza de Lekain para articular ideas puramente románticas sobre la presentación del artista:

Lekain sintió que los colores brillantes de la poesía servían solamente para dar más tamaño y majestad a las bellezas de la naturaleza. No ignoraba que en la sociedad, los seres profundamente emocionados por grandes pasiones, aquellos angustiados por grandes dolores, o violentamente agitados por grandes intereses políticos, tenían verdaderamente un lenguaje más elevado y más ideal, siendo este lenguaje todavía el de la naturaleza. Es pues la naturaleza noble, animada, ampliada, pero simple a la vez, que debe ser el objeto constante de los estudios del actor como del poeta.[205]

La simplicidad de la naturaleza es por tanto sinónimo de verdad, instinto, espontaneidad y realismo (hay que tener presente que estas ideas pudieron tener a principios del siglo XIX un significado muy diferente al que tienen hoy).[206] El actor debe olvidar las *belles manières*, la etiqueta, y mostrarse naturalmente, aunque para ello tenga que sacrificar el *decorum* y la gracia.

El hombre del mundo y el hombre del pueblo, tan opuestos por su lenguaje, a menudo tienen en las grandes agitaciones del alma la misma expresión: uno olvida sus maneras sociales, el otro deja sus formas vulgares; uno vuelve a bajar a la naturaleza, el otro vuelve a elevarse a ella; ambos despojan al hombre artificial para no ser más que verda-

---

[204] Citado en: Fournel, Victor. *Curiosités théâtrales anciennes et modernes: françaises et étrangères*. Paris: Adolphe Delahays, 1859, pp. 215-216.
[205] Talma, François-Joseph. *Réflexions sur Lekain et sur l'art théâtral*. Paris: Tenré, 1825, pp. 19-20.
[206] "Lekain había sentido que el arte de la declamación, ya que hay que emplear este término, no consistía en recitar los versos con más o menos calor y énfasis; que este arte podía, mejorando, dar en cierto modo realismo a las ficciones de la escena." Ibíd., pp. 28-29.

deramente hombres. Los acentos del uno y del otro serán los mismos en el frenesí de las mismas pasiones o de los mismos dolores.[207]

Sin embargo, se observa en Talma un apego a los principios clásicos, pues en sus años de madurez no llegó a comprender el arrebato y el desenfreno de la nueva escuela, la idea falsa que tenían los actores sobre el tono que había de darse a las pasiones enérgicas, y describía un defecto que se había instalado en la interpretación y que para él era insoportable: los actores "se habían habituado a soltar algunos versos con lentitud, y de repente precipitaban siete u ocho con rapidez, sin que se pudiera saber qué razón había inspirado la lentitud o la rapidez. Era una moda: con eso está dicho todo".[208] Otros autores reflejan igualmente ideas encontradas, a caballo entre el clasicismo y el romanticismo. Francisco Sánchez Barbero, que en su *Principios de Retórica y Poética* (1805) pide al orador la mirada a su interior, la exteriorización de su propia individualidad y el rechazo a un concepto idealizado de pasión, recomienda por otro lado no abandonar el *decorum*, es decir, las convenciones que marcaban el comportamiento social y artístico y que en el cambio de siglo aún estaban dominadas por el artificio:

> Yo supongo, y con sobrada razón, que la sociedad ha debilitado o amortiguado en ti, así como en los demás, el lenguaje de acción. ¿A qué, pues, observar lo que la naturaleza dicta a otros en los momentos apasionados, cuando ella te dicta a ti lo mismo? ¿Y cómo podrás imitar vivamente el calor de los sentimientos que no experimentas? ¿Ni cómo expresarás por la fisonomía el carácter de las pasiones que no tienes, la mutación de color, la sensibilidad, la rapidez de tonos?... En tu corazón hallarás este lenguaje, no en el de los otros. Si imitas, es claro que finges y no sientes; si no sientes, guárdate de hablar en público; y si sientes, a ninguno necesitas acudir para aprender el lenguaje de acción. Si los que se dedican a la representación teatral se penetraran de lo que dicen, mucho tendrían adelantado para tocar a la perfección de su arte. Los preceptos aprovechan muy poco; las pasiones saben más que ellos.
> Sólo te encargo que en tus movimientos y manejo de manos guardes compostura, decoro, dignidad, naturalidad. Por tanto, evita las ridículas contorsiones, los violentos balanceos, las curvaturas, los brincos, las gesticulaciones... todo lo que se oponga a la finura y a las maneras adoptadas por la sociedad culta, a quien diriges la palabra. Huye de la afectación en todo.[209]

---

[207] Ibíd., pp. 26-27.
[208] Fournel, Victor. *Curiosités théâtrales... Op. cit.*, p. 221.
[209] Sánchez Barbero, Francisco. *Principios de Retórica y Poética*. Madrid: Real

Talma consiguió eliminar parcialmente de su estilo el artificio en la actitud y el tono enfático, primando la verdad, la nobleza y la sencillez más propia de un sentimiento verdadero. Desde una perspectiva romántica, la monotonía como el exceso siempre fueron rechazados de forma unánime, pero también la corrección escolástica y enfática que había dominado la declamación clásica: "El que sólo cuida de la cantidad y calidad de las voces, y no del sentido de ellas, no puede dar expresión a lo que pronuncia: articula, mas no habla; dice, mas no siente; y el que no siente, mal podrá hacer que sientan los demás".[210] Antonio de Capmany (1742-1813), en su *Filosofía de la elocuencia* (1777), aborda con estas palabras la cuestión del tempo, reconociendo que el tono y el ritmo se modifican según la expresión y que a veces el orador tiene que buscar la desigualdad. "El gozo, por ejemplo, que imprime cierta vivacidad a nuestros movimientos, se comunica también a la medida. La tristeza, al contrario, cierra el corazón, amortigua los movimientos, y la languidez misma se pinta en el tono que inspira".[211] Añade además que en los momentos de mayor dramatismo la pronunciación de la palabra es desigual, con aceleraciones e interrupciones forzadas del énfasis que desembocan en la elocuencia muda,[212] de ahí que —según Capmany— los oradores más patéticos sean los que habitualmente imprimen mayor irregularidad al compás, y los más correctos los que mejor guarden el equilibrio. La irrupción en la escena española de Isidoro Máiquez (1768-1820), quien adoptó el nuevo estilo de declamación francesa de la mano de Talma, hizo que el estilo evolucionase de la misma manera que lo había hecho en la Francia prerrevolucionaria, aunque, al igual que ocurrió allí, la declamación española no consiguió apartarse de las maneras que venían establecidas por la tradición clásica. El autor que traza la semblanza del actor español en el *Diccionario Universal de Historia y de Geografía* afirma que cuando Máiquez comenzó su carrera, en la década de 1790, la verdad estaba desterrada de la declamación, y que todavía en 1847 había restos de esa entonación enfática, cadenciosa, vacía y ausente de sentimiento que era del gusto del público y contra la que Máiquez luchó constantemente.

> "No accionar, no gesticular como un demente —dice un ilustre literato— era ser frío: no declamar con énfasis y casi cantando, era ser insulso". Porque se rebeló contra estos defectos mereció Máiquez de sus contemporáneos los dictados de *galán de invierno, agua de nieve,*

Arbitrio de Beneficencia, 1805, pp. 122-123.

[210] Capmany y de Montpalau, Antonio de. *Filosofía de la elocuencia*. Londres: Longman, Hurst, Rees, Orme & Brown, 1812, p. 645.

[211] Ibíd., p. 644.

[212] Elocuencia muda: lo que algo o alguien expresa sin palabras.

voz de cántaro, y otros no menos necios y despreciables. Verdad es que su voz no era la más limpia y armoniosa; pero dulce, tierna, patética, al par que noble, respetuosa y terrible, llegaba siempre al corazón.[213]

El escritor José de la Revilla escribió que Máiquez "sabía muy bien que el sentimiento no se imita: que es necesario sentir para expresar y conmover; y que la ausencia del sentimiento no la suplen ni ademanes ni gestos prestados, más o menos pintorescos, más o menos elegantes".[214] Sin embargo, a pesar del realismo que se demandaba, es imposible pensar que súbitamente se eliminara de la tradición oral los rasgos enfáticos y patéticos de un tipo de declamación tan arraigada. Hay en la cita desmarcada sobre Máiquez características verdaderamente románticas, que recuerdan los comentarios sobre los virtuosos de la escuela dramática, especialmente las maneras bizarras, sello distintivo de ésta. Ludwig Devrient (1784-1832), otro gran actor de la nueva escuela y muy vinculado a artistas como Hoffmann, Mendelssohn y Goethe, se caracterizó igualmente por un estilo intuitivo, emocional y visceral, que le llevaba a la improvisación y le alejaba de las pautas marcadas por la dirección de escena.[215] La interpretación ya no es una imitación idealizada de lo que es natural, sino verdadero sentimiento individual del artista que debe manifestarse en la *actio.* Sobre este rasgo romántico, Georg Wilhelm Friedrich Hegel (1770-1831) ofrece un paralelismo que nos parece muy interesante y que afecta tanto al virtuoso como al orador: el verdadero artista es el que hace su individualidad, su subjetividad, presente en la interpretación. Desde la perspectiva de la música escribe:

A la realidad de la música pertenece el artista ejecutante, como el rapsoda a la recitación de la poesía épica. En la ejecución de la música, el artista ejecutante es meramente obediente, con frecuencia muy exteriormente mecánico, si no hace otra cosa que recitar de memoria su lección; o la ejecución es muy inspirada, animada, de manera que el artista está sin ningún problema presente como ejecutante o como compositor.[216]

---

[213] Mellado, Francisco de Paula. *Diccionario Universal de Historia y de Geografía.* Madrid: Francisco de Paula, 1848, vol. v, p. 56.

[214] Revilla, José de la. *Vida artística de don Isidoro Máiquez.* Madrid: Miguel de Burgos, 1845, p. 20.

[215] Guthrie, John. *Schiller the Dramatist: A Study of Gesture in the Plays.* Rochester-New York: Camden House, 2009, p. 38.

[216] Hegel, Georg Wilhelm Friedrich. "La música. Extracto de los cursos de estética impartidos en Berlin en 1828/1829, según el manuscrito de Karol Libelt".

Desde la perspectiva de la poesía y parafraseando a Hegel sería válido decir —como comprobaremos a continuación— que a la realidad de la poesía pertenece el orador: la poesía necesita al igual que la música de un sujeto vivo para que ella se realice, para que aflore su esencia musical y su forma y, también, la interioridad y la subjetividad del artista cuando ella se hace presente. Así, Hegel escribe en su *Vorlesungen über die Ästhetik* (*Lecciones sobre la estética*):

> Si nos preguntamos dónde debemos buscar, por así decirlo, la base material de este modo de expresión, la respuesta es que, puesto que el habla no existe como una obra de arte visual, por su propia cuenta, independiente del artista, es el mismo hombre vivo, el orador individual, el único soporte que permite la presencia y la realidad perceptible de una composición poética. Las obras poéticas deben ser habladas, cantadas, declamadas, representadas por las personas vivas mismas, de la misma forma que las obras musicales tienen que ser interpretadas. Por supuesto, estamos acostumbrados a leer poesía épica y lírica, y es sólo la poesía dramática la que estamos acostumbrados a oírla hablada y verla acompañada por gestos; pero la poesía es de naturaleza esencialmente musical, y si se trata de emerger como arte completo no debe faltar esta resonancia, tanto más porque es el único aspecto en virtud del cual ella realmente entra en conexión con la existencia exterior. Las letras impresas o escritas, es cierto, también existen exteriormente, pero no son más que signos arbitrarios para sonidos y palabras. Anteriormente ya consideramos las palabras asimismo como medio para indicar las ideas, pero la poesía impone una forma, al menos en el momento y en el sonido de estos signos; de esta manera ella les da el estatus más alto, el de un material penetrado por la vida espiritual de lo que significan.[217]

Ahora ha llegado el momento de insistir en un elemento fundamental, no tan obvio desde nuestra perspectiva moderna y que ha de estar presente cuando los músicos románticos, abordando la expresión en la interpretación musical, hablen de la analogía entre la declamación poética y la interpretación musical, y es la naturaleza performativa de la poesía. La poesía en el romanticismo debe considerarse como un arte oral, esto es, temporal, como lo era la música. David Perkins, defensor de esta tesis, argumenta en su ensayo *How the Romantics Recited Poetry* (1991) que en la vida diaria los románticos convivían con la poesía, se promovía la memo-

---

Yolanda Espiña, trad. En: *Anuario Filosófico*, n.º 54. Pamplona: Universidad de Navarra, 1996, vol. xxix, pp. 220-221.

[217] Hegel, Georg Wilhelm Friedrich. *Aesthetics: Lectures on Fine Arts*. Oxford: Clarendon Press, 1975, p. 1036.

rización y la recitación de los poemas, y las escuelas y manuales de elocución ofrecían instrucciones para la lectura de los poemas en voz alta. También recoge algunos testimonios de cómo la declamación a veces se convertía en canto en poetas románticos ingleses como lord Byron, John Keats, Samuel Taylor Coleridge y William Wordsworth. Los testimonios parecen indicar que la declamación o la recitación era más apasionada y enérgica y, como se decía más arriba, seguía los rasgos del lenguaje afectivo, rasgos que eran reforzados con los gestos y con las reacciones fisiológicas que afloran según el estado de ánimo y que habían de ser perceptibles para el espectador, como la respiración entrecortada, las lágrimas, la voz trémula o quebrada, etc. En este sentido, Friedrich Schlegel escribía en 1798 algo que resulta cada vez más valorado en el intérprete: la importancia de proyectar las pasiones. El gesto y la actitud del virtuoso fortalecen la expresión porque no son sino "la traducción del hombre interior por el hombre exterior".[218] La idea de declamación musical se adapta muy bien a los nuevos intereses del virtuoso emancipado en cuanto que ahora él ya no toca ante una selecta minoría aristocrática y culta, sino que surgen ámbitos más amplios de consumo: sociedades de conciertos, salas públicas, teatros, es decir, grandes espacios llenos de público que quiere ser sorprendido y tocado en su sentimiento:

> Leer en voz alta no es lo mismo que declamar. Esto último exige la expresión más perfectamente elevada, mientras que para lo primero se requiere una expresión moderada. La declamación es para la lejanía, no para los espacios cerrados. La altura de la voz a la que se debe llegar para producir los contrastes pertinentes ofende al oído delicado y, con el ruido ensordecedor, se acaba perdiendo todo el efecto. Como sucede con toda demostración de pasión desatada, cuando además va acompañada de gesticulación, la declamación se hace desagradable. Una sensibilidad cultivada sólo la podrá soportar mediante una lejanía que, por así decir, la cubra con un velo.[219]

También hay que destacar que música y poesía, sencillamente, convivían en los mismos espacios. La declamación se insertaba naturalmente en *matinées, soirées*, academias, conciertos y encuentros musicales, tanto en el ámbito familiar o académico como en entornos más elitistas. La inclusión de la declamación o recitación en los conciertos fue habitual a lo largo del siglo XIX. Especialmente en la primera mitad fueron comunes los espectáculos que incluían distintos tipos de expresión artística: músi-

---

[218] Bastús y Carrera, Vicente Joaquín. *Curso de declamación.* Barcelona: Juan Oliveres, 1848, p. 142.
[219] Schlegel, Friedrich. *Fragmentos. Sobre la incomprensibilidad.* Barcelona: Marbot, 2009, p. 162.

ca, declamación, mímica, cuadros vivientes [*tableaux*], danza, entremeses, etc.,[220] como se puede comprobar —por traer alguno de los innumerables ejemplos existentes— en esta función que se verificó el 8 de septiembre de 1815 en el Leopoldstädter Theater de Viena, que no hemos creído necesaria su traducción:

1. Ouvertüre von [Franz Xaver] Kargl.
2. Declamation.
3. Pianoforte-Concert von [Philipp Jacob] Riotte, gespielt von Kaiser.
4. Declamation.
5. Arie von Simon Mayr, aus *Lodoiska,* gespielt von Mad. Platzer.
6. Declamation.
7. Adagio für das Flöte von [Franz] Krommer, gespielt von Hrn. Khail.
8. Polonoise für das Guitarre von [Mauro] Giuliani, vorgetragen von der kleinen Virtuosin, Bolzmann.
9. Declamation.
10. Variationen von [Pierre] Rode, gespielt von Hrn. Stadtler.
11. Declamation.
12. Sonate für zwey Piano's, von [Friedrich Heinrich] Himmel, ausgeführt von Kaiser und Horzolka.
13. Declamation.
14. Grosses Tableau: *Die Zurückkunft der tapfern Söhne des Vaterlandes zu ihren Aeltern und Verwandten.*[221]

Además de seis números de declamación se interpretaron piezas para orquesta, violín, piano, guitarra, canto y flauta. Este otro concierto que tuvo lugar el 7 de marzo de 1821 en el Theater am Kärntnertor de Viena parece que fue algo más selecto. De formato similar al anterior, esta sesión es conocida porque Schubert ofreció en ella la primera audición pública de su conocido lied *Erlkönig*. Tuvieron lugar números vocales e instrumentales, además de declamaciones, *tableaux* y representaciones mímicas:

1. Ouverture zu der Oper *die Templer* von [Adalbert] Girowetz.
2. Tableau.
3. Arie von Mozart, gesungen von Wilhelmine Schröder.
4. Violinconcert von Spohr, gespielt von Leon de Lubin.
5. Declamation.
6. Das Dörfchen, Vocalquartett von Schubert.

---

[220] Para tales espectáculos eran comunes las denominaciones: "musikalisch-declamatorische Unterhaltung", "musikalisch-deklamatorisch-mimisch-plastische Unterhaltung", etc.

[221] *Allgemeine Musikalische Zeitung*. Leipzig: Breitkopf und Härtel, 25 de octubre de 1815, col. 724.

7. Variationen für Clavier von Worczicek.
8. Tableau.
9. Ouverture der Oper *das Zauberglöckchen* von [Ferdinand] Herold.
10. Arie von Mozart, gesungen von Caroline Unger.
11. Declamation.
12. *Erlkönig*, von Schubert.
13. Rondo für Violoncello von [Bernhard] Romberg.
14. Duett aus Ricardo von Rossini, gesungen von Wilhelmine Schröder and Caroline Unger.
15. Goethe's *Gesang der Geister über den Wassern* von Schubert.[222]

4. Aspectos de la declamación que considerar desde la interpretación

Se han recogido hasta ahora numerosos datos que nos permiten atisbar posibles conexiones entre la declamación y la interpretación musical. Abordaremos sólo los aspectos que se relacionan con el tema a estudio, aunque tomando al orador romántico como modelo, surgen otros caminos que merecería la pena explorar, como el efecto que un tono enfático y cadencioso, de una declamación acompasada y patética, pudo haber tenido sobre la interpretación instrumental, o los recursos del lenguaje gestual que pudieron haber sido tomados del teatro y, sobre todo, del melodrama romántico (tanto los espontáneos como los sujetos a convención, o los derivados de las distintas modas).

4.1 La poesía: una declamación cantada

Una de las conclusiones más interesantes que se pueden obtener tras la lectura de los textos decimonónicos es que la declamación más elevada era mayormente cantada, siguiendo una serie de fórmulas entonacionales e inflexiones aceptadas. Según se desprende de las palabras de Étienne Bonnot de Condillac (1714-1780), la declamación pudo llegar a ser bastante melódica: "Nuestra declamación admite de vez en cuando intervalos tan distintos como los del canto",[223] aunque aclara que se pueden incorporar tonos melódicos siempre que no interfieran en la pronunciación. Esto escribe en su *Essai sur l'origine des connoissances humaines* (1746):

---

[222] *Wiener Musik-Zeitung*, 1821. Citado en: Kreissle, Heinrich von. *The life of Franz Schubert*. London: Longmans, Grenn & Co., 1869, vol. I, p. 209.
[223] Condillac, Étienne Bonnot de. *Oeuvres de Condillac: Essai sur l'origine des connoissances humaines*. Paris: Houel, 1798, p. 338.

Aunque nuestra declamación no reciba, como el canto, una sucesión de sonidos apreciables, toca [*rend*] sin embargo los sentimientos del alma lo bastante vivamente como para remover aquellos que le son familiares, o que hablan una lengua cuya prosodia es poco variada y poco animada. Ella produce sin duda este efecto porque los sonidos conservan aproximadamente entre sí las mismas proporciones que en el canto. Digo *aproximadamente* porque allí, al no ser mensurables [*appréciables*], los sonidos no tienen relaciones tan exactas.[224]

Por tanto, a medida que la declamación se acerca al canto, la prosodia de la lengua se vuelve menos marcada, siendo la melodía resultante quizá no del todo temperada. Los indicios también sugieren que los límites entre la declamación poética y el canto pudieron ser en algunos casos muy difusos, en cuanto que el tono de la declamación podía fluir entre el habla y el canto según los requerimientos del poema. Eduard Hanslick criticaría la práctica contraria, a saber, el acercamiento del canto dramático al habla, cuando se lamentaba de que los cantantes, en los momentos en los que aparecen palabras de gran emoción, "arrojan frases habladas pensando que así obtienen el más alto grado de expresión musical",[225] lo que es una nueva muestra de que la palabra se relacionaba con la expresión verdadera del hombre, era un descender del artista a la naturaleza, porque, como había dicho Talma, en los arrebatos de las pasiones, todos los hombres son iguales, tienen los mismos acentos. En cualquier caso, "si estaba más cerca del canto o de la canción, la recitación romántica —afirma Perkins— era mucho más musical de lo que ahora la concebimos".[226] La relación de la declamación poética con la interpretación musical se antoja fascinante, especialmente si concebimos la declamación como canto. Cuando los músicos románticos hacen referencia a las sílabas largas y breves y recomiendan la imitación de los rasgos prosódicos de la palabra, como ocurría en el canto, pensamos inmediatamente en el canto tal como lo entendemos hoy en día, y no en la oralidad y, específicamente, en la cantabilidad de la poesía, amén de que el estilo de canto hubiera tenido igualmente un marcado carácter prosódico —algo que estudiaremos más adelante. Sólo así podemos entender a Schindler hablando de la influencia de la declamación cantada en la música instrumental de Clementi.[227] Pero un modelo expresivo que hubiera asumido los rasgos de la declamación dramática podría haber ido más allá en los

---

[224] Ibíd.

[225] Hanslick, Eduard. *The beautiful... Op. cit.*, p. 96.

[226] Perkins, David. "How the Romantics Recited Poetry". En: *Studies in English Literature, 1500-1900*. Houston: Rice University, 1991, vol. XXXI(4), p. 665.

[227] Cf. Cita 155.

instrumentos de cuerda y podría explicar aquel estilo que, como dijera Dotzauer, se perdía en sostenidos y bemoles, un estilo cantabile que pudo llegar a la imitación extrema de los rasgos prosódicos, especialmente del ritmo y de las inflexiones de la voz. En efecto, el portamento entendido como intensidad de sentimiento alcanzó su máxima expresión en los primeros virtuosos de la escuela dramática, incluyendo a los cantantes. Si quiso imitar la intensidad de dichas inflexiones, el portamento tal como lo concebimos hoy en día quizá no acapare toda la significación que tuvo en la primera mitad del siglo XIX. Es más, puede que el portamento que escuchamos en las primeras grabaciones históricas sea una versión destilada, sometida a la evolución de los gustos, del portamento romántico originario.

4.2 La práctica de versificar la melodía

"El ritmo del canto es similar al ritmo del verso fijado por las sílabas largas y breves, como las notas largas y breves en la música".[228] Estas palabras de Bernhard Romberg sugieren que el cantabile instrumental quiso imitar el marcado carácter prosódico que tuvo que tener el cantabile vocal mas sin palabras, lo cual ha quedado demostrado a través de la práctica extendida entre los intérpretes románticos de versificar la melodía para lograr su mejor expresión. Por otro lado, hemos comprobado cómo la poesía se declamaba con un ritmo muy marcado y acompasado, con un tono sostenido que enfatizaba mucho las sílabas largas. La evolución de los gustos hizo que a principios del siglo XIX el sentimiento verdadero, el que brota del interior del intérprete, se instalara en la declamación teatral y de concierto, de la prosa y el verso, especialmente en sus formas mas elevadas: "Aquí uno debe dejar su carácter nato, desconocer su naturaleza, y situarse totalmente en la actitud y el humor del papel que se declama. Las palabras que se pronuncian deben subrayarse con energía y la expresión más viva, para que parezca que se experimenta cada impulso emocional como algo real".[229] La suma del *pathos* declamatorio heredado del XVIII y la creciente emocionalidad en la expresión tuvo que dar lugar a un estilo muy artificioso, en el que el ritmo del verso seguía siendo fundamental para establecer el carácter del mismo. Goethe, en sus *Regeln für Schauspieler* (1803), aunque recomienda que la estructura rítmica no debe marcarse en exceso, observa "que el tema deba ser declamado con una expresión aún más idealista y emocional es específicamente el carácter de la pronunciación rítmica. Cada palabra

[228] Romberg, Bernhard. *Violoncell Schule... Op. cit.*, p. 126.
[229] Goethe, Johann Wolfgang von. "Regeln für Schauspieler" (1803). En: *Actores y actuación: antología de textos sobre la interpretación escritos por sus propios autores.* Jorge Saura, coord. Madrid: Fundamentos, 2006, vol. I, p. 189.

tiene que ser pronunciada con cierto énfasis",[230] es decir, Goethe parece indicar que el estilo de declamación, cuanto más elevado, más debía resaltar el ritmo y el énfasis. Hemos visto, de hecho, que los intérpretes románticos otorgaron análogamente gran importancia a la acentuación métrica. Según Constantin Stanislavski (1863-1938), este tipo de declamación estuvo presente hasta principios del siglo xx. En el siguiente pasaje de *Mi vida en el arte* [Моя жизнь в искусстве] (1925) describió las maneras de los actores tardorrománticos rusos:

> Mi intención artística se dirigió hacia el sonido y el habla, que empecé a escuchar con atención tanto en la vida como en el escenario. Odiaba con todas mis fuerzas las voces estentóreas de los actores, su tosco remedo de la sencillez y la naturalidad, la pronunciación a golpes secos, la solemne monotonía, la acentuación mecánica del troqueo, del anapesto y otros, los pasajes cromáticos ascendentes en la voz, o los saltos de la dominante hasta la tercera o la quinta, con momentáneos descensos al final de la frase o del verso.
>
> No hay nada más repulsivo que esa voz dulzona, falsamente poética en los versos líricos, que vibra como el movimiento ondulante del oleaje de fondo. ¡Ah, esos horrendos declamadores de concierto que leen tiernamente aquellos simpáticos versitos "Estrellita, estrellita, ¿por qué estás tan calladita?"! Me sacan de quicio los actores que declaman con temperamento explosivo los versos trágicos de Nekrásov o de Alekséi Tolstói. No puedo aguantar su dicción, pulida hasta lo indecible, ni su empalagosa claridad. (...)
>
> Ya no tendré que inventar, como hacía antes, florituras poniendo el tradicional énfasis en las palabras "ve-e-erdad" [пра-а-а-авды] o "altu-uras" [вы-ы-ше] para, de alguna manera, tratar con mi voz de alargar las secas e insonoras *e* y *u* ["а" и "ы"]. Ya no tendré que marcar el metro en los versos, recalcando cada sílaba. Cuando la voz canta sola, no hay necesidad de acudir a los juegos malabares, sino que hay que aprovecharla para decir pensamientos sencilla y bellamente, o expresar sentimientos elevados. Es precisamente esta clase de voz y lenguaje lo que necesitan Shakespeare, Pushkin y Schiller.[231]

Criticando la declamación y la recitación poética de aquella época, Stanislavski nos da numerosos datos de cómo, realmente, la declamación no parecía ser cabal y centrada en el contenido del poema sino falsa, sentimentalista y ampulosa, y de cómo, a pesar de la monotonía que imprimía a la recitación, todavía prevalecía la preocupación por marcar el pie métrico de los versos alargando las sílabas largas. La audición

[230] Ibíd., pp. 190-191.
[231] Stanislavski, Konstantin. *Mi vida en el arte*. Jorge Saura y Bibicharifa Jakimziánova, trad. Barcelona: Alba, 2013, pp. 253-257.

de las declamaciones de Bransby Williams y Berta Singerman nos ayuda mejor a comprender cómo fue la pronunciación rítmica en la declamación romántica.[232] Por otro lado, la tradición de versificar la melodía con un texto cuyo pie métrico estuviera acorde con el diseño rítmico de la misma refleja el fuerte apego a la palabra en la música instrumental. Los intérpretes, pues, no sólo tomaban la palabra como signo lingüístico sugerente (a la manera de Cambini),[233] sino también por su valor poético-temporal. La palabra insuflaba vida a la melodía porque imprimía al ritmo musical sus rasgos prosódicos y servía además como auxilio para encontrar el arqueo y la digitación adecuada. Finalmente, pensamos que el carácter prosódico del canto instrumental pudo ser a principios —también a mediados— del XIX más marcado de lo que alcanzamos a apreciar en las grabaciones históricas de los músicos tardorrománticos.

4.3 La declamación poética en los testimonios sonoros

Con la idea de escuchar cómo fue la declamación tardorromántica y ver qué rasgos expresivos pudo tomar la interpretación musical de la expresión poética, hemos querido acercarnos a la declamación de los oradores en los registros sonoros seleccionando dos grabaciones. No sabemos si encontramos en ellas una interpretación coaccionada por los medios de grabación, ni cuánto puede quedar de aquella declamación que inspirara a Romberg y a otros muchos músicos a lo largo del siglo XIX.

1. *Marcha triunfal* de Rubén Darío (1867-1916) en la declamación de Berta Singerman (1901-1998), grabada en 1931.
2. *The Burial of Sir John Moore after Corunna* de Charles Wolfe (1791-1823) en la interpretación de Bransby Williams (1870-1961), grabada en 1913.

Prueba de que los poemas eran escritos para ser interpretados en público lo encontramos en el poema *Marcha triunfal*. Darío colaboró con esta composición con ocasión de la celebración del 85.º Aniversario de la Independencia de la República Argentina, el día 25 de mayo de 1895, en el "Festival de mañana del Ateneo" de Buenos Aires.[234] En ambas piezas apreciamos el registro de recitación, el énfasis en ciertas palabras, la cadencia, la entonación, las pausas y el alargamiento de las sílabas largas. En general vemos cumplidas en sus declamaciones muchas de las

---

[232] Cf. Índice de grabaciones: oradores.
[233] Cf. Cita 67.
[234] Darío, Rubén. *Prosas profanas; Cantos de vida y esperanza*. Alcalá de Henares: Universidad de Alcalá-Servicio de Publicaciones, 2008, p. 484.

directrices que, según se ha estudiado, definen una buena declamación. El ámbito tonal de la recitación es siempre muy amplio en ambos casos. Mientras que la declamación de Singerman parece de un tono más elevado y enfático, concienzudamente acompasado y entonado, la de Williams a veces se acerca al lenguaje hablado. La recitación de Singerman es un ejemplo excepcional de cómo la declamación puede convertirse a veces en canto, adornado además con un vibrato continuo de la voz. Aunque el carácter de la expresión se transforme o el movimiento se retrase o acelere, nunca se pierde el ritmo anfibráquico (⌣ — ⌣) de los versos en la recitación de esta oda heroica. Si hacemos un análisis métrico, oímos cómo la declamación de Singerman se adecua claramente al pie métrico:

> ¡Ya - **vié**-ne el / cor-**té**-jo!
> ¡Ya - **vié**-ne el / cor-**té**-jo! / Ya - se **ó**-yen / los - **clá**-ros / cla-**rí**-nes.
> La es-**pá**-da / se a-**nún**-cia / con - **ví**-vo / re-**flé**-jo;
> Ya - **vié**-ne, o/ro y - **hié**-rro, el / cor-**té**-jo / de **lós** pa / la-**dí**-nes.[235]

En contraste, la composición elegíaca de Wolfe, que relata el entierro del general inglés John Moore, posee un tempo más uniforme que ocasionalmente languidece, llegando a veces a un arrastre palpitante de la voz. El pie métrico principal es el anapesto (⌣ ⌣ —), que a veces incluye el troqueo (— ⌣) o el yambo (⌣ —), como ocurre en el primer verso:

> Not a **drum** / was **heard**, / not a **fu**/ne-ral **note**

El modo de la declamación de Williams no es siempre el mismo y se modifica según el contenido, aunque siempre dentro de un fuerte carácter patético que se acentúa con el énfasis en ciertas palabras, las inflexiones de tono y las modulaciones del timbre de la voz. Resumimos los recursos utilizados por Singerman y Williams para intensificar la expresión:

1. Adoptan el tempo que corresponde al carácter del poema.
2. Dan énfasis a ciertas palabras y sílabas más allá de su valor prosódico.
3. Alargan claramente las sílabas acentuadas marcando el ritmo prosódico.
4. Modulan el timbre de la voz.
5. Apresuran o retrasan el movimiento.
6. Aumentan o disminuyen la intensidad dinámica.
7. Alteran la cadencia de los versos precipitando o retrasando su entrada o la de ciertas palabras.

---

[235] Cerrillo, Pedro, y Luján Atienza, Ángel Luis. *Poesía y educación poética.* Cuenca: Universidad de Castilla-La Mancha, 2010, p. 64.

8. Realizan pausas de sentido y pausas enfáticas, incluso muy marcadas, allí donde no está indicado.
9. Gradúan la entonación de los versos para intensificar la emoción.
10. Se aprecia una conexión entre el estado emocional del orador y el contenido del poema.
11. Recursos retóricos como la aliteración o la anáfora afectan al tempo.
12. La declamación de Singerman a veces se transforma en canto, mientras que la de Williams puntualmente se acerca al habla.

5. Final

Las declamaciones de Bransby Williams y Berta Singerman, testimonios rotundos e irrepetibles, nos han descubierto cómo pudieron ser aquellas declamaciones decimonónicas, las cuales sirvieron de modelo a los virtuosos románticos. No sólo eso, si tuviéramos que hacer una puesta en valor de la declamación como modelo expresivo para la interpretación romántica, tendríamos que considerar —lo cual no sería descabellado— otros recursos expresivos que, dada la naturaleza temporal de la declamación poética y oratoria, pudieron perderse con la evolución de los gustos, pero cuya práctica podría tener todo su sentido si nos situamos en la época en la que las estridencias melodramáticas se habían desatado sobre la escena romántica, la época en la que el estilo de los virtuosos de la escuela dramática estaba en todo su apogeo. Ya se ha mencionado la importancia que otorgaba Romberg a la afinación expresiva, pero recordemos que esta práctica fue más allá de lo convencionalmente aceptable en algunos intérpretes.[236] Puede que se exteriorizaran, incluso, sonidos no musicales para acentuar el estado emocional, de la misma manera que lo hubiera hecho un actor u orador. En este 'ir más allá' se podría situar el refinado quejido con el que Olimpia Boronat transforma el mordente del compás 9 de la romanza *Letzte Rose* de Flotow, produciendo un efecto conmovedor, pero también el carácter naturalista que adquiere la melodía a través del portamento y con el que dibuja el contorno melódico de la frase.

Boronat (grabación: 1904)

An - co - ra   mezzo a - sco - sa,

---

[236] Cf. Dotzauer, J. J. F. *Méthode de violoncelle.* Mayence: Schott Editeurs, s.d. [1825], p. 56.

De la misma forma que el idealizado estilo belcantista pudo incluir estos signos imitativos de las pasiones, relacionados con una expresión viva, los instrumentistas de cuerda, especialmente aquellos devotos de lo dramático, con idéntico afán e interés imitativo, tuvieron que recurrir en ciertos momentos de pasión y dramatismo a efectos inconcebibles desde nuestra perspectiva moderna, por ejemplo, la ruptura o aspereza del sonido que emularía la voz desgarrada; el empleo de sonidos que extralimitaran el sistema temperado para acercarse a las inflexiones de la voz humana; la imitación exagerada de recursos retóricos como la suspensión, la pausa enfática, o la anticipación y posposición de ciertas notas estructuralmente importantes dentro del fraseo, a la manera de los oradores;[237] la práctica de una acentuación mucho más marcada y cadenciosa que imitara aquella poética; y, cuanto más hubiera tendido a la emocionalidad, la exclusión de toda continuidad metronómica y toda postura graciosa en favor de una gestualidad grandilocuente e impactante, un stringendo-calando más frecuente, y modificaciones inopinadas del movimiento.

Parte 2: Bel canto

1. El bel canto como modelo en la práctica instrumental

La escuela interpretativa clásica decimonónica comenzó a finales de siglo a tomar como modelo el bel canto o, más bien, retrospectivamente, lo que pudo haber sido el estilo belcantista del siglo XVIII. Defensor acérrimo de este arte, Luigi Forino (1868-1936) escribe desde la distancia que "una vez existieron buenos cantantes italianos que sirvieron de modelo a Duport y a otros virtuosos en el modo de acentuar y expresar"[238] (deducimos, no sin cierta cautela, que Duport, Romberg, Dotzauer, Baillot o Campagnoli, cuando hablan del canto, hacen referencia al bel canto, aunque ninguno de ellos nombra explícitamente el canto italiano). Los intérpretes clásicos del período tardorromántico se aferraron a un concepto idealizado de lo que tuvo que haber sido el estilo de canto de los grandes *castrati* de finales del XVIII, porque el estilo belcantista heredado por Rossini sería contaminado de tal forma a lo largo del romanticismo que los violinistas y violonchelistas de la escuela clásica más estricta no podrían haberse inspirado en las maneras dramáticas que los nuevos cantantes italianos habían puesto de moda. Hugo Becker, bajo la misma percepción que Forino, escribe:

---

[237] Saint-Saëns, en su grabación del *Nocturno*, op. 15/2, de Chopin, anticipa la entrada del tema en las sucesivas repeticiones del mismo.

[238] Forino, Luigi. *Il violoncello... Op. cit.*, p. 283.

El juicio racional no debe acomodarse a la sensibilidad y al sentimentalismo. Por desgracia, muchos músicos no son de esta opinión. (...)
Es necesario tener un sentido de análisis crítico y entender el contenido de una pieza de música para no cometer errores sin sentido en la
interpretación. Un conocimiento exacto de la doctrina de los afectos
protegía a los músicos de los siglos XVII y XVIII contra esto.[239]

El manierismo y los excesos no eran nuevos en el canto italiano. Francesco Tosi (1653-1732) manifiesta a mediados del siglo XVIII análogas preocupaciones, quejándose de los cantantes artificiosos y alertando a los
alumnos de las malas consecuencias de la *caricatura* y de la imitación de
las arias en el estilo de los *Signori Moderni*, ya que:

> Todo su empeño es romper y desmenuzar de tal manera que es impo-
> sible entender ni las palabras, ni los pensamientos, ni la modulación,
> ni distinguir un aria de otra; las cantan todas tan parecidas que en la
> audición de una has oído un millar. ¿Ha de triunfar la moda? Se pen-
> saba (no hace muchos años) que en cada ópera, al profesor más gor-
> goriteante le bastaba un aria para desahogarse, pero los cantantes ac-
> tuales no son de ese parecer, sino que más bien, como si no estuvieran
> satisfechos con transformarlas todas con una metamorfosis horrible
> en tantos pasajes, corren a toda velocidad, con violencia redoblada
> hacia sus cadencias finales, para reparar el tiempo que sueñan haber
> perdido en el transcurso del aria.[240]

El bel canto al que hacen referencia Forino, Becker, Joachim y Moser es,
pues, un estilo interpretativo refinado, noble y mesurado, que exige una
interpretación natural e intelectual antes que visceral, sentimentalista y
de efecto, en consonancia con los principios que promulgaba la escuela
clásica más estricta. Wilhelm Fitzenhagen que, como había escrito Stade, se caracterizaba por "la nobleza, la riqueza y la belleza del sonido,
así como por la percepción natural de su interpretación",[241] es un buen
ejemplo de las características que debía tener un bel canto; otro es el de
Alfredo Piatti, cuyo "sonido y expresión en las frases cantabile podrían
haber sido una buena lección para cualquier vocalista".[242] Un *bello stilo*
muy alejado de la moda que imperaba en el canto a finales del XIX:

---

[239] Becker, H. y Rynar, D. *Mechanik und Ästhetik... Op. cit.*, p. 215.
[240] Tosi, Pier Francesco. *Opinioni de' cantori antichi, e moderni*. Bologna: Lelio
dalla Volpe, s.d. [1723], pp. 67-68.
[241] *Musikalisches Wochenblatt*. Leipzig: E. W. Fritzsch, 8 de julio de 1870, p. 444.
Firmado por F. Stade.
[242] *The Musical World*, 1853. Citado en: Latham, Morton. *Alfredo Piatti. A sketch*.
London: Hill and Sons, 1901, p. 78.

Los cantantes han perdido el bello modo de frasear y la justa acentuación, y se han abandonado a efectos sumamente vulgares basándose únicamente en sus recursos vocales y la forma de ponerlos en mayor evidencia. (...) Las intenciones del autor son del todo traicionadas, la exageración del colorido, el hinchamiento, el alargamiento, la afectación, los puntos culminantes, los adornos ilícitos, todo contribuye a frustrar completamente la sana intención del autor. Es cierto que el público no busca tanto lo sutil, antes alienta este sistema reprobable entusiasmándose con la nota bella y poderosa del tenor o de la soprano, o con la *mezza voce* empalagosa, interesándose poco si los recursos vocales desplegados son o no utilizados correctamente.[243]

Esta opinión del violonchelista Forino coincide con las numerosas referencias al estilo belcantista de los italianos recogidas en la crítica musical de Hugo Wolf, quien detestaba toda muestra de *rabbia* y exageración. El también compositor y crítico musical español José M.ª Esperanza y Sola nos da otras tantas pinceladas sobre el canto en la ópera italiana en el siglo XIX, en su caso desde el punto de vista de un conservador. Esperanza critica en sus publicaciones el nuevo estilo de canto adoptado por Verdi en sus últimas óperas, un estilo "patológico-sentimental" (más hablado que cantado según relata su *prima donna* Marianna Barbieri-Nini, recordando los ensayos para el estreno de *Macbeth* en 1847),[244] que se aleja del verdadero estilo belcantista. Por ello, Esperanza tilda a Verdi de traidor a la tradición que lo educó y a la que debe su fama.

El público madrileño, aunque muy mejorado en sus gustos artísticos, conserva aún en sus aficiones la tradición de los *caballeros de la orden del grito*, y tratar de darle gusto siempre tiene que ser con detrimento, y no pequeño, del arte del *bel canto* y de las facultades vocales del artista. ¿Por qué de algún tiempo a esta parte el señor Gayarre, dejando a un lado la manera bella y sentida con que canta el *Spirto gentil*, de *La Favorita*, se ha dado a gritar a pulmón batiente? Esto, que siempre es censurable, lo es más hablándose de la música de Bellini.[245]

Julián Gayarre (1844-1890), cuyo estilo natural era el belcantista, parece ser que no tuvo un estilo constante que caracterizara sus interpretaciones. Así lo refleja la crítica musical de Esperanza, quien en ciertos papeles lo tacha de ser un tenor frío, en una ocasión por haberse mantenido

---

[243] Forino, Luigi. *Il violoncello... Op. cit.*, p. 282.

[244] Southwell-Sander, Peter. *Verdi*. Barcelona: Robinbook, 2001, p. 70.

[245] "La Integridad de la Patria", 23 de enero de 1879. En: Esperanza y Sola, José M. *Treinta años de crítica musical*. Madrid: Imp. de Cámara de S. M., 1906, p. 182.

imperturbable desde el primer compás hasta el último representando el rol de Fausto en la ópera homónima de Gounod.[246] Curiosamente, Hanslick manifiesta idéntica opinión sobre Gayarre en el mismo papel: "Ya monótono, ya importuno, siempre desagradable".[247] Para Esperanza, que compartía con Hanslick su simpatía por posturas más conservadoras, todavía existían cantantes, aunque muy pocos, que cultivaran el estilo belcantista más genuino. Este es el caso, por ejemplo, del tenor Angelo Masini (1844-1926). Aparte de los elogios que profesa a su voz, Esperanza nos define cuál es su estilo:

> Fiel y escrupuloso guardador de las tradiciones del *bel canto*, hoy tenidas en menos, cuando no olvidadas; maestro en el decir; artista inspirado y de talento, si no puede ponérsele al nivel de aquella brillante pléyade de cantantes como Mario, como Ronconi y como Selva, es digno y feliz imitador de ellos, y verdadera *rara avis* en estos tiempos de decadencia, (...) que pronuncia y frasea de una manera perfecta; canta a compás, cosa no tan común como parece; buscando y hallando los efectos en detalles delicadísimos, y no en esos *calderones* interminables e inoportunos, cuyo único fundamento estético es porque sí, y de que tanto abusan la mayor parte de los cantantes de nuestros tiempos, con notable detrimento de la melodía. Masini no altera ésta; respeta lo escrito por el autor, y pone cuidadoso esmero en interpretar su pensamiento, encarnándose, por decirlo así, en el personaje que representa, y retratando en su fisonomía y en su acción los sentimientos que a éste agitan, la emoción que le domina y los pensamientos que le embargan.[248]

[246] Cf. *La Ilustración Española y Americana*, 15 de enero de 1880. En: Esperanza y Sola, José M.ª *Treinta años... Op. cit.*, p. 227.

[247] Hanslick, Eduard. *Music Criticism, 1846-99.* Henry Pleasants, ed. y trad. Baltimore: Penguin Books, 1963, p. 252.

[248] *La Ilustración Española y Americana*, 15 de marzo de 1882. En: Esperanza y Sola, José M.ª *Treinta años... Op. cit.*, p. 387.

Otro ejemplo es el de Adelina Patti (1843-1919), a la que podemos escuchar en numerosas grabaciones de la primera década del siglo xx. Esperanza elogia el sentimiento y la recreación poética con la que Patti encarnaba sus papeles, y añade que "su manera de decir y frasear han probado que aún hay quien conserve en toda su pureza las tradiciones del *bel canto*, sin dejarse llevar por amaneramientos y exageraciones, que, si en momentos dados arrancan el aplauso de la multitud, el arte y el buen gusto rechazan de consuno".[249] Hanslick y Esperanza coinciden en atribuir cualidades belcantistas al estilo de Adelina Patti, aunque ambos se lamentan de que sea un estilo devaluado y venido a menos. Hanslick, por su parte, escribe en 1886 lo siguiente:

> En el intenso silencio del auditorio su voz cayó en el oído con una dulzura y una claridad incomparable. Cada sonido tuvo el efecto deseado y previsto. El mermado arte de los grandes italianos, de proyectar el sonido lejos, con fuerza y sin gritar, es un arte que Adelina Patti posee en alto grado. Su perfección en la formación del sonido, la pura y profunda belleza que inspira a la frase más simple, no es menos singular que su incomparable bravura en el canto florido.[250]

Hugh Reginald Haweis había descrito estas mismas propiedades en el sonido del violinista Joseph Joachim, a saber, proyección sonora y habilidad para realizar una gradación dinámica de gran sutileza y precisión, conservando el *bel suono* en cualquier rango dinámico:

> Que cualquiera vaya a St. James Halls a escuchar a Joachim, y luego a Ries o a otro buen intérprete, y oirá la diferencia. Se trata de un tipo de calidad cortante, que se apodera del oído y se mantiene, la nota nunca desaparece [*falls still-born*] en el espacio. [El sonido] no es ni de una delgadez demasiado intensa ni demasiado lanoso. Sin embargo, desde el más profundo *piano* al más grande *forte* viaja como la voz de un orador encantado y subyuga el corazón.[251]

2. El bel canto instrumental

El desarrollo de las principales cualidades del bel canto en los instrumentos de cuerda depende principalmente de la conducción del arco:

---

[249] *La Ilustración Española y Americana,* 8 de enero de 1881. En: Esperanza y Sola, José M.ª *Treinta años... Op. cit.,* p. 300.

[250] Hanslick, Eduard. *Music Criticism... Op. cit.,* p. 268.

[251] Haweis, Hugh Reginald. "Herr Joachim". En: *The Argosy.* London: Strahan & Co., 1867, vol. iii, p. 307.

Aunque la mayoría de los virtuosos poseen a menudo una habilidad asombrosa en la mano izquierda, sin embargo, no sólo han olvidado por completo esa forma sana y natural de canto y de fraseo establecida por el bel canto de los viejos italianos, sino que la contravienen continuamente, a pesar de que debería serles tan cercana como a nosotros lo es la camisa a la chaqueta. Su conducción del arco y los matices sólo tienen en mente la pura sensualidad del sonido. ¡No hay ni rastro de la característica manera de pasar el arco que se asocia a la interpretación no sólo de los clásicos alemanes, sino también de los clásicos italianos [*romanischen Klassiker*], ni tampoco hay atisbo de esa rica manera de colorear el sonido que contiene en su paleta todos los matices de la expresión! No reflejan el espíritu de la obra artística que pretenden interpretar, sino que exhiben todos los errores y comportamientos que les dicta una mala conducción del arco, y aparejado con ello todos los malos hábitos del canto, que dejan de lado las exigencias más elementales del melodismo natural.[252]

Las referencias al bel canto en la importante introducción del tercer volumen de la *Violinschule* de Joachim y Moser son frecuentes. La reivindicación del bel canto de los antiguos italianos no sólo supone la adopción de un ideal sonoro y expresivo de corte clásico, sino que implica también la alineación con una postura estética conservadora en el marco del controvertido panorama estético que se originó en Alemania en la segunda mitad del siglo XIX. Si Joachim y Moser defienden que los violinistas deben inspirarse en el legado de Leopold Mozart, Luigi Forino remite a Jean-Louis Duport, rechazando a todos aquellos que se alejan del bel canto.

El correcto modo de frasear, seguido de un justo acento melódico, es una de las cualidades esenciales para poseer un bello estilo. Una gran cantidad de intérpretes son propensos a las inflexiones, a los aligeramientos involuntarios y repentinos del arco que truncan inoportunamente la frase y hacen casi incomprensible la idea melódica; en otros, es el uso impropio o el abuso del portamento y el vibrato lo que hace oscura unas veces, monótona otras, la interpretación.[253]

Forino también ataca a aquellos que se alejan de un *bel suono*. El sonido debe ser "redondo, neto, puro e igual",[254] tal como había escrito Duport, tanto al talón como a la punta y en las cuatro cuerdas, despojado de los

---

[252] Joachim J. y Moser, A. *Violinschule... Op. cit.*, vol. III, p. 32.

[253] Forino, Luigi. *Il violoncello... Op. cit.*, pp. 299-300.

[254] Duport, Jean-Louis. *Essai sur la doigté du violoncelle, et sur la conduite de l'archet.* Paris: Imbault, s.d. [1806], p. 158.

silbidos resultantes de no pisar con fuerza la cuerda con los dedos de la mano izquierda. Asimismo, considera un grave defecto —lo que iría en contra de las exigencias de un melodismo natural— acentuar bajo un legato si no aparece expresamente indicado.

> El *bel suono* se obtiene con la presión robusta de los dedos [de la mano derecha] hacia la izquierda sobre la cuerda, tirando del arco en perfecto ángulo recto con la cuerda y siempre sobre el mismo punto. El sonido amplio, robusto y vibrante se obtiene pasando el arco muy cerca del puente. (...) Nada más bello que un *canto spianato* seguido de figuras largas, sobre todo *sul cantino*.[255]

A través de las indicaciones de Joachim, Moser y Forino concluimos que para la obtención de las cualidades expresivas del bel canto en los instrumentos de cuerda es primordial el dominio del arco. Nos remitiremos ahora a los autores que ellos citan. Jean-Louis Duport (1749-1819), *modeleur du goût* entre los violonchelistas de la escuela clásica, había dicho en su *Essai* que "para poder producir todos los matices que el sentimiento inspira y que el gusto regla, hay primero que dominar absolutamente el arco".[256] Este control del arco pasa, a su vez, por conseguir homogeneizar el sonido del violonchelo en todos los registros, de la misma manera que lo hacen los cantantes:

> Los cantantes más famosos no llegaron al punto de perfección que le es reconocido, o que se le reconoce, sino trabajando continuamente la igualación de las cuerdas de su voz, aunque parezca a primera vista que sea sólo la modulación, las inflexiones, la variedad y la agilidad lo que ha hecho o hace todo el encanto de su canto.[257]

Igualar los sonidos es primordial, sobre todo en el aria, el largo y el cantabile. Así lo expresa Francesco Galeazzi en su vasto tratado de violín de 1791: "Al tocar un adagio hay que centrarse sobre todo en la igualdad, no sólo de la mano, sino también del arco, ligando siempre lo más que sea posible. El violín en el adagio debe siempre cantar (fundamentalmente procurar imitar la voz humana), por lo que el arco no se debe separar de la cuerda, más bien hay que mantenerlo unido y por encima de ella".[258] Con anterioridad, Leopold Mozart, quien también

---

[255] Forino, Luigi. *Il violoncello... Op. cit.*, pp. 278-279.

[256] Duport, Jean-Louis. *Essai... Op. cit.*, p. 162.

[257] Ibíd., p. 165.

[258] Galeazzi, Francesco. *Elementi teorico-pratici... Op. cit.*, vol. I, p. 201. Véase también en este tratado el extenso capítulo "Dell' Eguaglianza" en Ibíd., p. 122. [Nota: Hay que tener en cuenta, lo que se verá a continuación, que la igualdad

recomienda que el instrumentista se acerque ante todo a la música vocal, había dicho: "La voz humana une de forma natural un sonido con otro, y un cantante razonable nunca interpretaría un fragmento sin la expresión, las secciones y la puntación requerida".[259] Volviendo a Duport, él mismo se pregunta que se le podría reprochar, de tanto reclamar la igualdad, que esté recomendando la monotonía en los matices y en la expresión, a lo que contesta:

> Cada cosa tiene un eje [*centre*], y el eje de una interpretación hermosa, si puedo servirme de esta expresión, es la gran igualdad de los sonidos. Esta igualdad de los sonidos, desde el más grave hasta el más agudo, no debe ser descuidada. Puesto que es del acuerdo de todos los profesores, lo cual es la cosa más difícil y rara, hay pues que recomendarla. Por otra parte, nunca vamos a convencer a nadie de que un arco tendrá el poder de producir todos los matices posibles si no se tiene la capacidad de igualar los sonidos a voluntad.[260]

Del capítulo "De l'égalité du son, de ses nuances, et de l'expression" de su *Essai*, deducimos cuatro principios básicos sobre los que se sustentaría la expresión:

1. La homogeneización de los sonidos en fuerza y en calidad, de manera que todos los sonidos de las cuatro cuerdas sean perfectamente iguales y equilibrados.
2. La igualación del arco arriba y el arco abajo, "sin lo que no se obtendrá jamás ni igualdad ni nitidez. Y si se me permite expresarme así, diré que no se conseguirá más que una interpretación coja. También debemos prestar gran atención a que los sonidos que se sucedan sean, respectivamente, perfectamente iguales".[261]
3. La graduación de la intensidad del sonido a través de la *messa di voce* o, como lo llama Dotzauer, "der lange Strich":[262] "Una vez conseguida la igualación de los sonidos se comenzará a aumentar y disminuir el sonido a voluntad, pasando el arco del talón a la punta y de la punta al talón y cuidando de comenzar extremadamente suave. Después inflar el sonido gradualmente y sin tirones

---

de la que hablan los autores de la época afecta también a la regulación de la dinámica y a la *messa di voce*, que por entonces era una arcada básica para el desarrollo de la expresión en los instrumentos de cuerda. Cf. Ibíd., p. 151.]

[259] Mozart, Leopold. *Versuch einer gründlichen Violinschule*. Augsburg: Johann J. Lotter und Sohn, 1787 (1.ª ed. 1756), p. 108.

[260] Duport, Jean-Louis. *Essai... Op. cit.*, p. 162.

[261] Ibíd.

[262] Dotzauer, J. J. F. *Méthode... Op. cit.*, p. 10.

hasta el centro del arco. En este punto debe estar el grado más alto de fuerza y entonces se disminuirá [el sonido] como se ha aumentado. (...) Esto hay que realizarlo lo más lentamente posible y sigue siendo imprescindible igualar arco arriba y arco abajo".[263] Duport advierte que el estudio de la igualación del sonido y la gradación de los matices es un trabajo tedioso; sin embargo, este estudio será el que lleve a alcanzar la maestría en el arco: "Sé bien que la variedad en los golpes de arco entra para muchos en la expresión, y que esta expresión se adquiere más fácilmente, ya que ofrece un gran atractivo por su variedad, mientras que aquella de la que acabo de hablar es árida".[264]

4. La perfecta afinación: para Duport la justa afinación está íntimamente unida a la belleza del sonido.

Los principios aquí enumerados se relacionan claramente con las características que habría de tener un tipo de canto elevado. Los dos primeros requisitos combinados insinúan la práctica del sostenuto, aunque, ciertamente, Duport en ningún momento está recomendando esta práctica en el cantabile. Sin embargo, un modelo expresivo basado en el cantabile vocal tenía que asumir —como se viene comprobando— el sostenuto y la conexión de los sonidos, quizá con algunas diferencias respecto al concepto que tenemos hoy en día. En este sentido, Giuseppe Tartini, en su *Regole per arrivare a saper ben suonar il violino*, ya había apuntado a mediados del XVIII que no es lo mismo sonar (*sonabile*) el instrumento que cantar (*cantabile*) sobre él. En el cantabile, los pasajes "deben expresarse con unión, sin vacío".[265] Dotzauer también habla de filar las notas en arcadas largas, sobre notas de gran valor, como uno de los tres tipos de arco básicos ("der lange Strich"): "El arco se coloca suavemente, y el sonido se eleva desde el piano al fortissimo y se extingue de nuevo insensiblemente".[266]

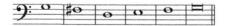

---

[263] Duport, Jean-Louis. *Essai... Op. cit.*, pp. 162-163.

[264] Ibíd., p. 163.

[265] Tartini, Giuseppe. *Regole per arrivare a saper ben suonar il violino.* MS, s.d. [*ca.* 1750], p. 2. En: Tartini, Giuseppe. *Traité des Agrémens de la musique.* Erwin R. Jacobi, ed. Celle & New York: Moeck, 1961. Anexo facsímil con el manuscrito de G. F. Nicolai. [Nota: L. Mozart también pone bastante énfasis en la importancia de la conexión de los sonidos, sobre todo en los cambios de arco. Cf. Mozart, Leopold. *Versuch... Op. cit.*, pp. 108-109.]

[266] Dotzauer, J. J. F. *Méthode... Op. cit.*, p. 10.

Se puede comprobar cómo Dotzauer no recomienda que estas notas sean sostenidas con una intensidad uniforme durante todo su valor, lo que es compatible con que vayan conectadas. Este es el concepto de sostenuto que debemos tener en cuenta. Así, Romberg se refiere al sostenuto de los sonidos en el cantabile cuando afirma que "la suspensión con su resolución no siempre termina con una pausa; ya que muy a menudo la melodía continúa".[267] Esta resolución, como ya nos mostraba el propio Romberg, lleva asociada una relajación en la intensidad, también dentro del cantabile.

No parecen ajenos a la influencia belcantista los tratados de violín y de violonchelo del Conservatorio de Paris. Baillot, Kreutzer y Rode, autores del *Méthode de violon* (1803), dicen que "para obtener todo lo que se refiere al mecanismo del sonido nos ejercitaremos: 1.º en sostenerlo con fuerza, 2.º en sacar un sonido suave y cuidado, 3º. en inflar, disminuir y modificar el sonido".[268]

> El sonido sostenido debe ser igualmente fuerte de un extremo al otro del arco. Para conservar esta igualdad, hay que aumentar la fuerza a medida que se acerca a la punta del arco, que es naturalmente más débil.[269]

Entre los autores estudiados encontramos por primera vez la indicación clara de mantener la intensidad del sonido a lo largo de una misma arcada, con el añadido además de que el sostenimiento del sonido no debe romperse con el cambio de arco: "Hay entonces que aligerar el arco en ambos extremos y hacer suceder con agilidad el golpe de arco arriba después de aquel que viene arco abajo, de manera que este cambio se opere sin interrupción y sin la menor sacudida".[270] A renglón seguido nos muestran el modelo que seguir:

> Los principios que son dados para la manera de administrar la respiración en el canto son aplicables a aquellos que hay que emplear en

---

[267] Romberg, Bernhard. *Violoncell Schule... Op. cit.*, p. 126.

[268] Baillot, Rode y Kreutzer. *Méthode de violon*. Paris: Au magasin de musique du Conservatoire, s.d. [1803], p. 135.

[269] Ibíd.

[270] Ibíd.

el arco: él cumple con el cometido de la respiración, es él quien debe marcar las pausas y las pequeñas pausas, y en esto es en lo que consiste principalmente el arte de frasear.[271]

Para los sonidos sostenidos en piano recomiendan el mismo proceder, sólo que habrá que "sostener el arco sobre la cuerda ligeramente cuando comienza la nota, y abandonarlo a medida que se acerca a la punta".[272] El sostenuto, según se desprende de las recomendaciones de estos autores, se empleaba en el canto y se aplicaba tanto a las notas simples como a las ligaduras, advirtiendo que todos estos principios "no son aplicables en absoluto a ciertos pasajes que son propios del carácter del instrumento, que sirven para contrastar con los pasajes de canto y que constituyen un tipo de expresión que la voz no contiene".[273] Por otro lado, en el *Méthode de violoncelle* (1804) del Conservatorio de Paris, publicado un año después y desarrollado bajo los mismos preceptos por Baillot, Levasseur, Catel y Baudiot, se destaca también la importancia de que no se perciban los cambios de arco y se explica cómo obtener un sonido puro:

> Es necesario comenzar a tocar muy fuerte, lo que se hace cogiendo fuertemente el arco con todos los dedos y apretándolo lo suficientemente fuerte sobre la cuerda para que ésta se ponga a vibrar plenamente. Apoyamos el sonido igualmente fuerte de un extremo a otro del arco, y evitamos hacer sentir el cambio de arco, ya sea en la punta o en el talón del arco, lo que se facilita con vivacidad poniendo el menos intervalo posible entre el sonido tocado arco abajo y el tocado arco arriba.

> El mismo ejercicio se practica entonces tocando muy piano y buscando la misma igualdad en el sostenimiento del sonido.[274]

Si comparamos ahora los ejemplos dados para ilustrar los sonidos sostenidos en los dos métodos del Conservatorio de Paris, observamos que son de naturaleza disímil. Mientras que en el método de violín aparece una melodía, en el de violonchelo encontramos algo más parecido a un acompañamiento, lo que demuestra el rol habitual que asumía el violonchelo, pero también, lo que no deja de ser interesante, la búsqueda del

---

[271] Ibíd., pp. 135-36.
[272] Ibíd., p. 136.
[273] Ibíd.
[274] Baillot, Levasseur, Catel y Baudiot. *Méthode... Op. cit.*, p. 133.

sostenuto de intensidad en el acompañamiento, ya que éste a veces debe corresponderse con el carácter del canto y "debe secundar su efecto de otra manera, es decir, fundiéndose con él para formar un conjunto perfecto, sea porque responde en imitación, o sea porque tenga otro fin, como en el siguiente ejemplo".[275]

(BOCCHERINI)

Baillot, Kreutzer y Rode, gracias a la influencia de Viotti, habían adoptado las innovaciones que éste introdujo en el arco, especialmente las relacionadas con su mayor longitud y tensión y que cristalizarían en el nuevo modelo diseñado por "Mr. Tourte *le jeune*".[276] Este arco posibilitó un mayor aliento, es decir, sonidos sostenidos más prolongados y una *messa di voce* que imitara de mejor forma aquella tan apreciada en los cantantes. El nuevo modelo también se había implantado rápidamente entre los violonchelistas. Duport en su *Essai* reconoce a Tourte como el mejor constructor de arcos y da para el arco de violonchelo una longitud de cerdas de 24 pulgadas (60,96 cm), en coincidencia con los parámetros establecidos por el arquetero francés.[277] Romberg había adoptado también el modelo de Tourte, del cual poseyó dos ejemplares algo más cortos (59,9 cm y 59,7 cm).[278]

La influencia del violinista Baillot sobre la técnica violonchelística se extenderá a lo largo de todo el siglo XIX, no sólo en la tradición tratadística, sino también en la tradición oral. Un nonagenario Olive-Charlier Vaslin reconoce haber desarrollado sus principios pedagógicos bajo la influencia directa de éste.[279] Baillot publicará en solitario *L'Art du violon* (1834), método en el que podemos observar una racionalización de la técnica del arco de gran calado, con una especial atención a la división del arco en tres partes: el talón para la retención y el apoyo; el centro para la *mezza voce* y la gracia, la suavidad y delicadeza en el canto, y también para el detaché y los golpes de arco saltados; y la punta para los soni-

[275] Ibíd., p. 141.
[276] Duport, Jean-Louis. *Essai... Op. cit.*, p. 175.
[277] Ibíd.
[278] Cf. Walden, Valerie. *One hundred years of violoncello. A history of technique and performance practice, 1740-1840*. Cambridge: Cambridge University Press, 1998, p. 38.
[279] Vaslin, Olive-Charlier. *L'Art du violoncelle. Conseils aux jeunes violoncellistes sur la conduite de l'archet.* Paris: Richault, 1884, p. II.

dos suaves, la extinción del sonido, el martelé y las *batteries*.[280] Baillot nos deja además estas consideraciones sobre la compensación de las fuerzas para graduar o mantener la intensidad en las distintas partes del arco:

> El canto a menudo exige una gradación del sonido muy cuidada a su salida del pecho, donde la aspiración lo retuvo. En la imitación de la voz, hace falta también que el arco emplee esta capacidad de aspiración y de retención, para dar lo mismo, esto es, que un sonido débil de inicio vaya aumentando de fuerza, de manera que parezca que el principio relativo a la división del arco es ilusorio.
>
> Pero las excepciones, lejos de destruir este principio, no hacen sino confirmarlo por la dificultad que se experimenta al realizar esta compensación [*renversement*] de fuerzas. Estas excepciones prueban, además, que debe existir en la mano de un artista hábil una destreza capaz de disponer a propósito la fuerza de apoyo, o la de retención, y de dar, en caso de necesidad, a la punta del arco una fuerza que no está en su naturaleza.
>
> Para obtener esta destreza es necesario entregarse al estudio de los sonidos sostenidos, inflados, disminuidos, filados y sincopados, y al estudio de aquellos sonidos que el arco matiza a contrasentido, si se quiere que el arco obedezca a todas estas variedades de expresión que producen efectos muy bellos.[281]

El violinista italiano Bartolomeo Campagnoli (1751-1827) también había dicho que "el sonido sostenido debe ser igual de fuerte de una punta a la otra del arco".[282] Con ello se refiere a la igualación (*eguaglianza*) de los sonidos y a la necesaria compensación de fuerzas en la conducción del arco: "Los principios que son dados para el modo de regular la respiración en el canto son aplicables a aquellos que deben emplearse en el arco y que sustituyen a la respiración".[283]

3. *Fraseggio ampio e grandioso*

En efecto, un fraseo amplio "con un arco bien sostenido e igual sobre la cuerda"[284] ya lo encontramos a principios del siglo XIX en Paris, prác-

---

[280] Baillot, Pierre. *L'Art du violon (Die Kunst des Violinspiels)*. Mayence et Anvers: Schott, s.d. [1834], pp. 83 y siguientes.

[281] Ibíd., p. 90.

[282] Campagnoli, Bartolomeo. *Metodo della meccanica progressiva per suonare il violino*, op. 21. Milano: Ricordi, s.d. [1827], p. XXVII.

[283] Ibíd., pp. XXVII-XXVIII.

[284] Forino, Luigi. *Il violoncello... Op. cit.*, p. 300.

tica que se extendió rápidamente gracias al plan de adoctrinamiento musical impulsado por el espíritu de la Revolución Francesa. La música, que pasó a ser el arte oficial del régimen, se comenzó a reglar y ordenar para mayor gloria de la Revolución y la República, con la pretensión de unificar el estilo musical para integrarlo en una concepción política inspirada en el nuevo ideal de la igualdad y la fraternidad. Como escribe Harnoncourt, "si la música ha de dirigirse a todo el mundo, si el oyente ni siquiera necesita entender algo de música, habrá que eliminar de la música todo discurso —que exige ser comprendido—; el compositor tiene que escribir una música que se dirija directamente y de la manera más sencilla e inmediata al sentimiento".[285] En este contexto surge en 1795 el Conservatorio de Paris, integrado por un grupo de profesores que, con principios similares, produjeron un corpus pedagógico que unificará el estilo (basta observar la autoría de los métodos anteriores y sus contenidos) y que situará a este centro en la vanguardia de las instituciones pedagógicas europeas. Este plan de enseñanza hizo que las ideas se difundieran ampliamente, creándose una verdadera escuela de arco en Francia. Fue esta unidad de estilo en los instrumentos de arco de la Orquesta del Conservatorio, dirigida por François-Antoine Habeneck, la que impactó a Wagner en 1839. En su libro *Über das dirigieren* (*Sobre la dirección*), Wagner relata su experiencia con el siguiente pasaje de la *Novena Sinfonía* de Beethoven, relato que ha de tomarse igualmente como toda una declaración de principios:

Incluso con las orquestas de primera clase nunca he sido capaz de obtener el pasaje del primer movimiento interpretado con una perfección igualable como entonces (treinta años atrás) lo escuché tocado por los músicos de la Orquesta del Conservatorio de Paris. A menudo he recordado este pasaje y he intentado con su ayuda enumerar la desiderata en la ejecución de la música orquestal, que comprende el movimiento [*Bewegung*] y el *sonido sostenido* [*gehaltenen Ton*], junto con la ley de la *dinámica* [*Gesetz der Dynamik*]. La interpretación magistral de este pasaje por la Orquesta de Paris consistió

---

[285] Harnoncourt, Nikolaus. *La música... Op. cit.*, p. 31.

en el hecho de que lo tocaron *exactamente* como estaba escrito. Ni en Dresde, ni en Londres, cuando años después tuve ocasión de preparar una interpretación de esta sinfonía, tuve éxito en eliminar la molesta irregularidad que surge de los cambios de arco y los cambios de cuerda. Todavía menos pude suprimir una involuntaria acentuación cuando el pasaje asciende; los músicos, por regla general, están tentados de tocar un pasaje ascendente con un incremento del sonido, y un pasaje descendente con una disminución. Con el cuarto compás del pasaje anterior siempre entrábamos en un crescendo de forma que el sol bemol" mantenido del quinto compás era tocado con un acento involuntario pero vehemente, suficiente como para estropear la peculiar importancia tonal de esta nota. (...) En relación con esto, soy consciente de que la impresión de monotonía dinámica (si puedo correr el riesgo de emplear una expresión aparentemente sin sentido para un fenómeno difícil), junto con el inusualmente variado y siempre irregular movimiento de intervalos de la figura ascendente conduciendo al sol bemol" prolongado, para que [éste] sea cantado con una delicadeza infinita, al que el sol" natural contesta con la misma delicadeza, abrió en mí como por arte de magia el misterio incomparable del espíritu.[286]

Comprobamos que aquí Wagner corrobora una práctica que ya se ha estudiado: la realización de la dinámica se supeditaba al diseño del dibujo melódico. Más adelante, relacionando el estilo de los músicos franceses con una escuela interpretativa basada en el canto, Wagner añade:

Los músicos franceses en general pertenecen a la escuela italiana. Esta influencia les ha sido beneficiosa en la medida en que así se les ha enseñado a acercarse a la música, principalmente por medio de la voz humana. El concepto francés de tocar bien un instrumento se relaciona con la capacidad de cantar bien sobre él. Y (como ya se ha dicho) la magnífica orquesta cantó la sinfonía. (...) La mayoría de las interpretaciones de música instrumental son incorrectas. Basta señalar que nuestros directores con mucha frecuencia no logran encontrar el verdadero tempo porque no saben cantar. Todavía no me he encontrado con un *Capellmeister* o un *Musik-director* alemán que, ya sea con una buena o mala voz, pueda realmente cantar una melodía.[287]

---

[286] Wagner, Richard. *On conducting... Op. cit.*, pp. 16-18.
[287] Ibíd., pp. 18-19.

Wagner declara que su experiencia con la Orquesta del Conservatorio de París fue toda una revelación. Este reconocimiento a un estilo interpretativo que se inspira en el canto italiano supone, al mismo tiempo, un reconocimiento al estilo belcantista, o al menos a las características expresivas del melodismo belcantista aplicadas a la práctica instrumental. Joachim y Moser también recogen este escrito de Wagner en su *Violinschule* para apuntar en esta dirección: "Los violinistas de la famosa Orquesta del Conservatorio aún estaban en ese momento en plena posesión de las tradiciones clásicas del *bel canto* italiano y de una técnica de arco que se relacionaba íntimamente con él".[288] Teniendo en cuenta el estilo vocal que impone Wagner en sus óperas, tan alejado del bel canto más idealizado, resultan contradictorias en principio sus palabras elogiando las cualidades del canto italiano aplicadas a la interpretación, máxime cuando el 'carácter instrumental' del bel canto, especialmente del canto *fiorito*, había sido tan criticado por los progresistas.[289] Pero, precisamente por eso, Wagner tuvo que considerarlo ideal para un canto instrumental sostenido que había de trazar grandes líneas de fraseo y que se adecuaba de forma óptima al flexible cromatismo de su estilo compositivo. Así lo quiso Wagner y así lo habían visto sus detractores, que señalaron el marcado contraste entre el tratamiento de la voz y el de la orquesta en sus óperas. Hanslick criticaba después de haber escuchado *Der Ring des Nibelungen* en Bayreuth en 1876 "la ausencia de melodías vocales separadas e independientes, sustituidas por una especie de recitativo exaltado basado en una 'melodía infinita' en la orquesta".[290] Y en los comentarios sobre la ópera *Siegfried* apuntaba que "el canto del pájaro del bosque es un ejemplo ilustrativo de cómo Wagner sabe hacer cantar naturalmente a la orquesta, como [si fuera] la voz humana".[291] Por el contrario, el nuevo estilo vocal que impulsa Wagner es un estilo de carácter declamatorio, más pesado, más potente, que da más importancia a la palabra, con una adaptación del texto generalmente silábica. Es un estilo de declamación intensamente dramático que sacrifica el flujo melódico en favor del lenguaje hablado y sus acentos, en el que adquiere también gran relevancia el interés poético.[292] Este nuevo estilo llevó consigo, como apuntó Liszt, una necesidad, la de nuevos cantantes que supieran acometer con éxito las nuevas exigencias vocales y dramáti-

---

[288] Joachim J. y Moser, A. *Violinschule... Op. cit.*, vol. III, p. 32.

[289] Cf. Finck, Henry T. *Wagner and his works.* New York: Scribner, 1898, vol. II, p. 481. // Cf. Wolf, Hugo. *The music criticism... Op. cit.*, p. 52.

[290] Hanslick, Eduard. *Music Criticism... Op. cit.*, p. 140.

[291] Hanslick, Eduard. *Musikalische Stationen.* Berlin: Allgemeiner Verein für deutsche Literatur, 1885, p. 242.

[292] Cf. Elliot, Martha. *Singing in Style. A guide to vocal performance practices.* New Haven and London: Yale University Press, 2006, p. 126.

cas de las obras de Wagner: "Los grandes cantantes enseñados por Rossini partieron básicamente del modo de cantar admirado en el siglo XVIII. La introducción decisiva del estilo declamatorio tarde o temprano será seguido por el desarrollo de una nueva escuela".[293] Sin embargo, los intereses estético-interpretativos de Wagner no se encuentran tan alejados de aquellos que tuvieron los defensores del más auténtico bel canto. En primer lugar, Henry Finck reconoce que los cantantes wagnerianos sufrieron los mismos males que afectaron a los cantantes italianos y se lamenta de sus malos hábitos a la hora de abordar las obras del maestro alemán:

> Estos cantantes se arrojan con todas sus fuerzas y poderío sobre las notas más prominentes y acentuadas, gastan todo su aliento sobre ellas y abandonan o dejan sin acento a las pequeñas, uniendo las notas y sílabas del texto. El resultado es que el texto no queda claro, mientras que la música suena como una sucesión de gritos salvajes y exclamaciones.[294]

No es sólo que Wagner diera extraordinaria importancia a las notas breves y al texto que había bajo éstas, sino que demandaba claridad y que se respetase todo lo anotado en la partitura —como se pudo comprobar en el segundo capítulo de este libro. Emil Scaria (1838-1886) fue uno de los cantantes que más se acercó al ideal wagneriano, que exigía, también para el estilo vocal declamatorio, un fraseo sostenido de largo aliento y un verdadero dominio del "*rubato* dramático":[295]

> "Mi declamación es al mismo tiempo canto, y mi canto, declamación". Cada palabra, cada sílaba, era pronunciada claramente, no había "gritos", ni rupturas, sino un hermoso y fluido *legato* que hizo su canto casi como un cantabile, pero libre de cualquier resquicio de carácter instrumental o danzable. Este es el verdadero arte del canto dramático, y un representante perfecto del mismo es un artista infinitamente más grande que Madame Patti, la última representante del estilo florido, que no podría cantar un papel de Wagner o una canción de Franz para salvar su vida.[296]

Es interesante observar que en esta descripción se hallan enumerados, en parte, los elementos que definen el estilo interpretativo instrumental de finales del período tardorromántico: el fraseo amplio, el intenso legato sin rupturas (*archet à la corde*) y el *cantabile declamato* o *parlando* que imprime a la

---

[293] Citado en: Finck, Henry T. *Wagner... Op. cit.*, vol. II, p. 483.
[294] Ibíd., p. 489.
[295] Ibíd., p. 490.
[296] Ibíd., pp. 490-491

melodía el carácter prosódico que le es tan característico. No resulta ahora extraño si a esto añadimos que Wagner dijo que una de las mejores interpretaciones que había oído nunca había sido la del barítono italiano Mattia Battistini (1856-1928) cantando el rol de Wolfram (*Tannhäuser*) en el más puro *legato style*.[297] Todo parece indicar que, a pesar de las discrepancias estéticas, hay en el ámbito interpretativo —como se concluyó en el capítulo anterior— ciertos principios que compartieron progresistas y conservadores, como la conexión de los sonidos, el fraseo sostenido de largo aliento, el rechazo a la afectación o el respeto al texto musical, aspectos que favorecieron la implantación progresiva de un nuevo estilo en la interpretación. En efecto, Battistini fue un cantante que supo asumir sin dificultad papeles líricos y dramáticos, y un modelo que seguir especialmente por su ejemplar estilo legato, la maestría en la respiración, la igualación de los registros y el control de la dinámica en sus más sutiles gradaciones. Siendo un modelo de buen gusto, sus interpretaciones muestran rasgos puramente románticos, como el uso de un intenso portamento y gran libertad en el tratamiento del tempo. Él mismo dijo: "Mi escuela está en mis grabaciones".[298] Una vez más, hemos llegado al punto donde es posible contrastar testimonios escritos y sonoros.

4. Final

¿Puede ser que esta tendencia a igualar y a conectar los sonidos, a buscar un fraseo de largo aliento, llevara a una mengua del relieve dinámico en el estilo de los virtuosos? No podemos responder con certeza a esta cuestión, aunque la respuesta podría ser afirmativa si a esta tendencia le añadimos la demanda creciente de sonoridad, propiciada no sólo por los nuevos ámbitos de consumo musical, sino también por el propio carácter dramático de la escena romántica y la necesidad por parte de los protagonistas de dicha escena de proyectar para causar mayor impacto sobre la audiencia. Precisamente de evitar la monotonía en la ejecución hablarán Luigi Forino, Hugo Becker y Pau Casals ante lo que se había convertido en una obsesión: la obtención de un gran sonido. "En la adquisición de un gran sonido se resumen con demasiada frecuencia los deseos del violonchelista",[299] afirma Becker, mientras al mismo tiempo se criticaba a aquellos que poseían un sonido más pe-

---

[297] Somerset-Ward, Richard. *The story of the opera*. London: Aurum Press, 1998, p. 276.

[298] Marek, Dan H. Singing: *The first art*. Lanham: Scarecrow Press, 2007, p. 45.

[299] Becker, H. y Rynar, D. *Mechanik und Ästhetik... Op. cit.*, p. 215.

queño y una "expresión delicada", como fue el caso de Carl Davidoff.[300] Becker advierte que "la grandeza en la interpretación y en la expresión no se reduce exclusivamente al gran volumen de sonido",[301] sino que se encuentra en la gradación, que sólo es posible cuando profundizamos en el mensaje del compositor y fijamos los recursos adecuados de la expresión artística. La observación de estos dos principios en cada momento es lo que previene de la monotonía en la interpretación. No obstante, Becker reconoce la posibilidad de cierta monotonía dinámica:

> Las pequeñas piezas de salón no sufren si son interpretadas de principio a fin con una intensidad uniforme. Para obras más importantes y sustanciales, como el movimiento lento de la *Sonata en fa mayor* de Brahms, esta forma de proceder es inaceptable; gastada desde el mismo comienzo la fuerza de expresión, se hace imposible aumentarla a lo largo de todo el movimiento, y la imposibilidad de incrementar la expresividad significaría que el intérprete no estaría lo suficientemente maduro para cumplir con las exigencias intelectuales de la obra.[302]

Tampoco sería tolerable un fraseo fragmentado que delimite mediante pausas las distintas frases o motivos, algo también dicho por Riemann, lo que daría lugar en el mejor de los casos —según Becker— a un mosaico en vez de a una pintura. Las autoridades tardorrománticas recomiendan, por tanto, no perder el "largo aliento" [*große Zug*][303] ni el "fraseo amplio y grandioso"[304] a no ser que haya una necesidad musical que lo justifique. Becker y Forino señalan que para alcanzar ese fraseo de largo aliento los cambios de arco no deben sentirse ya que destruirían la línea melódica. Straeten define perfectamente cómo se había de proceder, siguiendo todavía recomendaciones técnicas propias del siglo xix:

> Cuando se cambia de arco abajo a arco arriba, la nueva arcada debería ser atacada exactamente de la misma manera que la primera fue dejada, esto es, exactamente con la misma cantidad de presión y sin el menor cambio en la posición de la muñeca. En este sentido, el cambio de arco puede ser tan igualado que llegue a ser imperceptible. (...) [Hay que] minimizar la duración en el punto del cambio de manera que el arco proceda sin ruptura en la dirección contraria tan pronto como éste haya llegado al final de la arcada; sea esto en la

---

[300] Cf. Cita 36.
[301] Becker, H. y Rynar, D. *Mechanik und Ästhetik... Op. cit.*, p. 215.
[302] Ibíd., pp. 215-216.
[303] Ibíd., p. 216.
[304] Forino, Luigi. *Il violoncello... Op. cit.*, p. 300.

punta, en el centro o en cualquier otra parte del arco.[305]

Becker por su parte establece un principio específico que responde a la naturaleza del violonchelo:

> No se pueden limitar, como es sabido, los cambios de arco sólo a aquellos momentos donde hay pausas. La mecánica específica del arco exige sobre todo una potencia más grande y cambios de arco más frecuentes.[306]

El siguiente ejemplo ilustraría la exigencia de un "arco bien sostenido e igual sobre la cuerda"[307] en el que los sonidos deben ser bien conectados y en el que sería aplicable el principio anteriormente citado. Brahms escribe "*espress. legato*" en esta conocida frase para dejar clara la intencionalidad en la expresión de la misma:

Ej. 3.8. Brahms, Johannes. *Sonate*, op. 38, *Allegro non troppo*. Bonn: Simrock, s.d., vc-p. 1.

En relación con la monotonía en la expresión, a Casals se le atribuye el hecho de haber eliminado una de las prácticas que —según él— estaban extendidas en la interpretación: la preocupación por el *archet à la corde*, que hace referencia a una forma de tocar siempre con todo el arco y con un gran sonido, "preocupación obsesionante que en muchos casos ha motivado que se perdieran de vista las exigencias musicales".[308] Casals afirma que esta manera de tocar era característica de la escuela belga y

---

[305] Straeten, Edmun van der. *Technics... Op. cit.*, p. 33.
[306] Becker, H. y Rynar, D. *Mechanik und Ästhetik... Op. cit.*, p. 216.
[307] Forino, Luigi. *Il violoncello... Op. cit.*, p. 300.
[308] Corredor, José María. *Pau Casals cuenta su vida. Conversaciones con el maestro.* Barcelona: Juventud, 1975, p. 242. [Nota: Para ampliar el concepto de *archet à la corde* véase: "Division de l'archet" en: Vaslin, Olive-Charlier. *L'Art du violoncelle... Op. cit.*, pp. 6-9.]

fue adoptada también por la escuela francesa:[309] "Esta preocupación ha conducido a menudo al abuso de la fuerza sobre la cuerda; el resultado ha sido el empobrecimiento del interés musical y una constante impresión de monotonía por falta de matices".[310]

En suma, no se puede afirmar que el limitado contorno expresivo que quedó registrado en las primeras grabaciones se deba únicamente a los rudimentarios medios de grabación, independientemente de que un sonido potente y uniforme hubiera sido necesario para la obtención de mejores resultados en las grabaciones, cuando hemos visto que, verdaderamente, cierta monotonía expresiva se había extendido entre los violonchelistas. Sería igualmente aventurado atribuir dicha monotonía a la influencia del estilo belcantista y al sostenuto, negando a los intérpretes tardorrománticos la tan predicada variedad en la expresión, aunque entraría dentro de lo posible si tenemos en cuenta la importancia cada vez mayor que adquiere la conexión de los sonidos y la tendencia paulatina a trazar líneas de intensidad más largas, sobre todo en el cantabile. Tampoco creemos que sea razonable atribuir dicha monotonía únicamente a la escuela dramática, ya que muchos violonchelistas de la escuela clásica poseían igualmente un sonido intenso y plano (Kronold, Grünfeld o Klengel). Probablemente sea la combinación de todos estos elementos, junto a la apuntada demanda de sonoridad, lo que provocó la *degeneración expresiva* a la que sucumbió el violonchelo a finales del siglo XIX. Por último, sí se podría concluir con menos reservas que la palabra estaría detrás de la concepción prosódica del cantabile instrumental (y vocal), pero esta cuestión la estudiaremos con más detalle a continuación.

---

[309] Según la descripción de un columnista neoyorquino tras asistir a un concierto del violonchelista dramático Joseph Hollman: "Su sonido es simplemente enorme en volumen, pero no es un sonido agradable de escuchar. (...) El señor Hollman parece ser un gran aficionado a la acentuación exagerada". *The New York Times*. New York: 10 de diciembre de 1892, p. 18.

[310] Corredor, José María. *Pau Casals... Op. cit.*, p. 242.

El carácter prosódico del canto instrumental

El ritmo requerido es del dominio del compás y del matiz indicado por el autor. El ritmo estético es la respiración del artista, el matiz imperceptible que anima el pensamiento, el refinamiento en la interpretación.[311]

Henri Vercheval, 1923

Hay un rasgo expresivo que comparten los primeros instrumentistas grabados, relacionado tradicionalmente con el rubato y cuya presencia en el cantabile es permanente y afecta al valor de las notas. Puesto que el rubato hace referencia genéricamente a la elasticidad temporal, llamaremos *carácter prosódico* —tal como venimos proponiendo— a este rasgo expresivo, denominación que pretende tener una fuerte connotación lingüística y que se desprende naturalmente de los modelos expresivos que siguieron los intérpretes románticos, modelos elevados que tenían como denominador común la expresión oral de la palabra. Siguiendo estos modelos, la observación de los rasgos prosódicos del lenguaje según fuera el sentimiento a expresar, para después llevarlos a la ejecución instrumental y llegar así a ser más elocuentes, constituyó la máxima aspiración entre los virtuosos. El carácter prosódico, pues, no se puede disociar del modo en que la música se comunicaba. Captar el auténtico espíritu de esta irregularidad en la interpretación romántica viene siendo nuestro afán, por eso seguiremos explorando nuevas vías para la comprensión de este aspecto intrínseco del cantabile.[312]

---

[311] Vercheval, Henri. *Dictionnaire du violoniste*. Paris: Fischbacher, 1923, p. 104.

[312] Peres da Costa denomina este rasgo "metrical rubato", denominación no obstante que no llega a transmitir, bajo nuestra opinión, el verdadero espíritu de las alteraciones que se producen en los valores de las notas. Cf. "Metrical rubato and other forms of rhythmic alteration". En: Peres da Costa, Neal. *Performing practices in late-nineteenth-century piano playing: implications of the relationship between written texts and early recordings*. Tesis doctoral publicada. University of Leeds,

1. Ritmo prosódico-ritmo estético

Mathis Lussy en su *Traité de l'expression musicale* (1874) establece el que podríamos considerar como uno de los principios fundamentales de la expresión:

> La *expresión* musical es la manifestación de las *impresiones* que las notas irregulares, destructivas del tono, del modo, del compás o del ritmo, producen sobre el sentimiento.[313]

En consecuencia, el carácter prosódico en la interpretación responde a la impresión que producen ciertas notas que mediante su alargamiento o reducción alteran su valor y, por tanto, el ritmo escrito. Esto era lo que, verdaderamente y hasta entonces, se había conocido como tempo rubato. La relación de estas alteraciones rítmicas (y el rubato) con un estilo interpretativo declamatorio es estrechísima, como queda de manifiesto, por ejemplo, en las indicaciones expresivas que el violonchelista Hugo Becker da para la interpretación de esta pequeña cadencia que lleva a la reexposición del segundo movimiento (compás 52) del *Concierto en re mayor* de Haydn: "El grupo de notas cadenciales que conducen al tema principal deben ser tratadas de forma declamatoria (¡rubato!)".[314]

Ej. 4.1. Haydn, Joseph. *Concierto en re mayor*, Adagio. MS, 1783, p. 22.

Castil-Blaze había señalado que la irregularidad que afecta a los valores de las notas en un cantabile proviene de la prosodia de la declamación oratoria, algo ya dicho por otras autoridades románticas estudiadas:

> En el recitativo, las notas marcan la entonación, pero no la duración de los sonidos; el cantante regula la marcha, precipita el movimiento o lo retrasa, según lo que exige la expresión; sigue los principios de la

---

School of Music, 2001, pp. 216 y siguientes. // Una excelente referencia al fenómeno de las alteraciones de las notas hasta el siglo XVIII se puede encontrar en el capítulo "Inequality", en: Donington, Robert. *The Interpretation of Early Music*. London: Faber and Faber, 1965 (1.ª ed. 1963), pp. 386-397.

[313] Lussy, Mathis. *Traité de l'expression musicale*. Paris: Heugel, 1874, p. 8.

[314] Becker, H. y Rynar, D. *Mechanik und Ästhetik des Violoncellspiels*. Wien: Universal, 1971 (1.ª ed. 1929), p. 230.

declamación oratoria para destacar la frase poética y para la observación de la prosodia, que la división de las notas a menudo lo hace de manera muy imperfecta. Algunas veces se sirve de los mismos privilegios en los aires medidos, haciendo ligeras alteraciones en los valores de las notas, para dar más gracia y vigor al acento musical.[315]

A la prosodia se le atribuyen las ligeras alteraciones en los valores de las notas; es ella la que insufla vida a la interpretación. La elocuencia del virtuoso instrumentista se acercaría a la del orador o cantante en la medida que fuera capaz de imitar con su cantabile el ritmo prosódico de la palabra. Por tanto, en base a esta práctica, no sería adecuado reprochar a los virtuosos románticos una actitud de informalidad hacia el texto musical, como lo hacen algunos autores.[316] Este rasgo estaba ligado a la forma natural de comunicar la música. Como dicen Elwart y Burnett Dumour, es el sentimiento el que modula el ritmo prosódico:

> [La prosodia] es la división de las palabras en sílabas largas o breves, con el fin de dar al lenguaje una expresión imitativa de las sensaciones que se prueba, sea recitando la prosa, sea declamando o cantando una poesía cualquiera. (...) Los más bellos versos, mal prosodiados, pierden todo su efecto sobre el oyente; el sentido de una frase a menudo depende de una palabra, y si el cantante no da a esta *palabra* el grado de expresión o de acento conveniente, se vuelve oscura, y [el cantante] no es más que un brillante músico ruiseñor y no un cantante declamador natural. No decimos aquí que un cantante sacrifique todo el arte musical entero a la expresión de la palabra, sino que debe encontrar el equilibrio, procurando la verdad ante todo.[317]

No sólo se observa nuevamente la importancia de la prosodia en el canto, sino cómo hay que conciliar los principios de la expresión musical y los de la declamación para ser más elocuente. El ritmo prosódico, por tanto, en la medida que sacrifica los valores de las notas, imprime el *accent pathétique* a la interpretación. Manuel García en su tratado de canto insiste en el acento prosódico: "Se marca, casi en todas las lenguas, sobre una sola sílaba de la palabra, cualquiera que sea su extensión, y se pro-

---

[315] Castil-Blaze. *Dictionnaire de musique moderne.* Paris: Au magasin de musique de la lyre moderne, 1825, vol. II, p. 176.

[316] Cf. Philip, Robert. *Early Recordings and Musical Style.* Cambridge: Cambridge University Press, 1994, p. 92. // Cf. Milsom, David. *Theory and Practice in Late Nineteenth Century Violin Performance; an examination of style in performance, 1850-1900.* Aldershot: Ashgate, 2003, p. 199.

[317] Damour, Elwart et Burnett. *Études élémentaires de la musique.* Paris: Moquet et Comp., 1838, p. 287.

duce sólo por una prolongación de su duración",[318] recomendando a los alumnos que "para obtener el alargamiento de la voz sobre las palabras, hago también decir algunos versos sobre el mismo sonido a la manera del canto llano",[319] para lo cual ofrece el siguiente ejemplo:

> Entra l'uomo allor che nasce,
> In un mar di tante pene,
> Che s'avvezza dalle fasce
> Ogni affanno a sostener, etc.[320]
> METASTASIO. *Il sacrifizio d'Abramo*, Oratorio.

La dimensión del acento prosódico puede ser muy diferente y tiene diversos matices dependiendo —según García— del valor de las palabras. "La palabra principal recibe además, en relación con su importancia, un acento más marcado que el de las que la rodean".[321] Es interesante observar cómo García otorgaba cierto privilegio a los instrumentistas, lo cual choca con las aspiraciones manifiestas de los virtuosos:

> El instrumentista posee una libertad mucho más amplia en cuanto a la expresión y a los ornamentos; y si se exceptúan algunos acentos que a priori le corresponden a las progresiones, las apoyaturas, los sonidos tenutos, las síncopas, los cantos de un ritmo muy marcado, el ejecutante es más o menos libre de imprimir a la melodía el color que le guste mientras que conserve el carácter general de la pieza. Los efectos de la melodía vocal dejan mucho menos espacio para la arbitrariedad; son determinados en parte por los acentos musicales que acabamos de indicar, y en parte por las sílabas largas, que siempre dominan el canto, y en definitiva por la expresión de las palabras, que fijan el carácter general de la melodía.[322]

Empero, es precisamente ese acento prosódico sobre las sílabas largas, que dominaba el canto, el acento que siempre buscaron los músicos instrumentistas románticos, a lo cual, como se ha documentado, corresponden los constantes deseos de versificar la melodía para encontrar su adecuada expresión. En este contexto queremos situar las siguientes palabras de Ludwig Tieck, que siempre se han vinculado al nuevo es-

---

[318] García, Manuel. *Nouveau traité sommaire de l'Art du Chant*. Paris: Richard, 1856, p. 52.

[319] Ibíd., p. 53.

[320] Entra el hombre cuando nace / En un mar de tantas penas / Que sus fajas lo acostumbran / Todo afán a soportar, etc.

[321] García, Manuel. *Nouveau... Op. cit.*, p. 52.

[322] Ibíd., p. 56.

tatus estético alcanzado por el género de la música instrumental y a la liberación de la música de su "confinamiento lingüístico":[323] "[La música vocal] me parece que es sólo un arte condicionado; éste es y sigue siendo declamación elevada y discurso [*Rede*]; todo lenguaje humano, toda expresión de sentimiento, debería ser música en menor grado".[324] Verdaderamente, aquí se refleja la proximidad entre el canto y la declamación elevada —lo que ya se apuntó en el capítulo anterior— pero también la preocupación manifestada por García, es decir, la traba que suponía la expresión de la palabra, respetar la prosodia, en el canto. ¿Quizá fuera ésta otra de las razones por las que la música instrumental comenzó a reclamar una forma propia de expresión?

Antonio Cordero dice en su *Escuela completa de canto* (1858), centrada especialmente en el canto dramático, que "una de las señales más fieles de que el cantante sabe lo que hace y por qué lo hace es la de verle seguir fiel y fácilmente los elegantes giros, así poéticos como melódico-musicales, de la prosodia".[325] Señala, además, el acento y la duración como sus elementos fundamentales:

> El acento y la cantidad o duración de las sílabas son sus ejes, y sobre ellos deben girar los conceptos con orden y buen tacto. La aplicación al canto de esa teoría se reduce a graduar la duración que el ritmo determina a cada sílaba, y la intensidad que, en razón directa de su importancia en la oración, corresponde a todas y a cada una. No deben hacerse, cantando, dos sílabas seguidas con la misma intensidad, por la idéntica razón que no lo hacemos en el lenguaje.[326]

Esta cita de Cordero define, sin pretenderlo, el carácter prosódico en la interpretación instrumental de finales del siglo xix, al mismo tiempo que refleja el principio de la irregularidad, que viene determinado por la prosodia. ¿Acaso no adivinamos estos mismos rasgos en la definición que del estilo interpretativo de Chopin nos da Liszt?

---

[323] Neubauer, John. *La emancipación de la música. El alejamiento de la mímesis en la estética del siglo XVIII*. Francisco Giménez Gracia, tr. Madrid: Visor, 1992, p. 295.

[324] Tieck, Ludwig. "Symphonien". En: Tieck, L. y Wackenroder, W. H. *Phantasien über die Kunst, für Freunde der Kunst*. Hamburg: Friedrich Perthes, 1799, pp. 260-261.

[325] Cordero y Fernández, Antonio. *Método elemental de canto en todos sus géneros y principalmente en el dramático español e italiano*. Madrid: Eslava, 1858, p. 51.

[326] Ibíd.

[Chopin] fue el primero en introducir en sus composiciones ese recurso que dio a su virtuosismo un sello tan particular y que llamó Tempo rubato: un compás irregularmente interrumpido, robado, desordenado y lánguido, ya vacilante como la llama bajo el soplo del aliento, o balanceándose como la espiga en el campo bajo la suave brisa, o como la copa de los árboles que pronto se inclinan hacia aquí, pronto hacia allí, según los deseos caprichosos del viento.
Ya que la designación no enseñaba nada a quien la conociera, y no significaba nada para quien no la conociera porque no comprendía su significado, Chopin dejó de usar el término convencido de que los que tuvieran conocimiento de él no podrían dejar de adivinar esta ley de la irregularidad. Todas sus obras deben tener esa suspensión [*schwebenden*], acentuación característica y estilo prosódico [*prosodischen Weise*], y esa *morbidezza* cuyo secreto se logra difícilmente si uno no tuvo la oportunidad de escucharle a él mismo.[327]

El estudio de las grabaciones nos permite adelantar que debemos diferenciar entre las notas que se alargan bajo el efecto de un supuesto acento prosódico y aquellas que se alargan mucho más allá de su valor ordinario, provocando una ligera detención del movimiento. Semejantes retenciones —estas últimas— evocan la figura retórica de la suspensión, ya que pretenden crear, como el calderón situado como retardo de la cadencia al final de un período, el efecto de expectación en el oyente (véase *Nocturne* de Chopin-Servais en la interpretación de Victor Sorlin [c. 6] o *Romance sans paroles* de Davidoff por Alexander Verzhbilovich [Ej. 4.9, c. 31]).

A lo largo de este trabajo creemos haber dado argumentos suficientes para valorar la importancia que adquiere la palabra en la interpretación musical decimonónica. A continuación abordaremos cómo afecta al fraseo el ritmo prosódico y el alargamiento o retención de ciertas notas.

2. La fuerza expresiva de la retención

Retención, parada, alargamiento, prolongación, sostenimiento, dilatación, apoyo, énfasis, acento agógico... todos son términos utilizados para definir uno de los rasgos expresivos más importantes de la interpretación romántica. Primero, antes de pasar a estudiar la naturaleza de la retención en la interpretación musical, veamos cómo Joaquín Bastús nos transmite perfectamente el valor de la retención en el arte de la declamación:

---

[327] Liszt, Franz. *Chopin*. Leipzig: Breitkopf und Härtel, 1880, p. 82.

El alma de la voz está en los sonidos prolongados y sostenidos. Es preciso, decía la célebre Clairon, establecer la pronunciación sobre una base firme y fuertemente apoyada; esforzar la voz en determinadas palabras para darlas el valor necesario; pero para esto no es menester elevar la voz, sino apoyarla.[328]

Por tanto, este apoyo no debe confundirse con un acento dinámico, sino que, como nítidamente se desprende de las palabras de Bastús, se trata de una prolongación del sonido de aquellas sílabas que permiten dar prueba del sentimiento que se expresa.

Situados en el ámbito instrumental, las aportaciones de Johann Joachim Quantz y Leopold Mozart son capitales para entender el recurso de la retención y nos vienen a certificar que las prácticas que escuchamos en las grabaciones históricas son heredadas, al menos, del siglo XVIII. Quantz, quien había establecido como modelo la expresión del orador, escribe que es muy importante la distinción entre las notas principales (*notes bonnes*) y las notas que son de paso (*notes mauvaises*), siendo la norma dar más relieve siempre que sea posible a las notas principales.

> Según esta regla hace falta que en las piezas de un movimiento moderado o en el mismo Adagio, las notas más rápidas sean tocadas con alguna desigualdad [*inégalité*], aunque a la vista ellas parezcan ser del mismo valor; de manera que en cada figura hay que apoyar las notas importantes, a saber, la primera, tercera, quinta y séptima, más que sobre aquellas que son de paso, a saber, la segunda, cuarta, sexta y novena, aunque no haya que sostenerlas sin embargo durante mucho tiempo como si tuvieran puntillo.[329]

Lo que está expresando Quantz aquí, y que es la clave en esta práctica de transmisión oral, es la irregularidad entendida como alteración rítmica que no llega a ser mensurable en grupos de notas de igual valor en movimientos moderados y lentos, una alteración que afectaría sobre todo a las notas más rápidas (entiéndase las notas de paso y las que adornan el canto). El alargamiento de unas notas tiene lugar en detrimento de otras que acortan su valor:

> Si por ejemplo se quieren tocar las semicorcheas de la figura 1 de la Tab. IX —letras (k) (m) (n)— lentamente, todas con el mismo valor,

---

[328] Bastús y Carrera, Vicente Joaquín. *Curso de declamación*. Barcelona: Juan Oliveres, 1848, p. 128.

[329] Quantz, Johann Joachim. *Essai d'une méthode pour apprendre à jouer de la flûte traversière, avec plusieurs remarques pour servir au bon goût dans la musique*. Berlin: Chrétien Frédéric Voss, 1752, p. 107.

esta expresión no sonaría tan agradable como si se apoya un poco sobre la primera y la tercera de las cuatro notas, y se les da [a éstas] un sonido un poco más fuerte que a la segunda y cuarta notas.[330]

En la edición francesa se utiliza el término *appuyer* ('apoyar'), mientras que Quantz empleó originalmente el término más claro *länger* ('alargar') para las notas que deben ser alargadas.[331] Leopold Mozart nos da detalles específicos sobre las notas que han de destacarse pero en las que el acento debe hacerse de forma muy ligera junto con una prolongación.

> Si aparecen varias notas seguidas de dos en dos que se encuentran en el mismo arco: el acento cae en la primera de las dos, y no sólo se tocará un poco más fuerte, sino que también se hará un poco más larga; la segunda, sin embargo, se ligará muy suave y tranquilamente a la anterior, filándola un poco más tarde. Un ejemplo de esto se puede ver en el §. 3 de la primera parte del capítulo VII, pero especialmente leer el §. 5 de la segunda parte del capítulo VII y mirar los ejemplos. Sin embargo, a menudo se unen bajo un mismo arco o ligadura [*Halbcirkel*],[332] tres, cuatro o incluso más notas. En tal caso, debe ser atacada la primera de ellas un poco más fuerte y alargada más tiempo, mientras que las otras se tocarán suavemente en la misma arcada disminuyendo la fuerza y cada vez más débilmente, sin el menor énfasis.[333]

Veamos ahora los lugares de la *Violinschule* a donde nos remite L. Mozart. Primero cita el apartado 3 de la primera parte del capítulo VII, en el que nos dice que:

> La primera de las dos notas unidas por un arco es atacada un poco más fuerte y también retenida un poco más; la segunda, sin embargo,

---

[330] Ibíd., pp. 107-108.

[331] Quantz, Johann Joachim. *Versuch einer Anweisung die Flöte traversiere zu spielen.* Berlin: Johann Friedrich Voß, 1752, p. 106.

[332] 'Halbcirkel', del italiano *Circolo mezzo*: Término obsoleto que en el siglo XVIII tenía varias significaciones. En el caso de L. Mozart, véase la entrada "Cirkel und Halbcirkel", en: Mozart, Leopold. *Versuch einer gründlichen Violinschule.* Augsburg: Johann J. Lotter und Sohn, 1787 (1.ª ed. 1756), p. 270.

[333] Ibíd., pp. 262-263.

será muy suave y se ligará un poco más tarde. Este tipo de interpretación promueve el buen gusto en el cantabile; y mediante la retención [*Zurückhalten*] se impide el apresuramiento.[334]

L. Mozart nos pide mayor atención sobre el apartado 5, de la segunda parte del capítulo VII, que reproducimos a continuación:

> La primera de dos, tres, cuatro o incluso más notas ligadas siempre debe ser atacada un poco más fuerte y un poco más retenida; las siguientes, sin embargo, mientras el sonido se disminuye, se tocarán un poco más tarde. Pero esto debe ocurrir con tan buen juicio que no se altere lo más mínimo la igualdad del compás. La parada ligeramente más larga sobre la primera nota debe ser hecha mediante una graduación un poco más rápida y bien calculada de las otras notas, que sea para el oído no sólo tolerable, sino más bien agradable.[335]

Como se habrá podido adivinar, L. Mozart ya nos dice claramente en este último parágrafo que la retención, por un lado, altera los valores de las notas y el ritmo y, por otro, que no debe afectar al movimiento y, consecuentemente, a la duración total del compás, con lo cual está apelando a la aplicación del tempo rubato. A continuación L. Mozart da numerosos ejemplos donde habría de darse la retención de la primera nota de la ligadura, entre los que hemos escogido los siguientes:

---

[334] Ibíd., p. 124.
[335] Ibíd., p. 146.

Ej. 4.2. Mozart, Leopold. *Versuch einer gründlichen Violinschule*. Augsburg: Johann J. Lotter und Sohn, 1787, pp. 137-142.

Podemos observar algunos ejemplos en los que no siempre aparecen ligadas notas de idéntico valor, en tales casos L. Mozart recomienda que las notas de mayor duración se alarguen un poco más, manteniendo siempre el buen gusto y el estilo cantable [*singbar*].[336] Señala, aparte de alguno de los anteriores, otros ejemplos como:

---

[336] Ibíd.

Ej. 4.3. Mozart, Leopold. *Versuch einer gründlichen Violinschule*. Augsburg: Johann J. Lotter und Sohn, 1787, pp. 138 y 141.

Daniel Türk en su *Klavierschule* (1789) nos habla de la retención de ciertos sonidos siguiendo el modelo de la palabra. Türk vuelve a reincidir sobre el carácter irregular del alargamiento, advierte sobre la cautela a la hora de trasladar a la interpretación musical las retenciones características de las sílabas acentuadas y describe tres circunstancias donde aplicar dichas retenciones:

> Otro medio de acentuar, pero a utilizar más raramente y con muchas precauciones, es prolongar ciertos sonidos. El orador no sólo acentúa más sobre las sílabas importantes, sino que además se retrasa allí un poco. Pero esta prolongación no puede siempre ser de la misma duración en la manera natural de la música, porque esto depende sobre todo, a mi parecer, 1) de la propia nota, ya sea más o menos importante; 2) de su duración y de su proporción con relación a las otras notas; 3) de la armonía fundamental.[337]

Ya en el período romántico y desde la perspectiva del canto, Manuel García en su celebérrimo tratado afirma que el elemento básico [*le premier élément*][338] del tempo rubato es la retención de una nota: "El tiempo de parada [*temps d'arrêt*] es una prolongación momentánea del valor de una nota tomada al azar de un pasaje compuesto de notas de igual valor".[339]

DONIZETTI. Anna Bolena, *Cavatina*.

---

[337] Türk, Daniel G. *Klavierschule*. Leipzig: Schwickert/Halle: Hemmerde und Schwetschke, 1789, p. 338.

[338] García, Manuel. *Traité complet de l'art du chant*. Paris: L'auteur, 1847, vol. II, p. 24.

[339] Ibíd., vol. I, p. 49.

García nos ofrece algunos ejemplos que nos darían una idea de cómo traducir a la interpretación esas paradas:

Las circunstancias que determinan la retención son similares a las que había apuntado Türk. Así, la prolongación o *temps d'arrêt* —continúa García— afecta "a las apoyaturas, a las notas que tienen una sílaba larga y a las notas *que sobresalen naturalmente en la armonía*, o aquellas que se quieren destacar. En todos los casos se recupera el tiempo perdido acelerando las otras notas".[340] Por tanto, no parece que sea siempre el factor azaroso o caprichoso el que prevalezca en estas retenciones. García termina diciendo que ésta es una de las mejores formas de dar color a las melodías e ilustra algunos contextos en los que la retención sería oportuna, por ejemplo:

---

[340] Ibíd., vol. II, p. 24.

Son muchos los autores que, a su manera, se refieren al efecto de la retención a lo largo del siglo XIX. El violinista Spohr afirma que "cualquier retención en uno o varios sonidos (tempo rubato), es a menudo en la interpretación solista de gran efecto",[341] mientras que el pianista Czerny dice que en las ideas musicales "la expresión debe ocurrir siempre sobre la nota adecuada".[342] Entre los instrumentistas de cuerda son varios los autores que insisten en la fuerza expresiva de la retención cuando se trata de pasajes conformados por notas de igual valor. Baillot señala el beneficio que supone obtener la "capacidad de retención" [*puissance de retenue*] en los estudios floridos, en los "que a menudo se necesita de un solo sonido para alcanzar un gran dominio sobre el alma",[343] lo que asocia al símbolo de la *ondulation simple*: ◇ [344]

Joachim y Moser subrayan la importancia de imprimir irregularidad a una serie de figuras iguales: "Para la persona sensible existen ciertas diferencias incluso en notas del mismo valor y del mismo compás que, dependiendo del carácter del pasaje en cuestión, se perciben de una forma más o menos clara al ejecutar la pieza",[345] y, probablemente, lo que ellos denominan "acento melódico", acento que continuamente se acomoda al flujo melódico, tenga algo de estas retenciones, propias de una declamación natural. En la línea de lo dicho por Türk y García, añaden que "debe distinguirse también entre las notas estructuralmente importantes (incluyendo las disonancias colocadas en partes fuertes del compás) y aquellas que sólo adquieren la importancia de notas de paso

---

[341] Spohr, Louis. *Violinschule.* Wien: Haslinger, s.d. [1832], p. 248.

[342] Czerny, Carl. *Vollständige theoretisch-practische Pianoforte-Schule,* op. 500. Wien: Diabelli, s.d. [1839], vol. III, p. 5. Texto citado anteriormente.

[343] Baillot, Pierre. *L'Art du violon (Die Kunst des Violinspiels).* Mayence et Anvers: Schott, s.d. [1834], pp. 127-128.

[344] El símbolo de la *messa di voce,* o mejor, de la *ondulation simple,* sigue a la espera de un profundo estudio, más allá de lo dicho por autores como Brown o Kennaway.

[345] Joachim J. y Moser, A. *Violinschule.* Berlin: Simrock, 1905, vol. III, p. 7. Texto citado anteriormente.

y auxiliares en tiempo débil".[346] Por su parte, Hugo Becker, heredero de los mismos modelos expresivos, mira una vez más hacia la expresión oral y la palabra:

> El observador atento percibe en la conversación cotidiana que nadie habla con un timbre y una dinámica completamente neutral todo el tiempo. Las variaciones en la altura e intensidad del sonido se dan incluso en la conversación más corriente; cuanto más si la persona quiere persuadir, convencer, conquistar, si pronuncia órdenes o expresa su aversión, en una palabra, cuando habla impulsada por la emoción [*Affekt*]. Algunos experimentos fonéticos concienzudos han revelado que estas variaciones en la altura e intensidad del sonido se dan incluso en los discursos que aparentemente están muy alejados de cualquier expresión afectiva [*Affektäußerung*].[347]

Becker relaciona la retención con la expresión de los afectos, de las pasiones del ánimo: "Lo que ponemos de vida, color, calor y verdad en la interpretación sólo es posible gracias a una analogía con la agógica".[348] Utiliza el concepto de *afecto* en un sentido amplio y en relación con la psicología moderna, como "la fuerza vital que se esconde detrás de cada una de nuestras expresiones".[349] La retención, por tanto, insufla vida a la expresión y su aplicación práctica se traduce inevitablemente en la alteración de los valores de las notas y de la estructura rítmica del compás:

> Las diferencias en la expresión musical no sólo se basan en la dinámica y en el tempo, sino también —casi siempre unido al matiz del acento— en el cambio de los elementos rítmicos dentro de la unidad métrica, lo que produce abreviaciones y dilataciones, picos y bajos, tensión y relajación.[350]

El violonchelista alemán también vincula la retención con el rubato y con la expresión de aquellos pasajes que, por su ritmo continuo, podrían llegar a parecer un estudio. Por ejemplo, para evitar la monotonía en el siguiente pasaje de la *Sonata en fa mayor* de Brahms, hay que tener en cuenta que "las notas entre paréntesis representan el punto hacia el que tiende el tresillo anterior. Puesto que ellas mismas son corcheas que conforman el movimiento de tresillos, sólo pueden ser destacadas mediante acentos agógicos (detenerse un poco), pero no

---

[346] Ibíd.
[347] Becker, H. y Rynar, D. *Mechanik und Ästhetik... Op. cit.*, p. 175.
[348] Ibíd., p. 174.
[349] Ibíd., p. 176.
[350] Ibíd.

con acentos dinámicos".[351] Es interesante observar nuevamente cómo los autores románticos se empeñaron en despojar, como se hacía en la declamación, al acento agógico de toda connotación dinámi*ca*.

Hasta ahora se ha evitado el empleo de la designación *acento agógico* para definir estas retenciones, término que aparecerá a finales de siglo gracias a los trabajos de Hugo Riemann (1849-1919). Como se viene observando, la prolongación de ciertas notas es uno de los principales recursos expresivos de la interpretación romántica. Riemann, en su afán por establecer una "teoría sistemática de la interpretación expresiva",[352] tuvo que dar —y en efecto dio— gran importancia a la retención, que se encuentra en el centro de su constructo teórico. Veremos a continuación cuál fue su contribución, con el fin de restaurar el concepto riemanniano de agógica.

3. El acento agógico

Con una concepción personal bastante desarrollada en el campo del análisis musical y en particular de la agógica musical —no en vano es el creador del concepto *agógica* (*Agogik*)—, Riemann define en la primera edición de su *Musik-Lexikon* (1882) sólo un tipo de rubato:

> Rubato son las pequeñas aceleraciones y retenciones de la melodía mientras se mantiene el mismo tempo, es lo que exige una interpretación expresiva; el alargamiento de algunas notas patéticas hace como si estuvieran en tiempo robado, esto ocurre a expensas de otras [notas] que pierden correspondientemente su duración.[353]

El término *agógica* no se encuentra todavía en esta primera edición, sino que aparecerá en ediciones posteriores, tras la publicación en 1884 de su *Musikalischen Dynamik und Agogik*. De esta forma, en la tercera edición del *Musik-Lexikon*, que data de 1887, escribe:

---

[351] Ibíd., p. 173.
[352] Riemann, Hugo. *Musik-Lexikon*. Leipzig: Hesse, 1887, p. 12.
[353] Riemann, Hugo. *Musik-Lexikon*. Leipzig: Hesse, 1882, p. 787.

La agógica trata de las pequeñas modificaciones del tempo (también llamado rubato o tempo rubato) que son necesarias en una expresión viva. El autor de este diccionario ha intentado por primera vez en su *Musikalischen Dynamik und Agogik* (1884) establecer una teoría sistemática de la interpretación expresiva.[354]

Ahora Riemann designa mediante el término *agógica* las modificaciones del movimiento a pequeña escala, lo que llama "matiz agógico" [*agogischen Schattirung*][355] (vinculado también —esto es interesante— al tempo rubato), con el que pretende definir la administración expresiva que los músicos de su tiempo hicieron del tempo.

La gradación agógica, uno de los factores hasta hoy más importantes de la expresión musical, no ha sido estimada como se merece. En todas las épocas ha habido, ciertamente, algunos artistas geniales que la han conocido y practicado por instinto, pero la teoría la ignoraba y carecía de normas para su aplicación razonada.[356]

Es difícil determinar qué parte de la teoría expresiva de Riemann pertenece a la práctica decimonónica y cuánto hay de aportación propia; no obstante, Riemann, al final de su *Musikalischen Dynamik und Agogik*, reconoce que la influencia del estilo de Hans von Bülow (1830-1894) es fundamental en su trabajo:

Confieso sinceramente que el estímulo más fuerte para la reforma radical iniciada por mí para la descripción de estos temas lo he recibido especialmente de Bülow, cuya insuperable interpretación práctica de las obras maestras de Beethoven está todavía muy por encima de su trabajo editorial y me dio el secreto [*Schlüssel*] de la naturaleza de la dinámica y la agógica. Por tanto, no cité su nombre en vano al principio de este trabajo sobre el fraseo. Si vale la pena algo de lo que ofrezco, hay que agradecérselo a Hans von Bülow.[357]

Por consiguiente, tras el estudio sistematizado de los principios de la expresión en la interpretación, Riemann tuvo que modificar la definición del término *rubato* en el *Musik-Lexikon* de 1887, para establecer una diferenciación entre *Agogik* y *Rubato* o *Tempo rubato*:

---

[354] Riemann, Hugo. *Musik-Lexikon.* Leipzig: Hesse, 1887, p. 12.
[355] Riemann, Hugo. *Musikalischen Dynamik und Agogik.* Hamburg: Rahter, 1884, p. 13.
[356] Riemann, Hugo. *Fraseo musical.* Barcelona: Labor, 1936, p. 132.
[357] Riemann, Hugo. *Musikalischen Dynamik... Op. cit.*, p. 268.

Tempo rubato es el tratamiento libre del tempo en los pasajes particularmente expresivos y apasionados, en los que se destaca notablemente el stringendo-calando en el coloreado de las frases, un rasgo que generalmente pasa desapercibido.[358]

Nos encontramos en efecto ante dos tipos de rubato, uno que implica flexibilidad temporal a nivel de frase y otro que implica una gradación temporal a nivel de compás o motivo, que afecta al ritmo prescrito sin que por ello se vea alterado el tempo general. Para terminar la desambiguación, Hugo Becker, inspirado en la contribución riemanniana, nos dice que "la agógica representa en cierto modo el microcosmos de la diferenciación temporal, en analogía con el macrocosmos del rubato".[359] En el marco del microcosmos de la diferenciación temporal, el acento agógico o acento rubato riemanniano es "una ligera prolongación del sonido"[360] que debe considerarse en el "marco restringido del motivo",[361] ya que la nota que lo lleva actúa como centro de gravedad del mismo. Riemann describe así la presentación básica de la gradación agógica:

> Al aumento de intensidad, a la progresión dinámica positiva, se alía una disminución progresiva de las duraciones, una aceleración del movimiento; a la cima dinámica corresponde un ensanchamiento súbito, seguido de un retorno gradual y por progresión simétrica al valor normal de los elementos dinámicos y rítmicos.[362]

Venimos comprobando por un lado que la relación de la retención, prolongación, parada o alargamiento de ciertas notas con el tempo rubato es específica, y por otro que el matiz dinámico y el matiz agógico van aliados en la expresión. Esta teoría es aplicable tanto a motivos de dos como de más notas, de manera que, por ejemplo, una unidad métrica elemental de dos tiempos sólo puede tener dos tipos de matiz agógico-dinámico:[363]

---

[358] Riemann, Hugo. *Musik-Lexikon. Op. cit.*, p. 845.

[359] Becker, H. y Rynar, D. *Mechanik und Ästhetik... Op. cit.*, p. 180.

[360] Riemann, H. y Fuchs, C. *Practical guide to the art of phrasing [Praktische Anleitung zum Phrasieren]*. New York: Schirmer, 1890, p. 19.

[361] Riemann, Hugo. *Elementos de estética musical [Die Elemente der musikalischen Ästhetik]*. Eduardo Ovejero y Mauri, trad. Madrid: Daniel Jorro, 1914, p. 90.

[362] Ibíd.

[363] Cf. Riemann, Hugo. *Musikalischen Dynamik... Op. cit.*, pp. 13-14.

Riemann nos invita a visualizar el diferente valor estético de estos dos esquemas en la misma figuración melódica:

Dependerá del contexto y de las múltiples combinaciones de estas dos fórmulas la culminación de la gradación dinámica y agógica, fórmulas que pueden acumular niveles de simetría cada vez mayores, pero también formaciones simétricas de dimensiones más reducidas (motivos de subdivisión).[364] De hecho, un compás de cuatro tiempos englobaría dos compases binarios que, combinándose, forman una unidad superior que —según Riemann— habría de entenderse agógica y dinámicamente así:[365]

Tomemos ahora como ejemplo el planteamiento agógico que recoge Becker para este motivo del primer movimiento del *Concierto en re mayor* de Haydn:

Siguiendo la teoría de Riemann, el centro de gravedad del motivo ha de ser subrayado agógicamente, haciendo que en él culmine la gradación agógico-dinámica. En consecuencia, a la apoyatura do sostenido" le corresponde la retención o acento agógico, y a la escala, que tiene una significación anacrúsica, le pertenece la gradación agógico-dinámica.

---

[364] Riemann, Hugo. *Fraseo... Op. cit.*, p. 135.
[365] Ibíd., p. 124.

A nivel de ejecución, la escala debe interpretarse rubato,[366] animándose paulatinamente, lo que se consigue haciendo un accelerando y acortando gradualmente el valor de cada nota para evitar que se altere la integridad del tempo. Becker aporta el siguiente diseño para mostrar la gradación agógica de dicha escala:

d   e   fis   g   a   h cis d

Riemann dice que la máxima dilatación agógica, el acento agógico, coincide con la nota de más peso o punto culminante del motivo. Pero, ¿cuánto debe ser ese ensanchamiento, alargamiento o dilatación de la nota? Si Türk, al igual que más tarde Kullak,[367] advierte que la prolongación de las notas no debe superar como norma básica la mitad de su valor,[368] Riemann establece una regla: "Se notará naturalmente tanto más cuanto más breves sean los valores sobre los cuales recaiga".[369] En cada uno de los siguientes ejemplos el acento agógico, que se indica con el símbolo ^, será diferente. El alargamiento de la negra apenas se notará, mientras que el de la fusa será más marcado:

Ej. 4.4. Riemann, Hugo. *Fraseo musical.* Barcelona: Labor, 1936, p. 129.

---

[366] Cf. Becker, H. y Rynar, D. *Mechanik und Ästhetik... Op. cit.,* p. 178.

[367] Cf. Kullak, Adolph. *The æsthetics of pianoforte-playing.* New York: Schirmer, 1907, p. 52.

[368] Cf. Türk, Daniel G. *Klavierschule... Op. cit.,* p. 339.

[369] Riemann, Hugo. *Fraseo... Op. cit.,* p. 128.

Con todo, Riemann reconoce la dificultad de fijar de modo exacto la duración de estas dilataciones. Todo dependerá del contexto: los valores que conforman el motivo, su diseño melódico, el tempo, el carácter, etc.: "Puede decirse, en general, que toda dilatación que llega a percibirse como tal es excesiva; su efecto debe notarse únicamente de una manera indirecta, como expresión justa y viva".[370]

Riemann y Fuchs en su *Praktische Anleitung zum Phrasieren* (1886) recogen numerosos ejemplos fraseados del repertorio pianístico en los cuales encontramos diversos supuestos donde sería aplicable el acento rubato. Uno típico se da cuando el acento agógico ha de hacerse para resaltar una terminación femenina, sobre todo una suspensión, y en el acompañamiento encontramos valores más breves. En estos casos, es el acompañamiento el que debe cooperar con el matiz agógico que reclama la melodía. Riemann y Fuchs lo ilustran con el siguiente ejemplo de Mendelssohn, utilizando el signo ∧ para indicar —como se ha dicho— el acento agógico:

Ej. 4.5a. Mendelssohn, Felix. *Lieder ohne Worte, Op.19/2*. Bonn: Simrock, s.d., p. 6.

Ej. 4.5b. Riemann, H. y Fuchs, C. *Practical guide to the art of phrasing*. New York: Schirmer, 1890, p. 30.

Como dicha prolongación sólo puede ser muy ligera, pasaría desapercibida si se hace en una nota larga, como la negra fa"; por tanto, el acompañamiento que se ejecuta con notas breves se convierte en el medio para transmitir el acento rubato, es decir, escribiendo (*) no

---

[370] Ibíd., p. 130.

pretendemos una prolongación del fa" más allá de su límite natural, sino una prolongación en el comienzo mismo, que únicamente puede ser posible con una prolongación de la semicorchea do en la mano izquierda, que cae sobre la hipotética parte conclusiva (después del tercer compás), ejemplo: (**). Sin embargo, no escribimos el acento rubato sobre el bajo, sino en la melodía. El resto de la frase, después de la nota que lleva el acento rubato, debe tocarse, por supuesto, *rallentando*, pero no de manera que las siguientes semicorcheas sean más lentas que la prolongada; el acento rubato debe seguir siendo reconocible en medio del calando general.[371]

Atendiendo a los principios estudiados, intuimos que debemos situar este calando en relación al diminuendo, ¿pero también en relación con el crescendo del compás 2, que habría provocado una ligera aceleración del movimiento? Independientemente de cuál sea la respuesta a esta pregunta, queremos hacer notar esta referencia a la reducción del movimiento en el final de frase (obvia para Riemann y Fuchs), pues se trata de una práctica que se observa con frecuencia en las interpretaciones de los músicos tardorrománticos, sin que tenga que corresponderse dicha reducción con una aceleración previa del movimiento.

Becker también ilustra el acento agógico en diversas circunstancias, acento que deberá entenderse en el marco del rubato. En el tema principal del *Concierto en re mayor* de Haydn, Becker sitúa la pequeña raya para "favorecer agógicamente el primer mi'".[372]

---

[371] Riemann, H. y Fuchs, C. *Practical guide... Op. cit.*, p. 28.
[372] Becker, H. y Rynar, D. *Mechanik und Ästhetik... Op. cit.*, p. 228.

Las ediciones fraseadas del violonchelista Friedrich Grützmacher también nos proporcionan ejemplos de la retención en la melodía. Si seguimos la recomendación de Riemann, la prolongación del la' en el siguiente ejemplo deberá ser significativa, al encontrarse entre valores muy breves:

Ej. 4.6. Boccherini, Luigi. *Sonata en la mayor*, Adagio. Grützmacher, ed. Leipzig: Bartholf Senff, s.d., p. 1.

En el ejemplo siguiente, el acento agógico "ayuda a dibujar la línea melódica en una extensa serie de notas de igual valor".[373] Es interesante observar la lectura que hace Becker del acento original, pero más interesante aún es apreciar el rubato insinuado por el propio Schumann a través de la escritura en este pasaje de carácter dubitativo. El tiempo usurpado a las corcheas con punto —interpretamos— pertenece de una forma u otra a las corcheas acentuadas. Becker parece respetar esa intencionalidad en el primer compás (Ej. 4.7b). Si pensamos en la lectura que podría haber hecho Riemann de estos dos compases, creemos que se habría inclinado a considerar anacrúsicamente el motivo (más parecido a como se interpreta actualmente este pasaje), propiciando que los matices agógico y dinámico culminen en el centro de gravedad: las corcheas acentuadas (Ej. 4.7c).

Ej. 4.7a. Schumann, Robert. *Concert*, op. 129, *Nicht zu schnell*. Zurich & London: Eulenburg, s.d., p. 10.

Ej. 4.7b. Becker, H. y Rynar, D. *Mechanik und Ästhetik des Violoncellspiels*. Wien: Universal, 1971, p. 179.

---

[373] Ibíd., p. 179.

Ej. 4.7c. Riemann, Hugo. *Musikalischen Dynamik und Agogik*. Hamburg: Rahter, 1884, p. 29.

En este otro pasaje del *Concierto en si menor* de Dvořák, el acento agógico está en relación con el contexto armónico. Becker indica que en los últimos dos compases el si bemol debe ser prolongado pero no acentuado, y el si natural del siguiente compás "alargado un poco como sonido armónicamente más importante y, quizá, destacado un poco dinámicamente, ya que en él, diríamos, se resuelve la tensión acumulada".[374]

Asumimos el hecho de que, efectivamente, estas prácticas fueron habituales en la segunda mitad del siglo XIX, ya que también se sustentan en lo dicho por otros autores. Sin embargo, la teoría de la interpretación expresiva de Riemann nos parece insuficiente cuando queremos ver en ella la impredecible flexibilidad expresiva, el ritmo estético de los pianistas, violinistas y violonchelistas tardorrománticos grabados.

4. Introducción a una metodología para el análisis del carácter prosódico en la interpretación

El estudio del carácter prosódico en las interpretaciones de los violonchelistas es una de las principales motivaciones de este trabajo. En este apartado analizaremos cómo se sacrifican los valores rítmicos predeterminados por el compositor en favor de un ritmo prosódico o, como bien lo denominó el violinista Henri Vercheval, un ritmo estético. Inevitablemente, también atenderemos a las modificaciones del movimiento a nivel macrotemporal. Somos conscientes de que es tarea imposible establecer reglas para

---

[374] Becker, H. y Rynar, D. *Mechanik und Ästhetik... Op. cit.*, p. 179.

medir las más sutiles gradaciones agógicas o las más pequeñas alteraciones de los valores de una melodía; también de que toda representación notacional sacada de contexto puede resultar artificiosa y perdería parte de su significación, pues tratamos de sutilezas expresivas que necesitan de la misma expresión en directo para que cobren pleno sentido. No obstante, convencidos de la importancia de mostrar en una partitura la gradación agógica de los motivos de la forma más clara posible para su posterior análisis, nos ha parecido oportuno —para mantener la analogía con la palabra— recurrir a la misma metodología que emplean los gramáticos para marcar el valor prosódico de las sílabas en los versos. Así, emplearemos los símbolos de las sílabas largas y breves de manera que:

1. El símbolo — indicará la retención o acento agógico. El intérprete prolonga el valor de la nota que lo lleva en detrimento de uno o varios valores adyacentes, dando lugar al tempo rubato. A veces la nota no va acentuada y se trata de una simple dilatación agógica.
2. El símbolo ⌣ indicará, por el contrario, una ligera reducción del valor de la nota que lo lleva. Esta nota va asociada, por lo general, a otra cuyo valor ha sido alargado.
3. En el contexto de un ritmo modificado prosódicamente y bajo las reglas específicas del tempo rubato, algunas notas necesariamente ven reducido su valor de forma considerable. Para mostrar esta disminución utilizaremos el símbolo ⌣̈ .

La forma proporcionada y simétrica del tipo de gradación agógica definida por Riemann (dudamos que, en la práctica, los intérpretes hubieran seguido dicha simetría) hace que su representación esquemática —como ya hemos visto— sea simple. Sin embargo, el rubato desordenado e irregular que afecta ligeramente al valor de las notas, a la estructura rítmica de un motivo o pequeña célula, sólo se puede representar de forma aproximada. Estas ligeras alteraciones del valor de las notas tenían, al igual que en la expresión oral, una función comunicativa, eran parte del componente emotivo de la interpretación, del *accent pathétique*.[375]

4.1 Hugo Becker

Antes de pasar al estudio de las grabaciones de Alexander Verzhbilovich, Ludwig Lebell y otros violonchelistas, veamos cómo Becker explica excelentemente lo que nosotros hemos denominado "carácter prosódico". Primero, a través de un ejemplo del *Concierto en la menor*, op. 129, de Schumann:

---

[375] Lussy, Mathis. *Traité... Op. cit.*, p. 116.

Derivamos los principios de la agógica y de los afectos de una fuente común: la expresión personal. Hemos aprendido que cada expresión viva, ya sea con palabras o sonidos, produce un cambio en el ritmo dentro de la misma unidad métrica. Veamos un ejemplo del concierto de Schumann:

La nostalgia del romántico, que se expresa en este tema, recae sobre todo en el sol' agudo, que debe entenderse como la culminación de un delicado sentimiento de seducción [*werbenden*]. Es inevitable detenerse un poco. ¡Para ser amable, se necesita tiempo!... Pero bien se sabe que de lo sublime a lo ridículo no hay más que un paso. Un uso demasiado intensivo de los recursos expresivos puede convertir fácilmente un sentimiento delicado —que por más pasión que haya, es un sentimiento delicado— en lánguido sentimentalismo. Tal cosa ocurriría si el vibrato no se diferencia (es decir, si no se aplica un vibrato más intenso primero sobre el sol sostenido y luego sobre la nota sol' como punto culminante), o si el portamento de la nota sol' a la nota la no se hace con un diminuendo.[376]

Ahora, de forma todavía más clara y utilizando uno de sus ejercicios para el estudio de la expresión, el tercer estudio de los *Sechs Spezial-Etüden zur Förderung grösserer Leichtigkeit im Bewegungssystem des Violoncellisten*, op. 13, Becker nos dice:

p dolce

El buen resultado depende de que las tres semicorcheas que se encuentran entre las notas mantenidas (*) y (**) no se toquen completamente iguales. Las tres semicorcheas no están por sí mismas aisladas, sino que son un puente mediador entre el sentimiento [*Empfindung*] del fa sostenido' agudo y del fa sostenido una octava más grave. (...) Siguiendo la lógica musical dejaremos que el re' participe en la expresión del sentimiento junto con el primer fa sostenido'. Alargaremos un poco esta nota sin destacarla dinámicamente (¡agó-

---

[376] Becker, H. y Rynar, D. *Mechanik und Ästhetik... Op. cit.*, p. 177.

gica!) y tocaremos las siguientes dos semicorcheas un poco más indiferentes para compensar el tempo perdido.[377]

Notemos cómo en ambos ejemplos ha de alterarse el diseño rítmico para obtener un estilo más elocuente. Becker evita, al igual que Riemann, una representación musical de la alteración rítmica resultante. No tenemos duda de que, como en otros casos, si hubiera sido posible la notación de la gradación agógica de este último motivo, Becker la habría recogido en su trabajo. Así pues, de ningún modo deberíamos resumir las anteriores indicaciones de la siguiente forma:

Pero tampoco debemos tomar las modificaciones rítmicas anotadas por García —véase más arriba— como transcripciones exactas de lo que sucedía en la interpretación. Inspirados por las prácticas agógicas que podemos escuchar en los violonchelistas tardorrománticos grabados y siguiendo la explicación de Becker, sugerimos tres posibles transcripciones del compás analizado, que ilustramos siguiendo la simbología propuesta anteriormente:

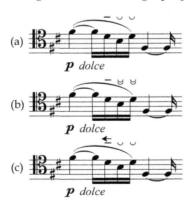

Ej. 4.8. Ilustración del carácter prosódico en la interpretación según la descripción de Becker.

---

[377] Ibíd., pp. 177-178.

Si el alargamiento del re' es muy ligero, el acortamiento de las dos últimas semicorcheas también lo será (Ej. 4.8a); pero si el alargamiento del re' es algo más pronunciado, las dos últimas semicorcheas reducirán su valor en mayor medida (Ej. 4.8b). Otra práctica común que acentúa el carácter patético de la expresión, y que se aprecia frecuentemente en los protagonistas de las primeras grabaciones, es la anticipación o el retraso de ciertas notas respecto al lugar que han de ocupar en el compás. Esto es lo que indica la flecha ← sobre el primer re' en el Ej. 4.8c. La anticipación aquí provocaría casi una subdivisión ternaria, que podría traducirse aproximadamente así:

Sirva este ejemplo de Becker como presentación de nuestra metodología para el análisis del carácter prosódico en la interpretación. No queremos, por otra parte, atribuirnos la originalidad de la misma. Este sistema ya es sugerido por algunos autores románticos que se estudiaron en el capítulo anterior, aquellos que recomendaban versificar la melodía, es decir, atribuir sílabas largas y breves a las notas para encontrar su correcta expresión. Riemann insinúa un enfoque analítico similar en sus trabajos sobre el fraseo musical, utilizando —como hemos visto más arriba— los mismos símbolos. Más recientemente, Robert Philip también ha empleado en su estudio de las grabaciones históricas la simbología de la métrica.[378] Nosotros hemos querido ir más allá, contribuyendo a precisar con mayor exactitud el sentido de las alteraciones rítmicas.

4.2 Alexander Verzhbilovich

La grabación de 1904 de la *Romance sans paroles*, op. 23, de Davidoff a cargo de Alexander Verzhbilovich (1850-1911) podemos considerarla entre las más ilustrativas del carácter prosódico en la interpretación, porque la simplicidad del diseño rítmico de las frases y del acompañamiento permiten apreciar claramente las alteraciones de los valores. El análisis agógico de los primeros 32 compases de esta pieza pone al descubierto la extraordinaria flexibilidad con la que Verzhbilovich dibuja el fraseo, sea alargando o acortando el valor de las notas, sea anticipando o posponiendo la entrada de las mismas, mientras el pianista anónimo mantiene un

---

[378] Cf. Philip, Robert. *Early Recordings and Musical Style*. Cambridge: Cambridge University Press, 1994, pp. 52, 57 y 68.

pulso por poco estricto. Sólo en algunos momentos (cc. 9-12) es menos apreciable el carácter prosódico del rubato.

Queremos reparar en el ritmo prosódico de las cuatro negras en los cc. 2-3, 10-11, 18-19 y 26-27, que es distinto en cada repetición. Casi siempre que el intervalo es ascendente se produce una ligerísima anticipación de la nota superior (cc. 6 al 7, 11, 18 al 19, y 27). En los cc. 21-22 podríamos considerar que Verzhbilovich hace rubato, en analogía con los compases 5-6; sin embargo, el acento agógico en el si con mordente (que no tuvo lugar en el compás 6) provoca que el ritenuto se adelante a la segunda parte del compás 22. Sorprendentemente, el carácter prosódico permanece mientras el efecto 'tempo rubato' se pierde. En los cc. 29-30, como el ritenuto afecta a ambos compases, verificamos un preciso tempo rubato dentro de este tempo ritenuto.

Por último, subrayar que no siempre el alargamiento va acompañado con un énfasis dinámico, como ocurre en el primer si del compás 22 o en el mi' del compás 27. Cuando el acento agógico provoca una alteración del ritmo que puede ser anotada musicalmente, así lo hemos hecho (c. 15).

El prolongado sostenimiento del fa sostenido' en el compás 31 no se trata de un acento agógico, sino de una suspensión, en el sentido retórico del término.

Ej. 4.9. Davidoff, Carl. *Romance sans paroles*, op. 23, cc. 1-32. Alexander Verzhbilovich. Grabación: 1904.

4.3 Ludwig Lebell

La segunda grabación que hemos seleccionado es la realizada hacia 1911 por el violonchelista vienés Ludwig Lebell (1872-1968), el que fuera alumno predilecto de Popper en Viena, interpretando un arreglo de la canción *Ständchen* de Schubert. Observamos que Lebell sigue con fidelidad la versión original, y las continuas modificaciones en los valores de las notas que se aprecian responderían a una expresión viva. En algunos momentos las desviaciones son tan marcadas que hemos podido anotar la alteración resultante. Por ejemplo, en el c. 7 la corchea sol' se adelanta medio tiempo para convertirse en negra; y en el c. 10 la corchea la' se anticipa considerablemente.

Aquí es interesante atender al carácter prosódico de los tresillos. Como norma, la primera corchea del grupo es la que se alarga, mientras que las otras dos reducen su valor de distinta forma, más frecuentemente siguiendo el esquema − ᵕ ᵕ . Puede que el mayor estrechamiento de la nota central de los tresillos se deba a que estas notas son bordaduras, es decir, notas accidentales o disonancias entre dos notas consonantes de la misma altura. El único tresillo que escuchamos estrictamente rítmico es el del compás 14. Por otro lado, respecto a la práctica común de alargar la primera nota de un grupo de dos o más notas ligadas, en la interpretación de Verzhbilovich (cc. 5, 13, 21 y 29) y en la teoría musical hemos estudiado bastantes ejemplos. Más adelante encontraremos algunos más.

Ej. 4.10. Schubert, Franz. *Ständchen*, cc. 1-21. Ludwig Lebell. Grabación: ca. 1911.

4.4 Análisis comparativo

Hasta este momento nos hemos reservado poner el punto de atención sobre un matiz muy importante que Manuel García atribuye a las retenciones y que es otro de los motivos principales por el cual se hace imposible establecer reglas para la aplicación de este rasgo expresivo en la interpretación: el factor azaroso en las notas que son alargadas, algo en lo que coincide Adolph F. Christiani cuando en su *Principles of expresion in pianoforte playing* (1885) señala el carácter "caprichoso y desordenado"[379] del rubato. Ahora bien, si tomamos por un lado el carácter aleatorio de muchas de las retenciones que percibimos en las interpretaciones históricas, y por otro la práctica extendida entre los intérpretes románticos —estudiada en el capítulo anterior— de versificar la melodía para encontrar su expresión adecuada (para hacerla hablar, como dijera Bériot), comprenderemos mejor la impredecibilidad de estas retenciones que se hallan en la esfera de la expresión artística e individual del sentimiento, en la medida de que cada intérprete habría encontrado las palabras adecuadas a la frase y al sentimiento que quiere expresar. Para demostrar que la retención en un grupo de notas de igual valor responde a un ritmo prosódico y, por tanto, este rasgo en el estilo adopta esquemas impredecibles, tomemos el inicio del *Träumerei*, op. 15/7, de Schumann, y veamos varias lecturas tardorrománticas del mismo, las que nos ofrecen los violonchelistas Heinrich Grünfeld, Anton Hekking, Hans Kronold y Joseph Malkin.[380] Como contrapunto también recogemos la interpretación de Pau Casals de 1915.

---

[379] Christiani, Adolph Friedrich. *Principles of expression in pianoforte playing*. Philadelphia: Theodore Presser, 1885, p. 299.

[380] Hekking sigue la edición de Grützmacher (Leipzig: Breitkopf und Härtel, s.d.), mientras los demás violonchelistas o bien interpretan su propio arreglo siguiendo el original de Schumann, o bien, que parece lo más probable, siguen la edición de Davidoff (Offenbach: André, s.d.), que se mantiene en la tonalidad original.

Ej. 4.11. Schumann, Robert. *Träumerei*, op. 15/7, cc. 1-2. Estudio comparativo del carácter prosódico en las interpretaciones de los violonchelistas Heinrich Grünfeld, Anton Hekking, Hans Kronold, Pau Casals y Joseph Malkin.

En general, en todas las grabaciones encontramos un escaso rango dinámico, característica que, en cualquier caso, no podemos considerar como se merece debido a los rudimentarios sistemas de grabación y reproducción de principios del siglo xx. Sólo Malkin parece culminar el motivo marcando el crescendo con un portamento hacia la nota que anticipa la culminación del motivo (fa' corchea del c. 2). El ritmo prosódico, en cambio, es claramente distinguible en estas grabaciones pioneras y nos permite apreciar cómo cada violonchelista de los seleccionados concibe de una manera personal las cinco corcheas que dibujan la línea melódica ascendente que forman este "motivo de compás"[381] de gesto anacrúsico (sírvanos la terminología riemanniana). Todos los violonche-listas a excepción de Casals aplican el tempo rubato, esto es, el alarga-miento y el acortamiento de las notas apenas afecta al tempo general.

El tratamiento del ritmo por parte de Grünfeld, Hekking y Kronold es llamativo por cómo llega a alterar la estructura del compás. Sin duda, la ambigüedad métrica que subyace en este inicio contribuye a una in-terpretación libre. En la transcripción comparativa que hemos realizado quizá no se aprecia con suficiente claridad la concepción fraseológica que subyace en las versiones de estos tres violonchelistas, que se podría ilustrar mejor desplazando la línea divisoria (práctica igualmente fre-cuente en los análisis musicales de Riemann). Por ejemplo, la transcrip-ción de la interpretación de Grünfeld se entendería mejor así:

Y la de Kronold de esta manera:

En ambos casos, más que una ligera modificación de los valores, tenemos una alteración rítmica del motivo de tal envergadura que, al mismo tiem-po, se transforma en otra estructura rítmica tan nítida que es posible su transcripción más o menos precisa. Queda subrayar que el diseño rítmi-co resultante en las tres versiones posee a su vez un marcado carácter prosódico y se ejecuta en un preciso tempo rubato.

Sobre el alargamiento y la reducción de los valores de las notas, re-paramos en lo impredecible de este efecto en la práctica, como si, efec-tivamente, cada violonchelista mostrara distinto sentimiento (Becker) o utilizara distintas palabras para declamar este inicio. También adverti-mos que el modo de las retenciones es diferente según sea el tratamiento del texto musical: quienes más se alejan de lo anotado por el compositor realizan retenciones más acentuadas y, por tanto, el carácter prosódico de su interpretación es más acusado (Hekking y Kronold); por el con-

---

[381] Cf. Riemann, Hugo. *Fraseo... Op. cit.*, p. 134.

trario, quienes muestran mayor fidelidad al texto efectúan retenciones más ligeras y, en consecuencia, el efecto *declamato* es menos intenso. Aun así, no podemos sacar conclusiones definitivas, ya que, como hemos visto en análisis anteriores, encontramos casos en los que, a pesar de un estricto tempo rubato y un gran respeto a la escritura musical, el carácter prosódico es marcadísimo (Verzhbilovich, Lebell, Casals). Casals en esta ocasión respeta el valor de las corcheas y toca metronómicamente los dos compases, percibiéndose su interpretación como la más moderna.

La anticipación o la posposición de las notas es lo más habitual en el marco de un tempo rubato, pero el estudio de las grabaciones históricas nos revela que estos desplazamientos altamente expresivos e inesperados también se aplican habitual y deliberadamente a ciertas notas que dan comienzo a una frase o la culminan. Este efecto acentúa todavía más el carácter poético de la expresión y aporta emotividad a la declamación instrumental. Así ocurre, por ejemplo, en las interpretaciones de Verzhbilovich (c. 19) y Lebell (c. 6). También se puede escuchar en el primer compás del *Träumerei* una ligera anticipación de la corchea mi que inicia el movimiento anacrúsico en las versiones de Grünfeld, Kronold y Malkin. Especial atención merece la lectura de Malkin, en cuya versión la anticipación de la primera corchea arrastra consigo una ligera anticipación, en la misma medida, de todas las corcheas subsiguientes, siendo mediante la dilatación de la última (fa') con lo que se consigue la compensación del tiempo perdido y con ello un modélico tempo rubato.

Estos recursos relacionados con la alteración de los valores de las notas debemos justipreciarlos únicamente desde una perspectiva tardorromántica: no debemos contemplarlos como prácticas regladas pero tampoco como manipulaciones excéntricas o deliberadamente malintencionadas. El tipo de expresión que encontramos en las primeras grabaciones muestra lo que se denominó "declamación musical" en la interpretación instrumental. Ahora no nos parece forzado establecer una analogía entre la declamación musical y la declamación poética u oratoria siguiendo la definición de Carlos Latorre: "*Declamar* es hablar con énfasis; luego el arte de la *declamación* es el arte de hablar como no se habla".[382] De esta forma, el estudio de los textos y las grabaciones nos descubre qué era para los músicos románticos la declamación musical utilizando los recursos naturales de la música. La mera lectura de lo anotado por el compositor podría corresponderse con los rudimentos o, como mucho, con una declamación inteligente, como había dicho Bülow, pero una declamación musical emotiva e impresionante debía ir más allá de

---

[382] Latorre, Carlos. *Noticias sobre el arte de la declamación: que pueden ser de una grande utilidad a los alumnos del Real Conservatorio.* Madrid: Imprenta de Yenes, 1839, p. 5.

la partitura.[383] El espíritu del énfasis declamatorio también había sido descrito por otro conservador, Luigi Forino, lo que demuestra una vez más la correspondencia entre teoría y práctica:

> Para obtener un efecto especial, estará permitido modificar el compás, anticipar o retardar una nota o algunas notas. (...) Sin duda, en la medida, como en el sonido, hay algunas pequeñas licencias, matices sutiles de un efecto exquisito que se prestan mucho para expresar las emociones de nuestro ánimo.[384]

Teóricamente, se puede intuir cómo hubiera fraseado Riemann el inicio del *Träumerei* de Schumann: realizando un stringendo con el crescendo, una ligera dilatación del valor culminante y una progresiva recuperación (aquí imperceptible) del tempo fundamental durante la fase diminuendo. En este motivo sería aplicable además la regla de dicción más elemental y primitiva, la que —según Riemann— aúna todos los elementos de intensificación de los que dispone la música: 1) intensificación del sonido: crescendo; 2) vivacidad creciente: stringendo; 3) e impulso ascendente del rasgo melódico.

La gradación agógica, que sirve para "articular plásticamente el contorno de frases y motivos",[385] sería aplicable en este caso enteramente: para animar los valores anacrúsicos y para dilatar ligeramente los puntos de apoyo rítmicos mediante un acento agógico, que en el inicio se realizaría siguiendo el modelo expuesto más arriba, es decir, correspondería al acompañamiento resolver la retención del fa sostenido del primer compás mediante la dilatación del Fa (negra) situado en el primer tiempo del bajo (véase el original de Schumann [Ej. 4.11]).

Según la teoría de la interpretación expresiva riemanniana, la agógica es el principio de la correcta interpretación, que permite clarificar las estructuras melódico-armónico-rítmicas y dibujar expresivamente los modelos que responden al binomio tensión-resolución. Riemann, pues,

---

[383] Cf. Keller, Hermann. *Fraseo y articulación*. Juan Jorge Thomas, trad. Buenos Aires: Eudeba, 1964, p. 22.

[384] Forino, Luigi. *Il violoncello, il violoncellista ed i violoncellisti*. Milano: Hoepli, 1930, pp. 289-290.

[385] Riemann, Hugo. *Fraseo... Op. cit.*, p. 147.

basa su teoría en las reglas del lenguaje musical, a pesar de que reconoce numerosas excepciones —que no atañen al ámbito de este estudio— y de que admite como imprescindible la participación del sentimiento.[386] Pero esta teoría no alcanza a definir el carácter prosódico en la interpretación, es decir, si hubiéramos seguido sus recomendaciones nunca habríamos llegado a declamar este inicio del *Träumerei* de Schumann con un espíritu romántico, de forma irregular, con un carácter poético-emocional, ya que la gradación agógica de Riemann es, eso mismo, un aumento y una disminución graduada de los valores que conforman un motivo, graduación que sólo en contadas ocasiones parece insinuarse en las grabaciones históricas, porque, ciertamente, cualquier efecto que guarde una simetría o relaciones proporcionales iría, primero, contra el principio de la irregularidad que gobernaba la expresión y, segundo, contra las reglas de la elocuencia emotiva. En definitiva, tomando la palabra declamada o cantada como modelo, comprendemos mejor los rasgos que caracterizaron la expresión romántica.

4.5 El ritmo prosódico en los adornos de la melodía

Se ha comprobado cómo el carácter prosódico impregna el cantabile de los violonchelistas y cómo parece reglamentado imprimir un ritmo prosódico a un grupo de dos, tres o más notas que, sin llevar la indicación portato (⌢ o ⇝), adornan una melodía.[387] Becker, por ejemplo, nos da indicaciones específicas para la ejecución del tema principal del adagio del *Concierto en re mayor* de Haydn: "El tema simple perdería su belleza y gravedad si no se sostienen con exactitud las semicorcheas de los dos primeros compases; por tanto es recomendable dar más arco a estos sonidos. ¡Las fusas del quinto y del sexto compás se tocan rubato!"[388]

Adagio

Ej. 4.12. Haydn, Joseph. *Concierto en re mayor*, adagio. MS, 1783, p. 19.

---

[386] Ibíd., p. 150.

[387] Hugo Becker escribe que el portato, a pesar de ser un recurso que sólo se aplica a la cantilena, no es adecuado para un estilo grande y elevado, sino que su dominio es lo ligero, lánguido y sensible, por eso frecuentemente se utiliza en conjunción con el rubato. Cf. Becker, H. y Rynar, D. *Mechanik und Ästhetik... Op. cit.*, p. 198.

[388] Ibíd., p. 230.

El rubato que con tanta viveza reclama Becker es característico en las figuraciones que adornan el canto. Puede que Becker pidiera aplicar la gradación agógica riemanniana o, más bien, que viene a ser parecido, un alargamiento de la primera nota más la consiguiente compensación del tiempo perdido, como lo escuchamos por ejemplo en el siguiente fragmento de la *Cavatina*, op. 85/3, de Joachim Raff, en la interpretación de Anton Hekking (1856-1935). En ambos adornos éste retiene ligeramente la primera de las cuatro semicorcheas (cc. 13 y 15) y aligera las otras tres siguiendo el esquema — ◡ ◡ ◡ .

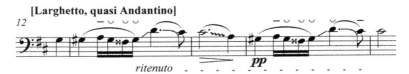

De forma similar, Hans Kronold (1872-1922) en su versión del "O du mein holder Abendstern" del *Tannhäuser* de Wagner, alarga la primera de las cuatro notas de este grupeto:

Casals, en la primera melodía hebrea (cc. 9-16) del *Kol Nidrei*, op. 47, de Bruch, toca, la primera vez, las cuatro semicorcheas sin alterar su valor, pero en la repetición de la misma realiza un alargamiento de la primera y tercera semicorcheas. Por otro lado, queremos destacar que Casals consigue imprimir a este recitativo un marcado carácter prosódico gracias, entre otros recursos, a la retención de las corcheas acentuadas.

En otros adornos del canto, ya se agrupen más o menos notas, parece observarse el mismo proceder, esto es, el alargamiento de la primera nota. En la mencionada grabación de la *Cavatina* de Raff nos encontramos el siguiente grupo de seis notas que en la lectura de Hekking adopta un carácter prosódico. El seisillo, además, lleva implícito en su escritura un portamento anticipado (semicorchea do sostenido'). Como habría de esperarse, Hekking aplica aquí este recurso expresivo y refuerza su efecto alargando ligeramente la semicorchea en la que culmina el portamento.

Sin ánimo de establecer reglas, se puede concluir coherentemente que los intérpretes tardorrománticos suelen alargar: 1) las notas que caen en las principales subdivisiones del compás, 2) las notas que cumplen la función de apoyaturas y 3) la primera nota en los grupos de notas secuenciales. Así, en compases de subdivisión binaria las notas de los adornos suelen modificar su valor según el pie métrico del troqueo (− ⌣) o del primus paeon (− ⌣ ⌣ ⌣); y si la subdivisión es ternaria, del dáctilo (− ⌣ ⌣). No obstante, se aprecian otros esquemas que habrían de adaptarse al número de notas que forman los adornos, al tempo, al carácter y, en general, a la contextura de la melodía. Para no llevar a confusión, nos gustaría ahora poner la atención sobre dos puntos. En primer lugar, sobre el hecho de que los alargamientos no se dan siempre sobre la primera nota de una ligadura. Esto lo pudimos comprobar en el análisis de la interpretación de Verzhbilovich. En segundo lugar, sobre el hecho de que el alargamiento no se relaciona exclusivamente con los grupos de notas que tienen el mismo valor, sino que se da también en esquemas que pueden ser más o menos irregulares. Casals nos da un buen ejemplo de ello en los primeros compases de *Romance* de Anton Rubinstein, donde descubrimos la amplia paleta de sutiles matices que admitía la administración expresiva de los valores de las notas, algo que apreciamos mejor si comparamos los compases donde se da siempre el esquema rítmico ♩♫. Pues bien, en el primer y segundo compás se produce el alargamiento del valor ya de por sí más grande, la negra, en detrimento del valor de las corcheas. Recordemos que este efecto ya fue atestiguado por L. Mozart (Ej. 4.3). Y en el compás 13, Casals acorta el valor de la negra para alargar por anticipación la primera corchea, nota armónicamente importante. Con esto queremos demostrar nuevamente que el carácter prosódico es un rasgo general que impregna la interpretación y que no siempre responde a reglas o esquemas prefijados.

5. Pau Casals *dixit*

Si el tema del *Kol Nidrei* es un ejemplo excepcional del carácter prosódico aplicado por parte de Casals a un recitativo de marcado temperamento rapsódico, el que recogemos a continuación es otro ejemplo de ese mismo carácter prosódico aplicado a una melodía cantabile, que se puede presentar como una lección magistral de elocuencia emotiva. Se trata de la pieza *Když mne stará matka zpívat, zpívat učívala* ('Canciones que mi madre me enseñó a cantar'), op. 55/4, de Dvořák, que Casals grabó en 1929 en Barcelona junto al pianista Blas Net. Esta pieza resume la mayoría de las prácticas que se pueden apreciar en los violonchelistas pertenecientes a la tradición tardorromántica:

1. El empleo de un tempo rubato estricto (cc. 9-10, 13-14, 18-19, 29-30, 33-34 y 38-40).
2. Una gradación agógica que sacrifica los valores establecidos en favor de un ritmo de carácter prosódico e irregular (cc. 9-10 y similares). En los cc. 13, 29 y 33-34, en vez de producirse un acento agógico sobre la primera corchea, el ritmo ♩♫ se convierte casi en un tresillo de negras: la subdivisión ternaria del acompañamiento perturba la subdivisión binaria de la melodía, lo cual permite incrementar la irregularidad, el *accent pathétique*. Este mismo rasgo se observa en la interpretación del *Ave Maria* (grabación de *ca.* 1916) a cargo de Hollman.
3. La práctica habitual, aunque se observan otras posibilidades, de dar el acento agógico a la primera nota en los grupos de dos y tres valores iguales.
4. El carácter prosódico se realza cuando la gradación agógica se combina con el portamento, ya que mediante este último se busca imitar las inflexiones de la voz humana (cc. 18, 31, 35 y 38). También se puede observar el efecto de esta combinación en la melodía del *Kol Nidrei*.
5. La anticipación expresiva de ciertas notas de gran importancia estructural (cc. 19, 23 y 39).
6. El retraso expresivo de ciertas notas (sol' del compás 21).
7. La anticipación expresiva (dislocación) del bajo respecto a la melodía. Este recurso expresivo lo podemos apreciar en la ejecución del pianista Blas Net, quien anticipa el bajo al comienzo de cada compás, por ejemplo, en el breve interludio que conduce a la repetición del tema.
8. La utilización explícita de —y el énfasis en— efectos vocales propios del canto (portamento, en cc. 19 y 41-42, o doble portamento, en cc. 11 y 15) y de una declamación poético-afectiva (portato en cc. 29-31, 35, 42 y 44).

Ej. 4.13. *Dvořák, Anton. Když mne stará matka zpívat, zpívat učívala*, op.55/4. Pau Casals. Grabación: 1929.

Las grabaciones demuestran cómo Casals sigue recogiendo en su estilo un gran número de prácticas románticas derivadas de la prosodia de la palabra, pero también sus declaraciones prueban la naturaleza de estas prácticas. En una discusión sobre la interpretación del Trío del segundo movimiento de la *Sonata en mi menor* de Brahms, Casals apuntó que las corcheas en movimiento continuo no podían ser iguales, ni en cuanto a la dinámica ni en cuanto al valor de las notas, lo cual convertiría la interpretación en monótona, recomendando con estas palabras lo que hemos denominado carácter prosódico:

> Tienes que aprender el arte de no tocar en tempo, y el arte de no tocar tal como está escrito. (...) Cada nota en el Trío debe hablar, hay que atreverse a cambiar el valor de las corcheas, ¡ellas no deben ser iguales![389]

Ej. 4.14. Brahms, Johannes. *Sonate n.º 1*, op. 38, Allegretto quasi Menuetto. Berlin: Simrock, s.d. [1866], p. 12.

He aquí el mismo espíritu que hemos notado en tantas autoridades románticas y, análogamente, en Latorre: si éste nos decía que el arte de la declamación es hablar como no se habla, Casals nos dice que debemos aprender el arte de no tocar como está escrito y, aunque no cita la declamación, atribuye la alteración de los valores al lenguaje hablado. Este es, sin duda, uno de los elementos más importantes —insistimos— de lo que en la segunda mitad del siglo XIX se había denominado declamación musical.

6. Final

El carácter prosódico es el término que hemos propuesto para designar las alteraciones de los valores de las notas. Este es el rasgo más fascinante que muestran los intérpretes tardorrománticos registrados fonográficamente, rasgo que ha de relacionarse con una concepción vocal del cantabile instrumental. Por tanto, esta irregularidad 1) no es producto del capricho del músico, 2) ni responde exclusivamente a un deseo de destacar las notas estructuralmente importantes dentro del fraseo, 3) como tampoco es un fenómeno que pueda explicarse, sin más, mediante el tempo rubato, sino que ha de asociarse a una forma de comunicar la música vinculada a la expresión oral de la palabra, ya sea ésta cantada,

---

[389] Roettinger, Ida. *Head, hand and heart*. Ann Arbor: Shar Products, 1994, pp. 75 y 81.

declamada o hablada. Contamos con cuatro argumentos centrales que vendrían a sostener esta hipótesis:

1. La constante recomendación de imitar la voz humana: A lo largo del siglo XIX constantemente se recomienda en los tratados instrumentales la imitación de los rasgos de la voz humana. A pesar del estatus alcanzado por la música instrumental con la llegada del romanticismo, la voz continuará siendo la madre, el instrumento más perfecto, el modelo que seguir.

2. El marcado carácter prosódico del canto: Romberg, Castil-Blaze, Dumour, Cordero y, sobre todo, Manuel García, son autores que hablan del marcado ritmo prosódico que tenía el canto en el siglo XIX. García, en su importante método de canto de 1856, afirma literalmente que las sílabas largas siempre dominan el canto. Además, lo cual es muy revelador, recomendaba a los alumnos recitar versos a la manera del canto llano para obtener así el alargamiento de la voz sobre las sílabas largas. En consecuencia, si los virtuosos quisieron imitar los rasgos de la voz en el canto, tuvieron que haber adoptado también el carácter prosódico que tenía éste.

3. Las referencias continuas a la interpretación instrumental como declamación: Declamar correctamente una melodía era darle vida, era —como dijeran Romberg, Baillot y otros autores— introducir los matices, las luces y las sombras, pero era también sentir el ritmo musical como el ritmo poético. Para comprender esta realidad es fundamental entender, primero, que la poesía en el siglo XIX era un arte oral, temporal, al igual que la música, y compartía con ella los mismos escenarios; segundo, que la poesía se cantaba siguiendo una serie de fórmulas entonacionales, por lo que los límites entre el canto y la poesía pudieron llegar a ser, en algunos casos, muy difusos; y tercero, la importancia que tenía en la declamación poética la métrica, es decir, la diferenciación de las sílabas largas y breves. Consiguientemente, la declamación poética y el canto pudieron tener en el siglo XIX más lugares comunes de los que hoy en día seamos capaces de imaginar. El alcance de este parentesco sobre la interpretación instrumental es algo que ampliamente se ha discutido en el tercer capítulo de esta obra.

4. La práctica de versificar la melodía: El último argumento, muy importante y que conectaría con todo lo que se ha dicho hasta ahora, sería la práctica de versificar la melodía, una práctica que podríamos considerar pedagógica, porque para conseguir que la melodía instrumental adquiera un carácter vocal se necesita el auxilio de la palabra, es decir, es necesario versificar la melodía, algo

que —como dijeran Joachim y Moser— se hace colocando un texto cuyo pie métrico coincida con el ritmo musical de la melodía a interpretar.

Hemos podido comprobar, retrocediendo hasta mediados del siglo XVIII, que la alteración de los valores de las notas venía siendo uno de los rasgos más importantes en la interpretación musical. Se entenderá ahora por qué hemos evitado la utilización del término *tempo rubato*, que, de haberlo empleado, tendríamos que haberlo despojado primero de su significación moderna, y, después, lo que es más importante, tendríamos que haber evitado dar la impresión de que fue un recurso expresivo ocasional, cuando, al contrario, fue un elemento intrínseco del cantabile, porque pertenecía al lenguaje de la música en la forma en la que ella se comunicaba, se manifestaba como arte temporal: la interpretación era declamación musical. Por otra parte, la denominación *tempo rubato* se sigue prestando a gran ambigüedad y a varias interpretaciones relacionadas con el movimiento, por eso se han utilizado los términos *ritmo prosódico* y *carácter prosódico*, para evitar la confusión con el rubato y denotar el vínculo lingüístico y poético que tenían estas alteraciones; porque el verdadero motivo de las mismas era interpretar cantando, declamando o *parlando*, asumiendo el ritmo acentual de la palabra en detrimento del ritmo musical establecido en el texto musical, algo sustancialmente perceptible —como se ha estudiado— en motivos de valores iguales; y porque el carácter prosódico entendido como la gradación agógica irregular de un compás o motivo, con sus sutiles e impredecibles modificaciones de los valores y sus consecuentes alteraciones rítmicas imposibles de anotar musicalmente, más aún cuando van asociadas al portamento y a las fluctuaciones del tempo a gran escala, parece tener sus raíces en el ritmo acentual de la palabra ficticia que pudiera haber asumido la melodía a declamar. No obstante, el carácter prosódico emerge a veces como una mágica realidad que se nos escapa. Recordemos las palabras de Leopold Mozart cuando escribía en su *Violinschule* que "el tempo rubato puede ser mejor mostrado que descrito",[390] lo que evidencia que es un rasgo difícil de aprehender con palabras y que pertenece a la música en su existencia temporal. A pesar de nuestros intentos por mostrar gráficamente los ínfimos cambios en los valores de las notas, lo más concreto de un compás o motivo siguen siendo los valores musicales que lo constituyen, y así —hemos visto— con sus limitaciones. Arthur Broadley, a finales del XIX, advertía a los alumnos sobre la dificultad de transferir sobre una partitura los pensamientos musicales que se encuentran ocultos en la mente del compositor: "Escribir las notas es la simplicidad en sí misma,

---

[390] Mozart, Leopold. *Versuch... Op. cit.*, p. 267.

pero es imposible escribir una melodía de modo que aparezca en ella cada inflexión en la intensidad del sonido, cada ligero cambio de tempo, y más que esto, el sentimiento exacto que la música debe transmitir".[391]

Sería aventurado precisar cómo hubieran sido las alteraciones del movimiento a nivel microtemporal en el estilo interpretativo de Beethoven, Czerny, Romberg, Dotzauer, Baillot o Spohr; sin embargo, podemos decir —como ya se concluyó en parte en el capítulo anterior— que el carácter prosódico tuvo que estar muy arraigado en estos intérpretes, posiblemente mucho más que en los músicos tardorrománticos estudiados. Con más rotundidad se podría afirmar que matiz dinámico y matiz agógico iban de la mano y ambos se encontraban en el mismo nivel de importancia en la expresión.

Podríamos seguir analizando grabaciones para darnos cuenta de que es difícil establecer una teoría fija para las gradaciones agógicas, ya que cada frase, motivo o célula, en una nueva interpretación, podría haber adoptado una forma diferente de expresión. Resulta imposible establecer reglas porque el modelo es la misma palabra bajo la impresión viva e individual del sentimiento que brota en el momento de la declamación. Querer estandarizar la expresión es problemático y al mismo tiempo contradictorio, aún más cuando los modelos que inspiraron a los intérpretes románticos pertenecen, al igual que el arte de la interpretación, a una estética de comunicación audiovisual pasada, inasible e irrecuperable. Que existan esquemas (contextos armónicos, figuraciones melódicas, patrones rítmicos) que lleven asociados ciertas pautas de alargamiento y reducción tampoco implica que se puedan establecer reglas fijas de cara a su aplicación práctica. Basta recurrir a las interpretaciones de los músicos tardorrománticos para persuadirnos de esta imposibilidad. Aun así, hemos visto que los esfuerzos en el ámbito teórico por parte de Johann Joachim Quantz, Leopold Mozart, Daniel Türk, Manuel García, Hugo Becker, Hugo Riemann, Joseph Joachim y otros autores fueron considerables. Nosotros, arrastrados por el mismo afán, también hemos querido comprender algo mejor este fascinante rasgo del canto instrumental, común a todos los virtuosos románticos, el carácter prosódico.

---

[391] Broadley, Arthur. *Chats to 'cello students*. London: The Strad, Donajowsky & Duncan, 1899, p. 95.

El vibrato

En una melodía compuesta por un determinado número de notas, no todos los grados tienen la misma importancia. Para una interpretación hermosa y clara, las notas armónicamente más importantes, que suelen caer en la parte más fuerte del compás, requieren un vibrato más intenso que las demás; gracias a esto último se acentúan, en cierto modo se exponen, y con ello se favorece significativamente un buen fraseo.[392]

Hugo Becker, 1929

En este capítulo estudiaremos el tradicional vibrato de la mano izquierda y su evolución a lo largo del siglo XIX. Adelantamos que lo dicho en esta materia por los violonchelistas en la primera mitad del siglo XIX es significativo, pero no adquiere la relevancia, por ejemplo, de las valiosas reflexiones de los violinistas Spohr y Baillot, lo que demuestra, una vez más, que el violonchelo todavía no había alcanzado un estatus comparable al del violín. En el primer capítulo ya se han dado algunos testimonios sobre el uso del vibrato por parte de los violonchelistas románticos. El vibrato se ha utilizado allí principalmente como elemento diferenciador de escuela. Ahora nos centraremos sobre todo en definir la actitud de los violonchelistas hacia este recurso, en analizar la evolución de dicha actitud y en examinar la relevancia que fue adquiriendo en la expresión a lo largo del romanticismo. Se comprobará en este recorrido que los violonchelistas, especialmente los tardorrománticos, citan con frecuencia —en algún caso plagian— las aportaciones realizadas por los violinistas, por lo que nuestro acercamiento a los tratados de violín será inevitable.

---

[392] Becker, Hugo, y Rynar, Dago. *Mechanik und Ästhetik des Violoncellspiels.* Wien: Universal, 1971 (1.ª ed. 1929), p. 202.

El primer método que hace referencia al vibrato en el violonchelo —que tengamos constancia— es el *Anleitung zum Violoncellspiel* (1802) de Joseph Alexander:[393]

> El vibrato (tremolo), que se realiza oscilando rápidamente el dedo cuando pisa la cuerda, permite realizar una variación sucesiva en fuerza y debilidad, en altura y gravedad, del sonido. Se especifica de la siguiente manera sobre la nota:[394]

Es interesante observar que esta definición parece contener, al mismo tiempo, los dos tipos de vibrato que coexistieron en la época: el vibrato de arco, que implica una ondulación en la intensidad del sonido y se realiza mediante la regulación de la presión del arco (aunque la referencia al arco por parte de Alexander no es explícita); y el vibrato de la mano izquierda, que implica una ondulación en la altura del sonido y se obtiene mediante la oscilación del dedo que pisa la cuerda. Sobre el vibrato de arco u *ondulé*, aspecto concerniente a la técnica de la mano derecha, sólo apuntaremos que este antiguo recurso expresivo estuvo vigente en los instrumentos de cuerda más allá del ecuador de la centuria y vinculado a varios efectos muy del gusto de los virtuosos dramáticos.

1. Revisando la actitud hacia el vibrato en la primera mitad del siglo XIX

El estudio del vibrato seguirá una perspectiva generacional. Así, después de la primera aportación de Joseph Alexander, abordaremos el legado de Bernhard Romberg, si bien su referencia al vibrato tiene lugar después de las de Dotzauer y Kummer.

Romberg postula que, en general, "todo se destaca menos en las notas cortas que en las notas largas, tanto en el tempo lento como en el rápido".[395] Estas palabras parecen insinuar que es en las notas largas donde

---

[393] El ejemplar consultado se halla en la Bayerische Staatsbibliothek München. Nuestro agradecimiento al doctor Uta Schaumberg, del Departamento de Música. Por otro lado, la datación del método de Alexander ha sido posible gracias a la documentación facilitada por Andreas Sopart, del archivo histórico de la editorial Breitkopf & Härtel en Wiesbaden. Cf. *Verzeichnis von Musikalien, welche bey Breitkopf & Härtel in Leipzig zu haben sind*, N.º 1. Leipzig: s.d., p. 58.

[394] Alexander, Joseph. *Anleitung zum Violoncellspiel*. Leipzig: Breitkopf und Härtel, s.d. [1802], p. 35.

[395] Romberg, Bernhard. *Violoncell Schule*. Berlin: Trautwein, s.d. [1840], p. 127.

deben aplicarse los recursos para dar expresión, aunque al mismo tiempo no descartarían que cierta dosis de expresión pudiera recaer también sobre algunos valores breves. En lo que atañe al vibrato, Romberg ni lo recomienda explícitamente en los valores largos, ni tampoco parece que lo hubiera tolerado en los valores breves.

> El *tremolo* se produce doblando el dedo con el cual se tomó un sonido, en varias repeticiones y por un movimiento muy rápido, alternando adelante y atrás. Empleado raramente y apoyado con un arco vigoroso, da fuego y vida al sonido; pero es sólo al principio que hay que hacerlo, y no prolongarlo durante toda la duración de la nota.[396]

La versión francesa de la *Violoncell Schule* omite las siguientes palabras de Romberg, probablemente —estamos de acuerdo con Kennaway— debido a la más que probable aceptación del vibrato en Francia: "En otra época nadie podía hacer un sonido, incluso siendo éste de poca duración, sin hacer temblar [*beben*] constantemente el dedo, lo que produjo una verdadera miseria de música".[397] Romberg no es el único autor que atestigua que el vibrato había caído en desuso durante la época clásica, al menos en el ámbito germano. Friedrich Dionysus Weber escribe: "Este efecto [*Modifikation*], que realmente aporta algo suave y conmovedor al sonido, se usaba antes, especialmente en los instrumentos de arco, con mucha más frecuencia que en nuestros días".[398]

La exigencia de tener que ejecutarse rápidamente, con un apoyo vigoroso del arco y al comienzo de la nota, demuestra que Romberg concibió el vibrato principalmente como un asistente para la acentuación. Por otra parte, el hecho de que el vibrato tenga lugar sólo al comienzo de la nota descartaría la práctica del vibrato continuo, práctica que —según hemos visto— puede que se hubiera dado con anterioridad. Es cierto que la actitud de Romberg hacia el vibrato es reservada, pues lo recomienda raramente, pero al mismo tiempo creemos que es positiva —al contrario de lo que apuntan autores como Walden o Kennaway— ya que, utilizando sus mismas palabras, infunde "fuego y vida al sonido". Más bien, nos parece que Romberg considera el vibrato como un recurso preciado y de gran efecto cuando se usa con criterio, de la misma forma que el portamento. Que no lo recomiende frecuentemente no pensamos que sea, en sí misma, una actitud negativa, sino

[396] Romberg, Bernhard. *Méthode de violoncelle.* Paris: Henry Lemoine, s.d. [*ca.* 1840], p. 84. // Romberg, Bernhard. *Violoncell Schule... Op. cit.*, p. 85.

[397] Romberg, Bernhard. *Violoncell Schule... Op. cit.*, p. 85.

[398] Weber, Friedrich Dionysus. *Allgemeine theoretisch-praktische Vorschule der Musik.* Prag: Marco Berra, 1828, p. 110.

una actitud acorde con la estética de su tiempo. Romberg anota el vibrato en su tratado en tres momentos,[399] los cuales están en consonancia con sus propias prescripciones. En otro apartado de su *Violoncell Schule*, en los consejos para la interpretación del Allegro con fuoco (Ej. 5.1), Romberg vuelve a insistir en los mismos términos: "El vibrato no debe prolongarse durante toda la duración de la nota, de lo contrario perdería completamente su propósito; éste debería dar al tono sólo más fuerza y no ocupar más de un tercio de su valor".[400]

Ej. 5.1. Romberg, Bernhard. "Allegro con fuoco". En: *Violoncell Schule*. Berlin: Trautwein, s.d. [1840], p. 90.

Ej. 5.2. Romberg, Bernhard. "Adagio arioso". En: *Violoncell Schule*. Berlin: Trautwein, s.d. [1840], p. 94.

Ej. 5.3. Romberg, Bernhard. *Concertino*. Introduzione-Lento cantabile. En: *Violoncell Schule*. Berlin: Trautwein, s.d. [1840], p. 101.

Revisando la aportación de Dotzauer al vibrato de la mano izquierda, tenemos que detenernos también a observar los matices que encontramos

---

[399] Y no dos, como afirma Kennaway. Cf. Kennaway, George William. *Cello techniques and performing practices in the nineteenth and early twentieth centuries*. Tesis doctoral. University of Leeds, School of Music, 2009, p. 179.

[400] Romberg, Bernhard. *Violoncell Schule... Op. cit.*, p. 89.

en las dos versiones que incorpora la edición francesa de su método, textos que presentan ligeras diferencias. Comencemos por la traducción-interpretación francesa, más extensa:

> En los sonidos largamente sostenidos se aplica algunas veces (sobre todo los profesores italianos) una especie de vibración (Tremolo) o temblor, que se efectúa inclinando el dedo que está puesto sobre la cuerda de un lado al otro con poca rapidez.[401]

Mientras que en el texto alemán se dice que:

> En los sonidos sostenidos algunos solistas tienen la costumbre de vibrar (*Tremolo*), es decir, agitar [*wiegt*] el dedo hacia adelante y hacia atrás.[402]

La definición alemana del vibrato, que correspondería a la originariamente dada por Dotzauer, da a entender cierta generalización del vibrato en los sonidos sostenidos, esto es, en la cantilena, y sólo en la interpretación solista; mientras que la versión francesa nos dice que sólo se aplica en ciertos momentos y en valores muy largos. La definición francesa (no sabemos con certeza si con el beneplácito del propio Dotzauer) concreta además que la oscilación del vibrato no sería muy rápida, algo lógico teniendo en cuenta su aplicación a sonidos "largamente sostenidos". Esto, junto a la referencia a los profesores italianos, vincularía el vibrato *francés* de Dotzauer con el vibrato plácido típico del bel canto italiano en una época en la que todavía no se había generalizado el vibrato excéntrico de los virtuosos. Dotzauer no habla de que estos sonidos puedan ser de mayor intensidad o acentuados, lo cual exigiría, como dice Romberg, una oscilación más rápida del vibrato. Por tanto, observamos en ambos violonchelistas concepciones del vibrato totalmente opuestas. Romberg, reconociendo que alguna vez se practicó un vibrato continuo, utiliza el vibrato sólo como asistente de la acentuación, de ahí que recomiende un vibrato más rápido y de corta duración al comienzo de la nota, aunque realmente en ningún momento llega a prohibirlo en la cantilena. En cambio, Dotzauer parece aceptar el vibrato exclusivamente "en los sonidos sostenidos". Si atendemos a la terminología utilizada por ambos violonchelistas, la actitud de Romberg hacia el vibrato nos parece más positiva que la de Dotzauer, también por las palabras que usa: fuego y

---

[401] Dotzauer, J. J. F. *Méthode de violoncelle*. Mayence: Schott Editeurs, s.d. [1825], p. 47.
[402] Ibíd.

vida [Feuer und Leben],[403] dando a entender que, si bien el vibrato se trata de un adorno, potencia la acentuación extraordinariamente. Además, al decir "algunos solistas", Dotzauer transmite cierta ambigüedad, como si la práctica del vibrato no fuera de su gusto. La forma de entender el vibrato de Friedrich August Kummer (1797-1879) se antoja algo más moderna, pues sitúa el vibrato no entre los adornos, sino entre los aspectos relacionados con las cualidades del sonido y la expresión. No obstante, Kummer no se muestra mucho más efusivo con el efecto y parece calcar la definición francesa del vibrato que encontramos en el método de Dotzauer, pero aportando algo que éste no decía y sí Romberg: "el vibrato puede dar a veces a un tono más expresión y brillantez [*Ausdruck und Glanz*]".[404] Kummer, desde una postura más avanzada, parece haber reunido en la suya las definiciones de Romberg y Dotzauer, aunque sabemos que publicó su tratado un año antes que un septuagenario Romberg. Reproducimos el ejemplo de Kummer sobre el vibrato (Ej. 5.4), no sin dejar de apuntar que las transcripciones del mismo realizadas tanto por Walden[405] como por Kennaway[406] en sus respectivos trabajos, o son incompletas, o contienen erratas respecto al original, lo cual puede haber conducido a conclusiones erróneas. En el *Estudio n.º 68* (Ej. 5.5)[407] se observa una aplicación del vibrato ocasional, más acorde con las indicaciones dadas por Romberg. Kummer sitúa el vibrato en las apoyaturas, notas que demandarían un mayor énfasis (a excepción de la blanca del tercer compás que, por su analogía con la del primero, quizá podría haberse entendido sin vibrato).

Ej. 5.4. Kummer, F. A. *Violoncell-Schule*, op. 60. Leipzig: Hofmeister, s.d. [1839], vol. I, p. 28.

---

[403] Romberg, Bernhard. *Violoncell Schule... Op. cit.*, p. 85.

[404] Kummer, Friedrich August. *Violoncell-Schule*, op. 60. Leipzig: Hofmeister, s.d. [1839], vol. I, p. 28.

[405] Cf. Walden, Valerie. *One hundred years of violoncello. A history of technique and performance practice, 1740-1840.* Cambridge: Cambridge University Press, 1998, p. 212.

[406] Cf. Kennaway, George William. *Cello techniques... Op. cit.*, p. 185.

[407] Recogido con errores por Kennaway en su tesis doctoral. Cf. Ibíd, p. 186.

Cantabile grazioso

Ej. 5.5. Kummer, F. A. "Estudio n.º 68". En: *Violoncell-Schule*, op. 60. Leipzig: Hofmeister, s.d. [1839], vol. II, pp. 38-39.

2. El vibrato en la práctica a mediados del siglo XIX

Ni los textos estudiados anteriormente ni los que se verán a partir de ahora reflejan lo que ocurrió en la práctica, a saber, que el vibrato en los instrumentos de cuerda se fue generalizando hasta lo que se conoce como *vibrato continuo*, práctica que se reconoce pero sólo para ser objetada.[408] Esta generalización puede que se iniciara hacia los años treinta y cuarenta, cuando el vibrato ya no se utiliza en los términos expresados por Romberg, Baillot o Dotzauer, como recurso expresivo para resaltar, dar acento o color a una nota determinada, sino que pasa, gracias al uso abusivo y generalizado que imponen los nuevos virtuosos, a impregnar todo un cantabile. Brown afirma que en la segunda mitad del siglo un número cada vez mayor de instrumentistas incorpora el vibrato de forma más prominente de lo que reconocen los autores de la época.[409] Decimos más, parece probable que a mediados del siglo XIX el vibra-

---

[408] Asumimos que el concepto de *vibrato continuo* es flexible y puede tener varias matizaciones en cuanto a la extensión y la continuidad en su aplicación.

[409] Cf. Brown, Clive. *Classical and Romantic Performing Practice, 1750-1900*. New York: Oxford University Press, 2002, p. 533.

to hubiera sido adoptado, de una forma u otra, por la mayoría de los intérpretes, al menos en la cantilena. El violinista Spohr muestra una amplia aplicación del vibrato en su *Violinschule* (*ca.* 1832), considerando el dominio de este recurso expresivo como uno de los cuatro requisitos fundamentales para alcanzar un estilo elevado [*schönen Vortrag*]: "El vibrato en sus cuatro gradaciones".[410] Sin embargo, parece ser que fueron los virtuosos de la escuela dramática, entre ellos los intérpretes más cercanos a la estética de salón, los que extendieron el vibrato en la interpretación, exagerando y abusando de este recurso tanto como de los demás. Los testigos de este cambio afirman que el fenómeno fue puesto de moda por Paganini y Rubini. Tras el debut parisino de Paganini en 1831, decía Fétis:

> Un cierto efecto, entre los que no hablaron en absoluto los periodistas y los músicos alemanes que habían escrito sobre Paganini, es el de una vibración trémula de la cuerda que emplea frecuentemente cuando canta, y que le es particular. Este efecto se acerca sensiblemente a la voz humana, sobre todo sobre las tres últimas cuerdas. Por desgracia, frecuentemente une a esto un movimiento deslizante [*glissé*] de la mano que tiene analogía con aquel arrastre de la voz que se censura con razón en el método de algunos cantantes, y que no es de buen gusto.[411]

Por otro lado, Julian Mayne Young relata que el mal gusto se extendió en el público parisino y los jóvenes aficionados, cautivados por el vibrato de Rubini, "lo aplicaban a todas las canciones que cantaban, aunque no hubiera nada en las palabras que justificara su introducción".[412] Henri Blanchard, comentarista habitual de la *Revue et Gazette musicale de Paris*, fue otro testigo de excepción de la evolución y cambio de actitud de los virtuosos hacia el vibrato. Éste exclamaba en 1840 (precisamente el mismo año que Romberg publicaba su método):

> El temblor o *tremolo*, inventado por Rubini, imitado por Batta en el violonchelo en favor del bello sexo, perfeccionado por Bériot, y que nos desespera verlo introducido en la enseñanza del piano y reducido a proporciones matemáticas por Kalkbrenner.[413]

---

[410] Spohr, Louis. *Violinschule*. Wien: Haslinger, s.d. [1832], p. 196.

[411] *Revue Musicale*. Paris: Au Bureau du Journal, 12 de marzo de 1831, p. 42. Firmado por Fétis.

[412] Young, Julian Mayne. *A memoir of Charles Mayne Young, tragedian*. London & New York: Macmillan, 1871, vol. I, p. 88.

[413] *Revue et Gazette Musicale de Paris*. Paris: Bourgogne et Martinet, 10 de diciembre de 1840, p. 604. Firmado por Henri Blanchard.

El mismo Blanchard definió el vibrato de Batta de esta manera:

> [Batta] el cantor instrumental por excelencia, el melodista sensible e impresionante. Alguna gente de un gusto un poco difícil, no obstante, sus propios amigos, desearían que no afeccionara tanto, *il suono vibrato, simile al canto d'una vecchia donna*. Sea como fuere, tocó muy bien dos bellos dúos para piano y violonchelo sobre motivos de *Lucrezia Borgia* y de *La Favorita* que ha compuesto en colaboración con el señor Wolff; luego, los *Souvenirs de 'La Muette'*, que no tienen nada de revolucionarios, "Une fièvre brûlante" de *Richard Coeur-de-Lion*, y el *Ave María* de Schubert.[414]

Comprobamos efectivamente cómo todos los recursos pasaron por el tamiz de la nueva estética interpretativa y también cierta indulgencia por parte de Blanchard hacia los excesos de Batta. El violinista Bériot dijo que aquellos que abusaban del portamento también lo hacían del vibrato, lo cual podría sugerir que aquellos violonchelistas que hicieron un uso más prominente del portamento, como es el caso de Grützmacher, aplicaron el vibrato en mayor medida de lo que podríamos presuponer. Las grabaciones históricas, empero, no corroboran que esto tuviera que haber sido siempre así, ya que el portamento disfrutó de mayor aceptación como recurso expresivo, especialmente en el violonchelo.

> Casi todos los violinistas que hacen un uso demasiado frecuente del portamento abusan de los *sons vibrés*; un defecto atrae al otro. La afectación que trae consigo el empleo de estos elementos hace la interpretación del artista amanerada, exagerada, pues da a la pieza más expresión de la que en verdad le corresponde.[415]

Como contrapunto, veamos la impresión que causó en un recensor italiano la ausencia de dramatismo en el estilo belcantista de Gaetano Antoldi, interpretando en 1834 el papel de Signor Conte en la ópera *La Sonnambula* de Bellini. Es interesante observar aquí la relación entre el canto sostenuto y el vibrato que se asocia a este tipo de canto: "Antoldi tiene una voz hermosa y robusta, pero su método de *canto sostenuto* y vibrato no es adecuado al tema [de la ópera], ni menos a su acción, que puede ser compatible con todo lo *heroico*, pero no con lo *cómico*".[416] Este

---

[414] *Revue et Gazette musicale de Paris*. Paris: Bourgogne et Martinet, 30 de abril de 1843, p. 150. Firmado por Henri Blanchard.

[415] Bériot, Charles de. *Méthode de violon (Método de violín)*, op. 102. Paris: Schott, s.d. [1858], vol. III, p. 242.

[416] *L'Eco, giornale di scienze, lettere, arti, mode e teatri*. Milano: Paolo Lampato, 7 de octubre de 1834, p. 496.

testimonio nos revela que un cambio estético se está produciendo y que el vibrato plácido y ocasional no está acorde con las exigencias dramáticas de la nueva música y las demandas del público cosmopolita.

Mayor fuerza y dramatismo en la expresión era lo que, quizá, estaba buscando Alfredo Piatti cuando situó el símbolo del vibrato en su pieza *L'abbandono*, op. 1 (1842).[417] La imagen que tenemos de Piatti no es la de un virtuoso de la nueva escuela. Si no tuviéramos más datos de este violonchelista,[418] habríamos afirmado rotundamente que la suya es una indicación que reclama el emergente vibrato de la mano izquierda, pues podemos considerar el símbolo ⋙ como el comúnmente aceptado por los intérpretes románticos para anotar el vibrato en una partitura. Los virtuosos escribían música para su propia gloria, música que adornaban con los recursos técnicos y expresivos que mejor se acomodaban a su estilo y que mejor permitían su lucimiento, así que puede que el joven Piatti poseyera un vibrato de gran efecto en este tipo de pasajes dramáticos, especialmente en la difícil configuración de la mano en octavas. Nuestra afirmación se vería reforzada al ver cómo Piatti emplea en esta pieza otras técnicas de expresión propias de la escuela dramática, que podrían haber encajado con el espíritu de un joven virtuoso de veinte años. La pieza (un andante melanconico) es de una acentuación exagerada, de gran libertad en el tempo y contiene numerosos términos que reclaman un sentimiento exaltado: *energico, con anima, con espansione, con passione, con tutta forza, con gran sentimento...* Además, se percibe un interés inusual por especificar detalladamente cada matiz expresivo, algo difícil de encontrar en el repertorio violonchelístico a comienzos de los años cuarenta. Que Piatti en su juventud manejó formas de expresión propias de los virtuosos lo atestigua un recensor del *Morning Post*, quien tras la primera aparición de Piatti en Londres, en 1844, escribe: "[Piatti] tocó una fantasía sobre temas de *Lucia*, de estructura similar a la mayoría de piezas de esta naturaleza. Su estilo recuerda al de Servais, tiene un sonido claro y puro [*liquid*], de gran igualdad a lo largo de todo el diapasón, que impresiona a los amateurs por ser particularmente hermoso. Desde el punto de vista de la inventiva no hay nada que destacar. Hizo lo que ya ha sido hecho antes".[419] Al final de la pieza que venimos tratando, otra indicación que se suma a la de vibrato vuelve a sorprendernos: *quasi un grido* ('casi un grito'), una indicación de lo más descriptiva.

---

[417] El MS se encuentra en la Bischöfliche Zentralbibliothek Regensburg. Signatura: Pr-M Varia 15.

[418] Tenemos especialmente presente la opinión de Hanslick. Cf. Cita 85.

[419] Citado en: Latham, Morton. *Alfredo Piatti. A sketch.* London: Hill and Sons, 1901, p. 42.

Ej. 5.6. Piatti, Alfredo. *L'abbandono,* op. 1. Milano: Francesco Lucca, s.d., p. 9.

Sin embargo, también tenemos que considerar que este trazo podría estar reclamando el *coup d'archet ondulé,* o vibrato de arco, dado que este signo se utilizó indistintamente por los virtuosos románticos para indicar los dos tipos de vibrato, que todavía coexistían en aquella época. Además, hay que tener en cuenta —lo que sostiene nuestra cautela— que el vibrato de arco habría encajado también en el estilo de Piatti, en concordancia con un mayor protagonismo del arco en la expresión, propio de su afiliación a la tradición clásica e italiana. Bien es verdad que si tomamos el trazo como un *coup d'archet ondulé,* las indicaciones concernientes al arco, por así decirlo, se solaparían, como ocurre, por ejemplo, en el compás desmarcado:

Ej. 5.7. Piatti, Alfredo. *L'abbandono,* op. 1. Milano: Francesco Lucca, s.d., vc-p. 3.

Pero este solapamiento no debería tenerse excesivamente en cuenta, puesto que el efecto ondulatorio en la intensidad del sonido ha de entenderse igualmente como vibrato. Friedrich Dionysus Weber, en su *Allgemeine theoretisch-praktische Vorschule der Musik* (1828), explica que el vibrato se trata de una oscilación que fluye exaltadamente en el canto, con una fuerza al mismo tiempo marcada e intermitente, y que se relaciona con el signo >. Weber añade: "Además, se entiende bajo este término el procedimiento por el cual un sonido largo que se mantiene, sin detenerse, recibe repetidas intensificaciones o una oscilación [*Schwung*]".[420] Por otro lado, el violinista alemán Friedrich Barnbeck, cuando al final de su *Theoretisch-praktische Anleitung zum Violinspiel* (1844) recoge las indicaciones habituales propias del arco, nos ofrece esta notación para el vibrato de arco [*Bebung mit dem Bogen*]: ⌇⌇⌇ ,[421] la misma que encontramos en Piatti. Este signo, por lo demás, se relaciona con el carácter patético de la expresión, tal como lo había señalado Manuel García, quien lo emplea con idénticos criterios en su método de canto: "Cuando la misma agitación es producida por un dolor tan vivo que nos domina completamente, el cuerpo experimenta una especie de estremecimiento que se comunica a la voz. Este estremecimiento se llama vibrato [*tremolo*]".[422]

Posteriormente, Bériot utiliza de igual forma un largo trazo para indicar el vibrato de la mano izquierda en su *Méthode de violon*, trazo que abraza también a valores de corta duración:

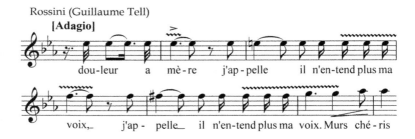

Ej. 5.8. Bériot, Charles de. *Méthode de violon (Método de violín)*, op. 102. Mayence: Schott's Söhne, s.d. [1858], vol. III, p. 243.

---

[420] Weber, Friedrich Dionysus. *Allgemeine... Op. cit.*, p. 110.

[421] Barnbeck, Friedrich. *Theoretisch-praktische Anleitung zum Violinspiel für Dilettanten, namentlich auch Schullehrer, Seminaristen und alle solche, denen es an Gelegenheit oder Mitteln zu einem gründlichen Unterrichte in der Violinspielkunst fehlt, daher mit besonderer Rücksicht auf den Selbstunterricht.* Stuttgart: Hallberger, 1844, p. 93.

[422] García, Manuel. *Traité complet de l'art du chant.* Paris: L'auteur, 1847, vol. II, p. 53.

Considerando todo lo expuesto hasta ahora, teniendo en cuenta además que el trazo anotado por Piatti se encuentra aisladamente en valores de mayor duración, y atendiendo al carácter de la pieza, nos inclinamos a pensar que Piatti está demandando el vibrato de la mano izquierda. Es más, puede que la indicación de Piatti se relacione en ciertos momentos con el movimiento del glissando y del vibrato al mismo tiempo, efecto muy preciado por los virtuosos de nuevo cuño.[423]

3. El vibrato en el posromanticismo: testimonios escritos

En el *Neues Universal-Lexikon Der Tonkunst* (1855), en la entrada "Anmuth" ('Gracia'), se habla de la variedad en la interpretación y se enumeran los principales elementos para dar expresión:

> Está en la naturaleza de las cosas que la intensidad natural de los sonidos también sea esencial para lo bello y lo gracioso. Aquí no solamente hay que tener en cuenta la pureza absoluta del tono, dado que su uniformidad es lo que lo convierte en eufonía y puesto que ello también revela una consonancia espiritual, sino que también debe tenerse particularmente en cuenta el portamento en la interpretación, el crecer e intensificar, el tipo de vibrato [*schwebende Haltung*] (¡no el desafortunado vibrato moderno!), la aplicación de variaciones en la intensidad del sonido, pues el tono que se mantiene siempre uniforme termina resultando monótono y rígido, como lo demuestra fácilmente el órgano. Pero se sobreentiende que deben evitarse los acentos barrocos y marcados, atenuarse los extremos en la intensidad y nivelarse mediante transiciones suaves. Lo artificioso nunca sirve, pero aquí menos aún.[424]

En la misma obra se define el vibrato como:

> El vibrato [*Bebung oder Tremuliren*] es la manera de dar una agitación [*Erzittern*], un temblor [*Erbeben*], a un tono sostenido en los instrumentos de cuerda o en el canto. Cuando lo dicta el sentimiento auténtico y se aplica en el lugar adecuado, tiene un gran efecto. Pero aplicado en todas partes, como ocurre hoy con los flojos cantantes italianos o italianizantes y con los violinistas sentimentales, donde no

---

[423] Este recurso será estudiado en el apartado " Portamentos que se suceden en la misma dirección", del siguiente capítulo. Cf. Cita 643.

[424] *Neues Universal-Lexikon Der Tonkunst: Fur Kunstler, Kunstfreunde Und Alle Gebildeten. Unter Mitwirkung von Dr. Fr. Liszt, H. Marschner, C. C. Reissiger, L. Spohr, etc.* Eduard Bernsdorf, ed. Dresden: Robert Schaefer, 1851, vol. I, p. 265.

hay ni pasión ni interioridad, resulta ridículo y repugnante como todos los aspavientos. El intento de algunos violinistas, como por ejemplo Spohr, de indicar el vibrato con el símbolo ∿∿ por encima de la nota en los lugares apropiados, no parece haber encontrado seguidores.[425]

Ésta es la actitud que prevaleció comúnmente en los violonchelistas que hicieron referencia escrita al vibrato en la segunda mitad del siglo XIX. Vemos cómo ahora se asocia a los cantantes italianos con un tipo de vibrato diferente, más propio de tendencias dramáticas (en consonancia con los comentarios de Wolf y Esperanza recogidos en el segundo capítulo de esta obra), y no con el plácido vibrato belcantista. Así, Quarenghi, dando continuidad a lo dicho por Dotzauer en este asunto, dice que a la paleta de colores que es posible lograr con el arco, "podemos añadir un poco de vibrato [*tremolio*], que algunos dan a la mano izquierda durante un sonido largo. De este color recomiendo ser muy parco para no parecer un viejo paralítico".[426] Vaslin, por su parte, escribe:

> El estilo no excluye en absoluto la variedad; esta variedad es inherente a los procedimientos múltiples que hay que esforzarse en adquirir, pero sabiendo ser sobrio [en la aplicación] de los recursos de efecto, porque empleados con demasiada frecuencia dan lugar a una monotonía fatigante, como el vibrato constante de la mano izquierda, el portamento [*glissades*] exagerado, y hasta el staccato demasiado multiplicado.[427]

Y Schroeder:

> El vibrato es un temblor del tono, causado por las distintas oscilaciones del sonido de la cuerda pisada. Estas se producen manteniendo el dedo presionado sobre la cuerda y con un movimiento tembloroso de la muñeca, de forma que la altura del tono sube y baja mínimamente. Los otros dedos se mantienen en el aire. El vibrato no se suele indicar de forma particular, sino que su uso se deja a discreción del intérprete. A veces se puede encontrar el término *vibrato*. En el siguiente ejemplo el uso del vibrato se indica mediante ∿∿∿ [428]

---

[425] Ibíd., p. 352.

[426] Quarenghi, Guglielmo. *Metodo di violoncello*. Milano: Editoria Musicale, 1877, p. 224.

[427] Vaslin, Olive-Charlier. *L'Art du violoncelle. Conseils aux jeunes violoncellistes sur la conduite de l'archet*. Paris: Richault, 1884, p. 18.

[428] Schroeder, Carl. *Katechismus des violoncellspiels*. Leipzig: Hesse, 1890, p. 74.

Straeten, evocando el espíritu de Romberg, describe así el vibrato:

> Se produce presionando firmemente sobre el diapasón el dedo que toca
> la nota que va a ser embellecida, mientras que la mano izquierda realiza
> un temblor con un movimiento hacia arriba y hacia abajo que puede
> ser modificado en su velocidad según lo dicten el tempo y el fraseo. El
> estudiante nunca es advertido demasiado seriamente contra el abuso del
> vibrato, ya que es tan censurable en un instrumento como en la voz.[429]

Los cuatro testimonios (Quarenghi, Vaslin, Schroeder y Straeten) revelan
poco entusiasmo hacia el vibrato, menos del que había mostrado Romberg medio siglo atrás, y reflejan claramente una postura conservadora y
de rechazo ante lo evidente: se estaba popularizando. En consecuencia, los
textos son similares en cuanto que se centran principalmente en definir el
gesto del vibrato y condenar su uso frecuente. Quarenghi lo recomienda
escasamente y sólo en figuras largas. Schroeder, según se desprende de su
ejemplo, también lo sitúa en notas largas, acentuadas y estructuralmente
importantes. Straeten, por su parte, nos dice algo más, acorde con el espíritu del *Neues Universal-Lexikon Der Tonkunst*, que el vibrato debe estar en
relación con el carácter de la música que se interpreta.

Ej. 5.9. Curti, Carlo. *Ricordanze sull'opera 'L'Africana' di Meyerbeer.* Milano:
Lucca, 1865, vc-p. 3.

No obstante este conservadurismo en los tratados de violonchelo, los indicios —como se ha dicho— apuntan a que una especie de continuo vibrato
en la cantilena pudiera practicarse ya, de forma más o menos generalizada, a mediados de la centuria, incluso anteriormente, sobre todo en los

---

[429] Straeten, Edmun van der. *Technics of Violoncello Playing.* London: The Strad,
Donajowsky & Duncan, 1898, p. 135.

pasajes de carácter dramático. Spohr dice en su *Violinschule*: "Cuando el cantante interpreta un movimiento pasional o aumenta su voz a la mayor potencia, se aprecia un temblor de la voz, que es similar a las vibraciones de una campana fuertemente golpeada".[430] Y Bériot, en el capítulo "Des sons vibres" de su *Méthode de violon*, escribe: "Se entiende por *vibrato* [*sons vibrés*] cierta ondulación o temblor de las notas sostenidas que en el canto indica la emoción del alma transmitida por la voz. (...) Se deben emplear los sonidos vibrados sólo cuando la acción dramática lo exija; sin embargo, el artista no debe empeñarse en adquirir esta cualidad tan peligrosa, la cual debe usarse con la sobriedad más grande".[431] Ambos autores quieren decir, obviamente, que mientras la acción dramática lo exija es lícito usar el vibrato de forma continuada (o al menos frecuente), en la medida que imitamos este recurso en la voz humana. El violonchelista francés Jules Delsart (1844-1900) era alabado en 1882 por su estilo compuesto y sobrio, estilo que a priori no era compatible con un abundante vibrato. Sin embargo, el siguiente comentario de Lagenevais constata la generalización de la que venimos hablando y la nueva actitud hacia este recurso expresivo:

> Sonoridad, patetismo, sobriedad, [Delsart] tiene lo que distingue a los maestros. Posiblemente abusa un poco del *vibrato*, pero, recordamos de paso: ¿qué violonchelista se resistiría a eso? ¿O cómo una vez emocionado no abandonarse a las delicias del *glissando*?[432]

Ej. 5.10. Bériot, Charles de. *Méthode de violon (Método de violín)*, op. 102. Mayence: Schott's Söhne, s.d. [1858], vol. III, p. 245.

---

[430] Spohr, Louis. *Violinschule... Op. cit.*, p. 175.

[431] Bériot, Charles de. *Méthode... Op. cit.*, vol. III, p. 242.

[432] Lagenevais, F. de (Henri Blaze de Bury). "Revue Musicale". En: *La Revue des Deux Mondes*. Paris: Bureau de la Revue des deux mondes, enero-febrero de 1882, p. 203.

La utilización por parte de Piatti, García y Bériot del trazo 〰〰 aplicado a varias notas podemos entenderlo asimismo como indicativo de la práctica del vibrato continuo a mediados del XIX.[433] El siguiente fragmento de la pieza *Erinnerung*, op. 86/2 (1854), de Joachim Raff, es un ejemplo temprano de la demanda de vibrato en un pasaje apasionado, un pasaje que, como podemos observar, no es precisamente de sonidos sostenidos. Si la notación del vibrato es escasa, como dice Schroeder, esta indicación '*molto vibrato*' a mediados del siglo XIX se puede considerar excepcional y, que tengamos constancia, la primera en el repertorio violonchelístico.

Ej. 5.11. Raff, Joachim. *Erinnerung, op. 86/2*. Leipzig: Rieter-Biedermann, s.d. [1862], vc-p. 2.

Reproducimos también la frase consecuente del tema del Adagio de la *Sonate de concert* (1856) de Charles-Valentin Alkan (Ej. 5.12), compositor francés vinculado en su juventud a la escuela dramática. Este ejemplo es interesante, primero, porque Alkan solicita '*vibrato, ma sempre piano*' en un pasaje de carácter sereno y recogido, que tampoco se compone de sonidos sostenidos ni de notas de gran valor; y, segundo, porque dicha solicitud se encuentra en el registro grave, donde no eran habituales los cantos del violonchelo y donde, a priori, la introducción del vibrato habría sido menos frecuente.

---

[433] Cf. Cita 411.

Ej. 5.12. Alkan, Charles-Valentin. *Sonate de concert*, op. 47, Adagio. París: Richault, s.d., p. 33.

A finales del siglo XIX se empieza a observar un cambio de actitud hacia el vibrato en los testimonios escritos. Riemann, que emplea todavía el término *Tremolo*, escribe en la primera edición de su *Musik-Lexikon* que "mientras en el canto es un manierismo molesto, en los instrumentos de arco es de excelente efecto".[434] El hecho de que la autoría de los trabajos pedagógicos corresponda mayormente a violonchelistas de perfil conservador hace que tengamos una visión parcial de lo que fue la actitud tardorromántica hacia el vibrato. Entre los violonchelistas, el primero que se preocupa de definir algunos tipos de vibrato y su aplicación, aunque de forma poco metódica y honesta, es Arthur Broadley, desgraciadamente muchos años después de que lo hubieran hecho L. Mozart, Spohr o Baillot en el violín. Broadley escribe:

El vibrato o *close shake* se produce por el temblor de la mano izquierda de un lado a otro, [mientras] la punta del dedo, que pisa la nota sobre la cual se produce el vibrato, hace de pivote. La callosidad car-

---

[434] Riemann, Hugo. *Musik-Lexikon*. Leipzig: Hesse, 1882, p. 934.

nosa y blanda que se forma en la punta del dedo parece agarrar la cuerda, y no debería en ningún caso permitir que se deslice fuera del tono, por lo que el efecto no debe ser nunca tan exagerado que permita que las oscilaciones alteren la afinación. El resultado debe ser simplemente una especie de sensación palpitante.

Un buen efecto se consigue en un tema sostenuto comenzando el vibrato lentamente en una nota crescendo. A medida que el crescendo gana en fuerza, la pulsación del vibrato incrementa su rapidez. Se requiere mucha práctica para lograr el aumento o la disminución gradual de la velocidad sin que sea apreciable ninguna interrupción en el aumento [de la intensidad] del tono o en la oscilación del vibrato. La ley natural que se refiere a la variedad de efectos de vibrato se puede dar de la siguiente manera: una nota grave o una nota tocada *piano* requiere un vibrato lento; una nota más aguda o una nota tocada *forte* y apasionadamente requiere un vibrato rápido. El estudiante debe tener cuidado de no introducir el vibrato lento con demasiada libertad, aunque él pueda ver intérpretes que constantemente mueven la mano en pasajes sostenidos y apasionados. Esto no se hace siempre para producir un efecto de vibrato, sino que se hace a menudo con la intención de dar un tono conmovedor antes que pisar de forma clara y definida la nota.[435]

Observamos que Broadley copia parte de lo dicho por el violinista Spohr sobre la graduación del vibrato.[436] Aun así, el texto de Broadley es interesante en su sección final, en las advertencias a los alumnos, porque dice dos cosas con bastante claridad que reflejan una postura más moderna y que son ratificadas por las grabaciones de la primera década del siglo xx: por un lado, lo que ya es sabido, que existen intérpretes que realizan un vibrato continuo en pasajes sostenidos y apasionados, y por otro, que la práctica del vibrato continuo cumple la función de imprimir un carácter general a un pasaje, por esa misma razón se puede justificar su empleo. El vibrato había dejado de ser un adorno ocasional o un mero refuerzo de la acentuación.

---

[435] Broadley, Arthur. *Chats...* Op. cit., pp. 75-76.

[436] Spohr había establecido cuatro tipos de vibrato: "1) el rápido, para las notas fuertemente acentuadas, 2) el lento, para las notas sostenidas en pasajes de canto apasionado, 3) el que comienza lento y gradualmente se acelera en el crescendo, y 4) el que comienza rápido y gradualmente se hace más lento en el diminuendo, en las notas largas sostenidas. Los dos últimos tipos son difíciles y requieren mucha práctica, para que las oscilaciones sean aceleradas y desaceleradas de forma correcta y uniforme, sin que tenga lugar ninguna transición repentina de lentas a rápidas o viceversa". Spohr, Louis. *Violinschule... Op. cit.*, p. 175.

4. Luigi Forino: una visión retrospectiva

Férreo militante de la escuela clásica más estricta, Forino nos ofrece una visión conservadora del vibrato, proponiendo un recorrido por una serie de violinistas de perfil clásico: Francesco Galeazzi, Eugène Sauzay, Lucien Capet y Pierre Baillot. Forino comienza el capítulo dedicado al vibrato de su gran trabajo sobre el violonchelo con esta cita del violinista italiano Francesco Galeazzi (1758–1819), para demostrar que el vibrato —el vibrato que se practicaba a finales del siglo XIX y principios del siglo XX— no pertenece a la tradición de la escuela italiana, la escuela clásica:

> Hay quienes añaden a los ya mencionados artificios otro llamado tremolo: consiste en presionar bien el dedo sobre la cuerda para hacer la tenuta, y luego imprimen a la mano un cierto movimiento paralítico y tremolante, haciendo que el dedo se doble de un lado a otro y resulte una entonación vacilante, y una cierta agitación [tremolio] que para ellos no es ingrata. Pero éstas son verdaderas verdaderísimas desafinaciones, que no se pueden disfrutar de ellas a menos que se esté acostumbrado, y que no deben prescribirse a nadie que esté provisto de buen gusto.[437]

Después de esta declaración de principios, Forino argumenta que "a la música tranquila y serena de otros tiempos, sin embargo, le siguió otra en la que la velocidad de la modulación y la variedad en el movimiento hizo que fuera más inquieta y agitada",[438] y, utilizando las palabras de Sauzay, continúa lamentándose de que "nuestros tiempos prefieren con mucho las sensaciones fuertes y complejas a las emociones simples y melódicas; nos encanta penetrar en la oscuridad para luchar contra lo desconocido".[439] La necesidad de impactar a la audiencia contribuyó —según Forino— a la obtención de una mayor sonoridad, pero también a la búsqueda de un sonido más insinuante y provocador. En este contexto habría de situarse el incremento del vibrato en la segunda mitad del siglo XIX, "pero un artista bien equilibrado deberá considerarlo como un verdadero y propio efecto, y como tal, utilizarlo con parquedad y sobre todo con criterio".[440] Si nos remitimos a *Le violon harmonique* (1889), de donde Forino extrae la cita de Sauzay, leemos sobre el vibrato lo siguiente:

---

[437] Galeazzi, Francesco. *Elementi teorico-pratici di musica con un saggio sopra l'arte di suonare il violino.* Roma: Pilucchi Cracas, 1791, vol. I, p. 171. // Forino, Luigi. *Il violoncello, il violoncellista ed i violoncellisti.* Milano: Hoepli, 1930, p. 284.

[438] Forino, Luigi. *Il violoncello... Op. cit.,* p. 285.

[439] Ibíd.

[440] Ibíd.

Nuestro violín sincero, verdadero, melodioso tan pronto como el pasaje lo permite, se queda en su lugar para no perder nada de la rectitud y de la naturaleza; el vibrato [ondulation] flexible y sensible de la mano izquierda se aplica, en su interpretación, sólo a los cantos, a la frase de expresión, dejando los dedos fijados en los pasajes agudos y de rapidez; cada fin de frase, en la melodía, es llevado, respirado sabiamente por la disminución del sonido, y naturalmente indicado sin disminución exagerada, como lo haría un buen cantante.[441]

Forino también hace suya la denominación *vibrato épileptique* usada por Sauzay,[442] para denunciar precisamente el vibrato aplicado de forma indiscriminada, también en los pasajes más difíciles, lo que había provocado —según él— que el vibrato pasara de ser un efecto a un defecto.

El constante uso del vibrato hace la ejecución continuamente asmática y por lo tanto empalagosa. Que se deba, en ciertos puntos, cuando la frase lo requiere, aumentar la intensidad y la calidez del sonido es lógico, pero que la calma y la serenidad deba ser del todo abandonada no puede ni debe ser admitido. El efecto es precisamente el contraste entre la calma, el vigor, la agitación, la ansiedad, etc. Cesado el contraste, cesa el buen efecto, y la interpretación se convertirá, como decía anteriormente, en extremadamente monótona.[443]

Esta calma y serenidad no debemos asociarla únicamente al vibrato, sino también a un concepto elevado de interpretación en el que todavía prevalece la pureza y la rica modulación del sonido obtenida con el arco como cimientos de la expresión. No debemos olvidar que la expresión del arco había sido el estandarte del perfil más conservador de la escuela clásica.[444] Por eso Forino sentencia: "Detestamos el vibrato continuo e involuntario de ondulación lenta y uniforme que produce un efecto incluso oprimente".[445] Un vibrato continuo estaría, pues, en contra de producir un efecto, porque contribuiría a homogeneizar el canto y obstaculizaría la apreciación de otros recursos expresivos, especialmente aquellos posibles con el arco. En esta línea se encuentra el texto de Baillot —el último autor que nos queda por citar—, del cual se desprende nuevamente que ya en 1834 existían intérpretes que abusaban del vibrato:

---

[441] Sauzay, Eugène. *Le violon harmonique*. París: Firmin-Didot, 1889, p. 47.
[442] Ibíd., p. 46.
[443] Forino, Luigi. *Il violoncello... Op. cit.*, pp. 285-286.
[444] Véanse las palabras de Joachim y Moser recogidas en el tercer capítulo (cita 252), y también, más adelante, el testimonio del violinista Lucien Capet (cita 466).
[445] Forino, Luigi. *Il violonchelo... Op. cit.*, p. 286.

El vibrato [ondulation] usado con discreción da al sonido del instrumento mucha analogía con la voz cuando está fuertemente emocionada. Este medio de expresión es muy poderoso, pero si es a menudo empleado, pronto habría perdido la virtud de emocionar y tendría sólo el inconveniente peligroso de desnaturalizar la melodía, y de hacer perder al estilo esa preciosa ingenuidad que es el más grande encanto del arte, aquel que tiende siempre a recordar su sencillez primitiva.[446]

Finalmente, rechazando el vibrato continuo y aquel "pequeño, estrecho y miserable"[447] (que según muestran las grabaciones también se daba en la práctica), Forino recomienda el vibrato que surge espontáneamente y cuya entonación sube y baja ligeramente.

5. Hugo Becker: hacia una concepción moderna del vibrato

Becker defenderá una amplia paleta de colores en la expresión y, en este sentido, un vibrato que se adecue al carácter de la música en cada momento. Si para darnos su concepción de lo que debe ser el vibrato y sus formas de aplicación Forino realizaba un recorrido a lo largo de todo el siglo XIX a través de lo dicho por los autores clásicos y de perfil más conservador, Becker opta por una visión más personal, ilustrada con algunos ejemplos que veremos a continuación. Su mención a otros eminentes músicos de la época se puede considerar anecdótica. Por ejemplo, para bosquejar el papel que había adquirido el violonchelo, Becker cita a Hanslick, quien tuvo que encasillar al violonchelo en el sentimentalismo por "la tendencia de los violonchelistas a tocar cada cantilena con una emoción desbordada";[448] a Busoni, quien había criticado el "redundante vibrato del violonchelo",[449] en cuanto que supone un obstáculo para lograr una paleta expresiva con la que manifestar todas las ideas del compositor; y a uno de sus maestros, el violonchelista Alfredo Piatti, para elogiar su arte y decir que había sido "uno de los mayores violonchelistas de sangre italiana, que usó el vibrato raramente y sólo de forma muy sutil".[450] Pero en la aplicación del vibrato Becker se encuentra un paso por delante respecto a su maestro. Para el violonchelista alemán el vibrato es

[446] Baillot, Pierre. *L'Art du violon* (*Die Kunst des Violinspiels*). Mayence et Anvers: Schott, s.d. [1834], p. 133.

[447] Forino, Luigi. *Il violoncello... Op. cit.*, p. 286.

[448] Becker, H. y Rynar, D. *Mechanik und Ästhetik... Op. cit.*, p. 199.

[449] Cf. Busoni, Ferruccio. *Entwurf einer neuen Ästhetik der Tonkunst* (*Esbozo de una nueva estética de la música*). Leipzig: Insel-Verlag, 1916 (1.ª ed. 1907), p. 34.

[450] Becker, H. y Rynar, D. *Mechanik und Ästhetik... Op. cit.*, p. 202.

un elemento enriquecedor que aporta claridad al fraseo: con la misma naturalidad que se abstiene de usarlo, lo emplea de forma continuada.

> De la misma forma que no nos basta sólo con el forte o el piano en la dinámica, sino que aplicamos todos los matices de intensidad de los que disponemos, tampoco podemos estar satisfechos con un solo tipo de vibrato. Cada sentimiento de emoción contenida requiere una mezcla diferente de fuerza, color y expresión; por ello, la elección del carácter del vibrato desempeña un papel muy importante. Cuán a menudo, sin embargo, el violonchelista se equivoca respecto a esto último...[451]

Becker nos viene a decir que la expresión debe responder a sentimientos nobles y profundos.[452] Para ello es importante no alterar el verdadero carácter de la música y poner en práctica honestamente los recursos expresivos que mejor transmitan el mensaje del compositor:

> ¿Sólo un estado de ánimo triste libera en nosotros un deseo de cantar? Me atrevería a afirmar que la alegría motiva a la gente con mucha más frecuencia que el dolor. Y al fin y al cabo la voz humana es nuestro modelo... El cantante está protegido contra tales errores gracias a la letra que acompaña a la música. Pero el violonchelista carece de esa guía, y por eso a menudo se equivoca al aplicar los recursos expresivos.[453]

La reivindicación del carácter alegre para el violonchelo es nueva, al menos en los escritos del período tardorromántico. Todo no se puede convertir —afirma Becker— en dolor o pasión, tristeza o sufrimiento, sentimentalismo o afeminación [*effiminierte Spiel*].[454] Para ilustrarlo ofrece algunos ejemplos donde una expresión desmesurada o afectada destruiría el verdadero espíritu de la música. Es el caso del segundo tema del *Concierto en re mayor* de Haydn, que no sería apropiado tocarlo con dolor, sino con alegría; o la variación en Do mayor de las *Variaciones sobre un tema rococo*, op. 33, de Chaikovski, tonalidad que —indica Becker— no se vincula por lo general con un sentimiento de tristeza:

---

[451] Ibíd., p. 199.
[452] Cf. Ibíd.
[453] Ibíd., pp. 199-200.
[454] Ibíd., p. 201.

Ej. 5.13. Chaikovski, P. I. *Variaciones sobre un tema rococó*, op. 33, Var. VII.
Moscú: Muzgiz [Москва: Музгиз], 1956, vc-p. 8.

Becker recomienda no emplear el vibrato "cuando el dolor más profundo no tiene ya más lágrimas, que llega, por así decirlo, a inmovilizar".[455] De tal forma habría que proceder, por ejemplo, en la sección final del Adagio de la *Sonata en re mayor*, op. 102/2, de Beethoven:

Este pasaje hay que tocarlo de la manera siguiente: los primeros tres compases y medio, sin vibrato; después, se incrementará el vibrato hasta el punto culminante fa', en el comienzo del sexto compás. Desde la segunda mitad de este compás se irá reduciendo [el vibrato] hasta alcanzar una total indiferencia de expresión. En los siguientes compases se repite lo mismo, con la excepción de que la reducción [del vibrato] se prolonga algunos compases más (10, 11 y 12), después de lo cual, desde el compás 13 hasta el mismo final, se tocará totalmente sin vibrato.[456]

---

[455] Ibíd., p. 200.
[456] Ibíd., pp. 200-201.

También se refiere al vibrato en la música de Bach y en la de otros autores clásicos: "La música seria, la clásica, no tolera ningún vibrato erótico; [esta música] requiere sentido de estilo, elegancia y dignidad, sin que por ello se pierda la calidez".[457]

Pero la visión de Becker sobre el vibrato no quedaría completa si no atendemos al tratamiento que recomienda del mismo en los análisis de las obras de inspiración más romántica y poética que incluye al final de su *Mechanik und Ästhetik des Violoncellspiels*, especialmente las relacionadas con el *Don Quijote*, op. 35, de Richard Strauss. En esta pieza —comenta Becker— no se puede permitir una utilización a la ligera del vibrato y el portamento, sino que hay que definir con claridad cada sentimiento y estado de ánimo, y transmitir en cada momento la energía necesaria a través de una amplia gama de matices y de vibrato. En el siguiente fragmento de la *Variación I*, Becker anota "*viel vibrato*" (mucho vibrato) cuando la música ilustra el instante en el que Don Quijote recobra el sentido y se levanta con dificultad, gimiendo, todavía atrapado por el recuerdo nostálgico de Dulcinea, cuyo honor había defendido, según su imaginación, con las armas:

En la *Variación X*, tras haber sido derrotado Don Quijote, Becker dice que "es apropiado un amplio uso del vibrato y el portamento para interpretar

---

[457] Ibíd., p. 201.

el carácter sollozante y quejumbroso".[458] Finalmente, el último suspiro de Don Quijote antes de morir, en el mismísimo final de la obra, lo pintó Strauss con un largo portamento sobre la cuerda Do acompañado de un diminuendo. Aquí Becker aconseja utilizar "vibrato-portamento",[459] que consiste en unir los dos recursos expresivos en el mismo gesto.

En suma, Becker es igual de rotundo que Forino a la hora de criticar la práctica abusiva y sin criterio del vibrato, llegando a utilizar sin tapujos los más escabrosos calificativos. Pero por otro lado es, de entre todos los violonchelistas, el que con más variedad y fantasía aborda la introducción del vibrato en la interpretación, el que ofrece más ejemplos sobre los distintos tipos de vibrato según sea el carácter o el estilo de la música que interpretar y, sobre todo, el que mejor enfoca la expresión desde su *riqueza subjetiva*, ofreciendo valiosos ejemplos que nos hacen revivir su propia visión del vibrato, fundamentada en su experiencia como solista de élite. No olvidemos, además, que tuvo el privilegio de haber interpretado muchas de las obras más importantes de la segunda mitad del siglo XIX junto a sus autores, haciéndose dedicatario de muchas de ellas: Brahms, Dvořák, Strauss, Saint-Saëns, Reger, etc.

6. El vibrato en la práctica en el período entre siglos

Hemos llegado a la época en la que es posible confrontar documentos escritos y sonoros en el estudio de uno de los principales recursos expresivos de la interpretación moderna. Comprobaremos si en la interpretación tardorromántica, de finales del siglo XIX y principios del siglo XX, lo fue también.

Puesto que nuestro objetivo es estudiar los recursos expresivos de aquellos violonchelistas de la era pre-Casals, formados en la tradición romántica y fuera todavía de la expansión fonográfica, no utilizaremos grabaciones posteriores a las primeras de Pau Casals realizadas para US Columbia entre 1915 y 1916, ni de violonchelistas nacidos después de la década de los setenta, pues el maestro español, nacido en 1876, marca el punto final del período que se estudia. Añadiremos tres excepciones,

---

[458] Ibíd., p. 259.
[459] Ibíd., p. 260.

dos de las cuales se justifican generacionalmente. La primera es la grabación del *Nocturno* de Chopin-Servais, realizada por Joseph Hollman (nacido en 1852) en 1918, que utilizaremos para comparar su uso del vibrato con aquellas de Anton Hekking y Victor Sorlin. La segunda se trata de una grabación de gran valor histórico, ya que es la única que nos ha llegado de uno de los más importantes violonchelistas del período posromántico, Julius Klengel (nacido en 1859). Aunque es una grabación que Klengel realizó hacia 1927, con sesenta y seis años, puede ser ilustrativa de la función del vibrato en la expresión en los seguidores de la escuela clásica. Una tercera excepción es la del joven Gutia Casini (nacido hacia 1896), cuya interpretación, de 1913, incorporamos a nuestro estudio porque muestra un vibrato característicamente transicional.

Por otra parte, las conclusiones y observaciones que recogemos a continuación hay que entenderlas —esto es importante— teniendo en cuenta que la mayoría de las piezas grabadas son de estilo cantabile, es decir, teniendo en cuenta la aplicación que los violonchelistas hicieron del vibrato en piezas de expresión lírica, melancólica, apasionada o dramática. Además, en todas las interpretaciones analizadas no es posible la valoración de todos los parámetros propuestos, ya que algunas piezas, por su escritura más elaborada y la ausencia de valores más o menos largos, no se prestan a la apreciación del vibrato, como ocurre en las grabaciones de Becker o Verzhbilovich. En otros casos, el excesivo ruido, deterioros aislados o la propia ondulación de intensidad producida por el mecanismo giratorio del fonógrafo dificultan la evaluación de las características del vibrato. En cualquier caso, los aspectos técnicos relacionados con la grabación y la reproducción no son objeto de este estudio.[460]

---

[460] Recordamos que los violonchelistas estudiados en este apartado son los que aparecen en el índice de grabaciones que el lector puede encontrar al final de esta obra.

Aplicación del vibrato en el cantabile	
Ocasional	Klengel
	Becker (¿?)
	Grünfeld
En notas sostenidas	Verzhbilovich (¿?)
	Whitehouse
Continuado	Hollman
(en casi cada nota del cantabile)	Hekking
	Kronold
	Casini
	Sorlin
	van Biene
	Lebell
	Malkin
	Kruse

Ej. 5.14. Tabla 1: Uso del vibrato en el cantabile por parte de los violonchelistas tardorrománticos registrados fonográficamente.

Características del vibrato de los violonchelistas tardorrománticos

Oscilación/ Ondulación	Velocidad		
	Lenta	Moderada	Rápida
Temblor			Grünfeld
			Whitehouse
Estrecha	Klengel	Kronold	Verzhbilovich
		Lebell	Casini
		Malkin	Whitehouse
		van Biene [1907]	Hekking (Chaikovski)
		Becker	
Media	van Biene [1911]	Hollman	Hekking (Raff)
		Kronold (Kreisler)	Hollman (Schubert [1906])
Grande	Kruse	Hollman (Schubert [1916])	Hekking (Chopin)
		Hollman (Le cygne)	Hollman (Chopin)
		Kruse	Sorlin

(columna izquierda girada: Amplitud)

Ej. 5.15. Tabla 2: Características del vibrato de los violonchelistas tardorrománticos registrados fonográficamente.

Las conclusiones principales que podemos obtener tras el estudio de las interpretaciones de los catorce violonchelistas seleccionados y de los datos que se desprenden de las tablas que se adjuntan son (Cf. Ej. 5.14 y 5.15):

1. La mayoría de los violonchelistas nacidos entre 1849 y 1879 emplean un vibrato continuo. Todos los indicios nos llevan a pensar que Verzhbilovich y Becker también practicaron el vibrato continuo en la cantilena, aunque las obras que grabaron no son propicias para apreciar este efecto.

2. Los violonchelistas que hacen menos uso del vibrato parecen poseer un estilo más conservador, propio de lo que se había llamado escuela clásica.

3. Entre los violonchelistas predomina un vibrato estrecho (a veces en exceso, como es el caso de Whitehouse, Casini o Kronold) y también un vibrato de oscilación rápida.

4. Los violonchelistas de influencias dramáticas poseen un vibrato más intenso y apasionado. Son ellos los que hacen una oscilación más amplia del vibrato: Hekking, Hollman, Kruse, Lebell y Sorlin.

5. El vibrato se utilizaba en todos los registros. El vibrato en el registro agudo estaba normalizado, a pesar de lo que recomendaba Sauzay en su *Le violon harmonique*. Este aspecto no ha podido observarse ampliamente puesto que las piezas raramente abandonan el registro tenor del instrumento.

6. Cada violonchelista posee su propio vibrato característico, que suele ser, por lo general, invariable.

7. La ausencia de un vibrato de ondulación lenta y de gran amplitud. El único caso lo encontramos en el violonchelista dramático Heinrich Kruse, que serviría para ilustrar el vibrato "continuo e involuntario de ondulación lenta y uniforme"[461] que durante había criticado Forino.

En las interpretaciones de Grünfeld (*Largo* de Haendel y *Träumerei* de Schumann) se aprecia, más que un vibrato, un temblor que no siempre es regular en su oscilación, excesivamente estrecho, que se hace ocasionalmente y sin abarcar la totalidad de la duración de la nota. El mismo tipo lo escuchamos en algunos momentos en la interpretación de Whitehouse, que muestra en general un vibrato muy estrecho y de oscilación rápida. ¿Podría haber sido éste parecido al vibrato/*tremolo* primitivo, aquel que describiera Romberg o Baillot? Baillot llegó a mostrar la

---

[461] Forino, Luigi. *Il violoncello... Op. cit.*, p. 286. Texto citado anteriormente.

amplitud del vibrato en el violín. Si atendemos al ejemplo que nos brinda en su *L'Art du violon*, comprobamos que la oscilación se mantendría —interpretamos— en un margen aproximado de un octavo de tono (Ej. 5.16b), implicando una elevación (y no un descenso) de la altura de la nota que se vibra, por lo que estaríamos hablando de un vibrato que se percibiría estrecho en el caso de ejecutarse rápidamente. No obstante, si nos atenemos a la ley natural mencionada por Broadley y a las palabras de Spohr, el vibrato en los instrumentos de cuerda, al igual que en el canto, tendría que haberse interpretado con una ligera elevación y descenso en la altura del sonido.[462]

Ej. 5.16a. Baillot, Pierre. *L'Art du violon.* Mayence et Anvers: Schott, s.d. [1834], p. 133.

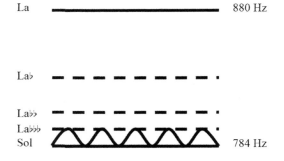

Ej. 5.16b. Interpretación de la amplitud del vibrato anotada por Baillot para el sol".

Hemos querido verificar empíricamente cómo habría sonado la amplitud de oscilación del vibrato indicada por Baillot, creyendo en el celo que puso este violinista a la hora de anotar dicha amplitud y, al mismo tiempo, conscientes de la artificialidad de nuestro experimento. Para ello, hemos tomado la frecuencia del sol" (784 Hz) y el la" (880 Hz) en la octava indicada y calculado la distancia en hertzios del tono comprendido entre estas dos notas, para después dividirlo entre ocho y obtener

---

[462] Spohr, Louis. *Violinschule... Op. cit.,* p. 175.

así la horquilla (octavo de tono) en la que se hubiera mantenido la oscilación del vibrato de Baillot (880 – 784 = 96 / 8 = 12 Hz). Posteriormente, hemos generado un sonido sinusoidal al que le hemos aplicado un vibrato con una amplitud de oscilación de 12 Hz (vibrato que se eleva desde el sol" [784 Hz] hasta el la " [796 Hz]), primero dándole a dicho sonido sinusoidal una velocidad de oscilación lenta y después rápida. El resultado es que el segundo de ellos ofrece una extraordinaria semejanza con el vibrato rápido y estrecho que escuchamos en la aludida grabación de Grünfeld. Esta semejanza nos permite aventurar que el vibrato primitivo y que prevaleció durante el siglo xix, tanto en el violín como en el violonchelo, al menos en los virtuosos ajenos a las influencias dramáticas, pudo ser de estas características.[463] Resulta llamativo por otro lado que, mientras este temblor no es raro entre los violonchelistas estudiados, los violinistas tardorrománticos parecen haberlo superado, aunque también podemos escucharlo, por ejemplo, en el violinista Eugène Ysaÿe, en su grabación del *Ave Maria* de Schubert (Columbia, 1914).

Por último, resulta obligado reparar en el vibrato asociado a la *messa di voce*. Este recurso expresivo, procedente del canto italiano, consiste en la lenta graduación dinámica de un sonido desde el más absoluto pianissimo hasta el fortissimo, a través de un largo crescendo, para volver luego mediante el procedimiento inverso al pianissimo, todo ello realizado con el mismo aliento. Era en el momento de mayor intensidad donde naturalmente se producía la oscilación vibrante de la voz. Esta forma de expresión fue adoptada por los instrumentos de arco bajo denominaciones como *son filé* u *ondulation simple* (Baillot), que constituía uno de los principales recursos expresivos entre los primeros virtuosos románticos. La ejecución de la *messa di voce* requería gran destreza debido a que toda la gradación dinámica había de hacerse en una misma arcada, por lo que se impuso, además, como un ejercicio básico para el desarrollo de la técnica del arco, algo que ha perdurado en los tratados hasta el siglo xx. Kronold, en su interpretación del *Nocturno* de Chopin-Servais, nos ofrece un ejemplo de vibrato sobre una *messa di voce*. El ejemplo es excepcional no sólo por ser el único que hemos constatado, sino porque ya entonces esta gradación dinámica pertenecía a otra época. Kronold hace la *ondulation simple* en un lugar típico: la nota final de una pieza.

---

[463] Debe irse a 'Índice de grabaciones' para localizar las muestras: Muestra 1: Simulación de un vibrato de oscilación lenta. Muestra 2: Simulación de un vibrato de oscilación rápida. Muestra 3: Comparativa del vibrato de Baillot, generado según los cálculos citados, y el vibrato de Grünfeld, extraído de las negras (sol') del compás 24 de su grabación del *Largo* de Haendel.

7. Pau Casals *dixit*

> En la ejecución instrumental, el *vibrato* ejerce una función expresiva parecida a la de ciertas modulaciones vocales, pero es evidente que el *vibrato* no podría ser expresivo por sí mismo, ya que todo depende de la manera de aplicarlo. El *vibrato* es un medio para expresar la sensibilidad, no una prueba de sensibilidad.[464]

Las palabras de Casals no parecen decir nada nuevo respecto a lo que tradicionalmente se había dicho sobre el vibrato. Lo que sí podemos constatar a través de sus primeras grabaciones de 1915-1916 es que parecen verse cumplidas en sus interpretaciones todas las recomendaciones de las autoridades románticas, a excepción de las que objetan el vibrato continuo, práctica —ya se ha visto— unánimemente rechazada. En general, el vibrato continuo de Casals, con toda su variedad, siempre se mueve en la esfera de la corrección. No escuchamos nunca un vibrato como el de Hollman en la grabación del *Nocturne* de Chopin-Servais, o el de Sorlin en su grabación de la *Song of the soul* de Breil, que anticipan el vibrato apasionado moderno, un vibrato de oscilación amplia y rápida; como tampoco aquel rápido y estrecho de Grünfeld, Whitehouse o Casini. Casals parece seguir la "ley natural" descrita anteriormente por Broadley según la cual "una nota grave o una nota tocada piano, requiere un vibrato lento; una nota más aguda, o una nota tocada forte y apasionadamente, requiere un vibrato rápido".[465] El vibrato más amplio quizá lo encontramos en su interpretación del *Largo from Xerxes* de Haendel. Sólo comparándolo con el que usa Grünfeld en su grabación de la misma pieza se puede valorar que Casals estuvo más cerca de la escuela dramática que de la clásica en la aplicación de este recurso. Un vibrato más rápido y estrecho lo escuchamos en su versión del *Kol Nidrei* de Bruch o de la *Serenade*, op. 54, de Popper (grabación de 1915). En esta última aplica, además, un vibrato rápido e intenso a las notas más agudas. Un vibrato tranquilo y de amplitud media lo emplea Casals en el *Träumerei* de Schumann, mientras en su grabación

---

[464] Corredor, José María. *Pau Casals cuenta su vida. Conversaciones con el maestro.* Barcelona: Juventud, 1975, p. 224.
[465] Broadley, Arthur. *Chats... Op. cit.*, pp. 75-76. Texto citado anteriormente.

de *Le cygne* de Saint-Saëns escuchamos un vibrato graduado que a veces llega a ser lento y estrecho, especialmente en las notas finales de frase, como en este caso (c. 9):

Ej. 5.17. Saint-Säens, Camile. *Le cygne.* París: Durand, 1952, vc-p. 1.

En resumen, sólo se puede definir el vibrato de Casals desde la corrección y el criterio, ya que cada frase, pasaje o nota encuentra su color según el carácter dominante y el contexto. En cuanto a la aplicación del vibrato en la obra de Bach, las interpretaciones de Casals de 1916 muestran una actitud más libre y flexible que las de Joachim o Klengel. Vimos al final del segundo capítulo cómo Casals no llegó a comprender el excesivo academicismo de Joachim, academicismo que fue compartido por otros músicos, sobre todo en lo que a la interpretación de los clásicos se refiere. El violinista Lucien Capet resume muy bien esta actitud conservadora hacia la música de Bach, música que pertenece —según él— al universo de la interioridad. Concretamente, en relación con la interpretación de la *Chaconne* y contra un uso fraudulento del vibrato, Capet escribió:

> Este ejemplo [de la *Chaconne*] tiene valor sólo si el artista desea obtener la interpretación de este pasaje con una sonoridad en la que se excluye absolutamente el vibrato de la mano izquierda, recurso expresivo que, en cierta manera, no sobrepasa ciertas aspiraciones relativamente limitadas. La ausencia de vibrato de la mano izquierda (en ciertos momentos de la vida musical de una obra) se convierte en un medio para descubrir las bellezas abstractas pero inefables de un arte superior desde todo punto de vista. (...) Solamente la ausencia de vibrato de la mano izquierda requiere tal pureza en la técnica, tal rectitud, una calidad tan noble de sonido que, para no tener que superar estas dificultades, las envolvemos con el vibrato de la mano izquierda, como en un traje, en una estética deforme y absolutamente imperfecta. (...) Pero cuando se trata de expresar un pasaje *piano*, es cuando podemos ver los muchos defectos de nuestra estética instrumental que ocultaban nuestro vibrato y nuestro tono perpetuamente efervescente.[466]

---

[466] Capet, Lucien. *La technique supérieure de l'archet.* París: Salabert, 1946. (1.ª ed. 1916), p. 30.

Después de estas palabras no hace falta subrayar que Capet en su tratado reivindica las cualidades expresivas del arco. La mano izquierda fue ganando protagonismo en la expresión, sobre todo a medida que se fue extendiendo la práctica del *archet à la corde* bajo las exigencias de mayor sonoridad y continuidad en el fraseo, pero también la evolución estética del siglo XIX había favorecido efectos más contundentes con los que impresionar y excitar los sentimientos primarios de la audiencia. En estas circunstancias debemos entender la extinción de las técnicas de expresión propias del arco como la *ondulation simple* y el vibrato de arco.

8. Final

Testimonios que datan de entre 1840 y 1870 confirman la aplicación extensiva del vibrato por parte de los más importantes violonchelistas románticos. Joseph Servais, nacido en 1850 y fallecido prematuramente en 1885, es el mejor ejemplo de que los seguidores de la escuela dramática aplicaron el vibrato a cada nota sostenida. También se ha documentado cómo Popper utilizó el vibrato continuamente para dar calidez al sonido. Hollman o Hekking, que realizaron sus respectivas grabaciones pasados los cincuenta años, no parece que adoptaran el vibrato continuo en su madurez o con la llegada de las grabaciones, sino que tuvieron que formarse asumiendo naturalmente este recurso. Otros testimonios certifican cómo el violonchelista alemán Cossmann, a la vuelta de su estancia en París (1840-1 846), tocaba con mucho tremolo. Este cultivo del vibrato tuvo que inculcarlo a sus alumnos, entre ellos Heinrich Kruse, quien muestra maneras de virtuoso romántico, con un vibrato amplísimo, continuo, en todos los registros, en notas de valor ínfimo y en dobles cuerdas. Kruse, junto a Lebell, Sorlin o el propio Casals, pertenecen a una generación de virtuosos que crecieron bajo la aceptación del vibrato continuo. Algunos violonchelistas nacidos anteriormente también habríamos de incluirlos, como el francés Jules Delsart (1844-1900), quien se caracterizó por su estilo compuesto y sobrio, estilo que a priori no era compatible con un abundante vibrato; sin embargo, se ha documentado cómo Delsart lo utilizó con prominencia. Por lo tanto, la crítica musical decimonónica, en lo que respecta al vibrato, conectaría directamente con la estética de las primeras grabaciones, en la mayoría de las cuales no percibimos el vibrato como un ornamento, sino como un elemento inseparable del cantabile. En cambio, si contraponemos las recomendaciones vertidas por los violonchelistas de la segunda mitad del XIX con las grabaciones analizadas, observamos la misma confrontación entre teoría y práctica que venía dándose desde un siglo atrás. La constante alerta ante el abuso del vibrato sugiere que este recurso tuvo que estar muy presente en la práctica, aunque no se correspondiera con sentimientos elevados en la interpretación. Es verdad que el corpus tratadístico de los violonchelistas del período tardorromántico refleja una actitud cada vez más positiva hacia el vibrato (no volveremos a repetir lo dicho por Vaslin, Quarenghi, Schroeder, Straeten, Broadley, Forino y Becker), pero sigue quedando lejos de lo que muestran la mayoría de las grabaciones y de la monotonía fatigante (Vaslin), de la emoción desbordada (Becker) y, efectivamente, del redundante vibrato (Busoni) presente en algunos intérpretes. Tampoco apreciamos la variedad de vibrato, adecuado al carácter, que insistentemente recomendaron Forino y Becker, y, así, gracias a todas las grabaciones reunidas en este estudio, podemos ilustrar sorprendentemente todos los tipos de vibrato que condenaron las autoridades de la segunda mitad del siglo XIX, desde el vibrato escueto, pequeño y estrecho, al continuo, amplio e intenso (es curioso observar que cada violonchelista tiene su vibrato característico, que suele ser, por lo general, invariable). Los ejemplos musicales de García, Piatti, Bériot, Raff, Alkan y Curti nos han demostrado que el vibrato se introdujo también en valores breves consecutivos (tanto en el forte como en el piano) y que, por tanto, un vibrato más o menos continuo pudo practicarse desde mediados del siglo XIX, al menos en los pasajes apasionados y de mayor intensidad. El violinista Bériot, si bien desde la prudencia, justificaba el vibrato en estos pasajes, porque es precisamente en ellos donde surge naturalmente el efecto vibrante de la voz.

El portamento

El portamento es la más íntima unión, junto con la más completa
fusión, del elemento lingüístico y musical.[467]

Heinrich Ferdinand Mannstein, 1848

Los únicos restos auténticos de los factores primitivos de la expresión
musical son el *portamento*, en cuanto modificación realmente continua
de la entonación, y las fluctuaciones de la dinámica y de la agógica.[468]

Hugo Riemann, 1900

La palabra *portamento* proviene del verbo italiano *portare*, que significa
'llevar', 'conducir' o 'portar', y se aplica a la forma de llevar el sonido
entre dos notas mediante un enlace homogéneo y ligero recorriendo, ya
sea ascendente o descendentemente, todos los sonidos intermedios que
forman el intervalo sin que se distinga la altura de ninguno de ellos. El
portamento fue un recurso expresivo que en los instrumentos de cuerda
pretendía emular las inflexiones vocales características de la voz humana
y el canto, pero se arraigó de tal manera en la interpretación romántica
que, en parte, perdió sus connotaciones originarias y pasó a convertirse
en un elemento idiomático, es decir, su empleo fue más allá de una mera
imitación. A lo largo de este capítulo estudiaremos por qué el portamento se erige en el recurso expresivo más importante, los contextos en los
que su aplicación fue más propicia y las reglas que regulaban su introducción. En la segunda parte trataremos de desgranar los posibles pa-

---

[467] Mannstein, Heinrich Ferdinand. *Die grosse italienische Gesangschule, nebst
praktischen Uebungstücken.* Dresden & Leipzig: In der Arnoldischen Buchhandlung, 1848, p. 81.
[468] Riemann, Hugo. *Die Elemente der musikalischen Ästhetik.* Berlin: Spemann,
1900, pp. 76-77.

rámetros del portamento para establecer una tipología organizada que permita el análisis de todos los aspectos del portamento en la práctica.

Parte 1: Estética del portamento

1. Antecedentes

Que los instrumentistas virtuosos siguieron siempre un modelo vocal, la escuela vocal, es algo que ya se ha estudiado en profundidad a lo largo de este trabajo. Muchos textos sugieren que en ese intento de emular la voz humana y sus infinitos matices de expresión el portamento también desempeñó un papel central en épocas anteriores. No se trata, por tanto, de un recurso que se popularizara en los instrumentos de cuerda en las primeras décadas del siglo xix. Charles Avison, en su *An essay on musical expression* (1752), parece apuntar en ese sentido: los instrumentos de cuerda "poseen no sólo la expresión de todos los demás instrumentos, sino que contienen en sí mismos una variedad prodigiosa de otras muchas propiedades peculiares, de las cuales todos los demás están desprovistos".[469] Y más adelante, haciendo referencia a las cualidades específicas de los instrumentos de cuerda para el canto, añade:

> Al igual que la mejor *música instrumental* debe ser considerada como una imitación de la *vocal*, estos instrumentos, con su tono expresivo y su capacidad para realizar los más sutiles cambios en la progresión de la melodía, se presentan como la semejanza más cercana a la perfección de la voz humana.[470]

No cabe duda de que al decir "los más sutiles cambios en la progresión de la melodía" Avison no sólo hace referencia a los aspectos dinámicos, sino también a las inflexiones del sonido, como el vibrato y, sobre todo, el portamento. Friedrich August Baumbach, en la entrada "Adagio" del *Kurzgefasstes Handwörterbuch über die schönen Künste* (1794), menciona específicamente el portamento entre los requisitos fundamentales que han de reunirse en la expresión de los aires lentos:

> Las notas simples deben impresionar, pero su desarrollo requiere un estudio largo y continuo, y sus más excelentes cualidades son la solidez, la compostura, (el portamento di voce) la flexibilidad, la igualdad, etc.[471]

---

[469] Avison, Charles. *An essay on musical expression*. London: Davis, 1752, p. 100.

[470] Ibíd., p. 101.

[471] Baumbach, Friedrich August. "Adagio". En: *Kurzgefasstes Handwörterbuch über die schönen Künste*. Leipzig: Voss, 1794, vol. i(1), p. 15.

La práctica del portamento tuvo que ser ya muy importante a finales del siglo XVIII. Así se desprende de las palabras de Duport, quien es —que tengamos constancia— el primer violonchelista en hacer referencia a este recurso expresivo:

> Puede parecer extraordinario que he evitado con mucho cuidado hacer en las escalas dos notas con el mismo dedo, como se encuentra en todos los métodos que han sido publicados hasta ahora. Mi opinión es que ésta es una manera viciosa que produce un mal efecto. Todo el mundo sabe que es el tacto de los dedos lo que hace que suene perlado y, ciertamente, no puede haber ningún tacto cuando deslizamos un dedo de un semitono a otro, porque si el arco no toca bien en el momento en que el dedo se deslizó para atacar la cuerda se oye algo muy desagradable. Podemos hacer, es verdad, dos notas con el mismo dedo lentamente más allá de un intervalo de tercera, cuarta, quinta, etc., deslizando fuertemente el mismo dedo, lo que produce un efecto muy bonito que se llama *porter le son*.

> Estos deslizamientos [*glissades*], si puedo decirlo así, se hacen más o menos rápidamente, según la expresión que exige la melodía, pero en los pasajes de velocidad, en los que la nitidez es gran parte del mérito, las notas con el mismo dedo son a mi parecer insoportables, ya que se oponen a esta nitidez. Tocando a primera vista, si uno se encuentra sorprendido y no habiendo previsto la mejor posición, será mejor indiscutiblemente hacer dos notas con el mismo dedo antes que no hacerlas, pero en un SOLO estudiado haremos todo lo posible por evitarlos. Por ejemplo, en una escala ligada, estas notas con el mismo dedo son insoportables.[472]

---

[472] Duport, Jean Louis. *Essai sur la doigté du violoncelle, et sur la conduite de l'archet*. Paris: Imbault, s.d. [1806], pp. 17-18.

Duport alaba las cualidades expresivas del portamento, pero sobre todo previene ante los glissandos que resultan de una mala praxis, esto es, de un cambio de posición defectuoso. Desde un punto de vista exclusivamente técnico, el escaso desarrollo del mecanismo de la mano izquierda, con la utilización de una digitación *primitiva* que obliga a frecuentes cambios de posición con el mismo dedo, y con el consecuente riesgo de que éstos resulten audibles, pudo ser una de las causas del exceso de portamento entre los violonchelistas durante esta época (véase más adelante "El portamento: una primera diferenciación").

Otras evidencias que demuestran que la práctica del portamento estaba extendida en los instrumentos de cuerda, incluso a mediados del siglo XVIII, en relación explícita con los aires lentos, las encontramos por ejemplo en la *Sonate per violoncello e basso in re maggiore* de Carlo Graziani (s.d.-1787), cuyo segundo movimiento lleva la indicación "Andante con molto portamento ed espressione"; en las *Sonate a tre stromenti* de G. B. Sammartini (1700-1775), donde nos encontramos un Larghetto con portamento y la indicación "portamento" en varios de los minuetos; o en el *Cuarteto en la mayor* de Gaetano Latilla (1711-1788), que incluye un Andantino con portamento. Por otra parte, el violinista Niccolò Mestrino (1748-1789), conocido por su peculiar y prominente uso del portamento y al servicio de los Esterházy entre 1780 y 1785, parece ser que sedujo con su estilo al propio Haydn. Las digitaciones que Haydn anota en algunos pasajes de sus cuartetos sugieren el empleo del portamento y bien podrían ser fruto de esta colaboración,[473] como es el caso del Scherzo del *Cuarteto en mi bemol mayor*, op. 33/2, o del Menuetto del *Cuarteto en mi bemol mayor*, op. 64/6.

El investigador John Moran también nos aporta numerosos ejemplos sobre la práctica del portamento en la época clásica en su minucioso trabajo *Techniques of Expression in Viennese String Music (1780-1830)*, vinculando el empleo del portamento con la frecuencia con la que aparecen las indicaciones para tocar una melodía sobre una misma cuerda. Esta práctica, recomendada en los tratados de Joseph Pirlinger y Leopold Mozart, habría implicado frecuentes cambios de posición. Según Moran, "hacia 1780 es habitual en importantes obras para cuerda que aparezca al menos una sección indicada *sul una corda*. Haydn, Mozart y Beethoven utilizaron indicaciones de este tipo en su escritura para cuerda. A juzgar por la música de los intérpretes más importantes de la época en Viena, Schuppanzigh, Clement [Anton y Paul], Wranitzky, Mayseder, Jansa, Böhrn, Linke, Merk, y los dos Kraft [Anton y Nikolaus],

---

[473] Cf. Brown, Clive. "Ferdinand David's Editions of Beethoven". En: *Performing Beethoven*. Robin Stowell, ed. Cambridge: Cambridge University Press, 1994, p. 132.

este procedimiento es aún más popular entre los intérpretes".[474] Las indicaciones *sul una corda* o *sopra una corda*, aunque no sean una indicación específica de portamento, sí sugieren —y a veces obligan— a su introducción. Uno de los pasajes más conocidos con esta indicación en el repertorio violonchelístico es el del segundo tema del primer movimiento del *Concierto en re mayor* de Haydn:

Sul Corda G

Ej. 6.1. Haydn, Joseph. *Concierto en re mayor*, Allegro moderato. MS, 1783, pp. 11-12.[475]

Este otro ejemplo, extraído del primer violín del Adagio con moto del *Cuarteto*, op. 14/3, de Anton André (1775-1842), muestra una de las primeras indicaciones de portamento en una partitura instrumental de cuerda en el siglo XIX y, una vez más, que el portamento por entonces no era exclusivo del canto. A nuestro entender, el término portamento posee aquí el mismo significado que en la actualidad.[476]

[Adagio con moto]

portamento

Ej. 6.2. André, Anton. *Cuarteto*, op. 14/3, Adagio con moto. Offenbach: André, s.d. [1801], vl. 1.° p. 16.

[474] Moran, John Gregory. *Techniques of Expression in Viennese String Music (1780-1830): A Reconstruction of Fingering and Bowing Practices*. Tesis doctoral inédita. King's College University, London, 2000, pp. 83-84.

[475] Österreichische Nationalbibliothek, Wien. Signatur: Mus.Hs.35156.

[476] Cf. Philip, Robert. *Early Recordings and Musical Style*. Cambridge: Cambridge University Press, 1994, p. 216.

La indicación "portamento" en el anterior ejemplo requiere obviamente la práctica *una corda*, es decir, el si bemol" que inicia la frase debe ser tocado sobre la cuerda La y enlazarse con el re" mediante el deslizamiento audible de los dedos por dicha cuerda. André también obligaba a los violinistas a tocar toda una frase en una cuerda determinada (sul corda G, sul D). En la siguiente frase nos parece que la introducción del portamento es inevitable:

Ej. 6.3. André, Anton. *Cuarteto*, op. 15/1, Allegro molto. Offenbach: André, s.d., vl. 1.ª, p. 3.

La práctica *una corda* es una técnica más que se relaciona con un modelo expresivo fundamentado en el canto, técnica que en los instrumentos de cuerda responde al deseo de homogeneizar el timbre e igualar el fraseo. Es en definitiva una forma de trasladar a la práctica instrumental las mismas preocupaciones estéticas que existían en el canto (véase la segunda parte del capítulo "La escuela vocal"). Así lo manifiesta Leopold Mozart en el apartado 13 del capítulo V de su *Violinschule*:

> Cualquier persona que entiende algo sobre el arte del canto sabe que tiene que esforzarse en la igualación del sonido. (...) Quien toque solo actuará razonablemente si deja que las cuerdas al aire se escuchen raramente o nunca. El cuarto dedo en la cuerda adyacente inferior siempre sonará más naturalmente: porque las cuerdas al aire, al contrario de las digitadas, suenan más fuerte y también penetran demasiado en el oído. De igual forma, un solista deberá intentar tocar todo lo posible en la misma cuerda, con el fin de tocar siempre con el mismo sonido.[477]

Como queda de manifiesto en decenas de obras del repertorio, esta preocupación continuará vigente entre los virtuosos de cuerda a lo largo del romanticismo y se consolidará como uno de los requisitos más importantes del buen fraseo, favoreciendo la introducción del portamento. He aquí la recomendación del violonchelista Broadley a finales del período a estudio:

---

[477] Mozart, Leopold. *Versuch einer gründlichen Violinschule*. Augsburg: Johann J. Lotter und Sohn, 1787 (1.ª ed. 1756), pp. 107-108.

En los pasajes lentos y expresivos debe ser la prioridad permitir la expresión correcta; por eso, para conservar una calidad uniforme del sonido durante toda una frase, será necesario a veces trabajar en una de las cuerdas inferiores hasta la sexta o la séptima posición, antes que utilizar la siguiente cuerda más aguda.[478]

Ej. 6.4. Chopin, Frédéric. *Sonate,* op. 65, Allegro moderato. Paris: Brandus, s.d., p. 10.

2. La era del portamento

Aunque la anotación *una corda* no indique específicamente la aplicación de portamento, ambas técnicas de expresión confluyen en el estilo de la emergente escuela dramática:

> El violinista Paganini, la maravilla actual a escala mundial, toca todo un cantabile sobre una cuerda, deslizándose con un solo dedo a través de todos los intervalos, cuyo efecto es tan doloroso y afligido que lleva al público a las lágrimas.[479]

En las definiciones del término *portamento* que encontramos en los textos y en los diccionarios de la época, al mismo tiempo que se exponen más o menos acertadamente las características del portamento, se desaconseja e incluso critica de forma exacerbada el uso abusivo del mismo. Esta necesidad de prevenir unánimemente contra el exceso de portamento nos lleva a pensar que lo que se practicaba entre los cantantes de la nueva generación, ya en las primeras décadas del siglo XIX, más que

---

[478] Broadley, Arthur. *Chats to 'cello students.* London: The Strad, Donajowsky & Duncan, 1899, p. 51.

[479] Gardiner, William. *The music of nature.* Boston: Oliver Ditson, 1837, p. 165.

un portamento emocional (o una forma de interpretar la música con un carácter vocal en el caso de los instrumentistas de cuerda), eran marcados y continuos deslizamientos de la voz. Son frecuentes los mensajes de advertencia por parte de los maestros del canto ante el incorrecto uso del portamento. Nicola Vaccai, por ejemplo, antes de describir en su *Practical Method of Italian Singing* (1832) qué es el portamento, se preocupa de decir lo que no es:

> *Portamento* de ninguna manera significa arrastrar la voz de un sonido a otro, como incorrectamente se hace, sino que es más bien anticipar imperceptiblemente el sonido que sigue con la vocal de la sílaba precedente, o posponerlo, siempre imperceptiblemente, pronunciando la sílaba con aquél [sonido] que se deja.[480]

Pietro Lichtenthal recoge en 1826 la siguiente definición de portamento, que viene a reforzar nuestra idea:

> Hay que distinguir el buen portamento de un arrastre de la voz, similar al deslizamiento del dedo sobre un instrumento de cuerda; estos mohínes y afectaciones son sólo tolerables algunas veces.[481]

Tal exceso llevó a confundir el portamento con el legato, como señala, entre otros, Antonio Cordero en su *Escuela completa de canto* (1858), quien intenta aclarar la diferencia: "El ligado, como dije en su lugar, no es otra cosa que la simple unión de los sonidos; mientras que el portamento (...) además de unirlos, pasa la voz resbalando dulcemente y en intervalos imperceptibles, sin que se distinga ninguno de ellos al tocarlos; tan suave y pasajeramente los debe rozar".[482] Heinrich Ferdinand Mannstein, en el capítulo "Von dem Tragen des Tones" de su *Die Grosse Italienische Gesangschule: Das System der grossen Gesangschule des Bernacchi von Bologna* (1835), abordó extensamente la relación entre el legato y el portamento.[483] Mannstein explica que, en cierta manera, el legato tam-

---

[480] Vaccai, Nicola. *Practical Method of Italian Singing*. Boston: Russell & Co., 1878 (1.ª ed. 1832), p. 28.

[481] Lichtenthal, Pietro. *Dizionario e bibliografia della musica*. Milano: Antonio Fontana, 1826, vol. II, p. 128.

[482] Cordero, Antonio. *Escuela completa de canto*. Madrid: Beltrán y Viñas, 1858, p. 59.

[483] Es de justicia apuntar que esta primera parte del capítulo dedicado al portamento, como la análoga en *Die grosse italienische Gesangschule, nebst praktischen Uebungstücken*, del mismo autor, parecen fundamentarse en la sección "De la manière de porter les sons" del *Méthode de chant du Conservatoire de Musique à Paris de ca.* 1803.

bién implicaba el portamento, ya que cuando dos notas se ligan con la misma vocal, aunque no haya anticipación de la segunda nota, se requiere que el deslizamiento sea anticipado, es decir, que se ejecute sobre el valor de la primera nota:

> El portamento del sonido, es decir, la manera de cambiar de un tono a otro uniéndolos, constituye una parte importante de la técnica del canto. Esta unión es triple:
> 1. Mediante la unión de valores iguales de forma progresiva, conectados e igualmente unidos entre sí, por ejemplo:

> Para indicar que estos sonidos son ligados se coloca una línea curva por encima. Esta unión se hace reforzando un poco los sonidos ascendentes y suavizando los descendentes. Ambos deben hacerse, no obstante, sin vibraciones violentas de la garganta.
> 2. Cuando en un intervalo pequeño o grande están ligados dos sonidos entre sí con una misma vocal, por ejemplo:

> Estos dos métodos de unir los sonidos se denominan en italiano: Cantar legato, Legar i tuoni, y los alemanes convenientemente lo llaman "getragen singen".[484]
> 3. Se denomina únicamente portamento di voce en la auténtica escuela italiana de canto cuando se ligan dos sonidos que conforman un intervalo menor o mayor con dos sílabas diferentes entre sí. El segundo tipo de legato, como el portamento, consiste en una ligera unión de la voz, que se desliza al final de la primera nota hacia la segunda sobre los tonos intermedios. Esta ligazón debe ser tan rápida que los dos sonidos separados parezcan para el oído como uno solo fusionado. Pero esto sólo puede lograrse si no se hacen sentir los tonos intermedios; la inobservancia de esta regla haría del legato y el portamento algo similar a un aullido o un bostezo.[485]

---

[484] Y los franceses, según el traductor francés, "chanter legato".

[485] Mannstein, Heinrich Ferdinand. *Das System der grossen Gesangschule des Bernacchi von Bologna*. Dresden & Leipzig: In der Arnoldischen Buchhandlung, s.d. [1835], pp. 26-27.

Por tanto, estén o no los dos sonidos cantados con la misma vocal, o lo que es lo mismo, sea o no necesaria la anticipación de la segunda nota, el deslizamiento debe ser muy ligero, nunca arrastrado. La misma cautela en el uso del portamento que pedían Mannstein y otros autores en las primeras décadas de la centuria la encontraremos a finales de siglo. Sin embargo, el portamento, que no perdió su connotación vocal, parece que se alejó del canto idealizado de la mano de los virtuosos instrumentistas y gracias a ellos se convirtió en el principal recurso dramático, el que se dirigía más directamente al corazón, el que mejor impresionaba a la audiencia y pintaba los diferentes acentos y estados emocionales que se manifiestan en el ser humano. El testimonio que apareció en *The Harmonicon* tras la actuación de Paganini en Londres en 1831 así lo refleja:

> Admitimos el gran gusto y el fuerte sentimiento del señor Paganini, pero negamos que el casi continuo deslizamiento mientras toca sobre una cuerda —dignificado por el término *portamento*— sea una prueba de cualquiera de los dos. Llevado hasta tal exceso se convierte en un quejido o un gemido, nada mejor, aunque éste haya sido elogiado como algo superior a la elocuencia del lenguaje más apasionado.[486]

Joseph Verey afirma que fueron las novedades que introdujo las que hicieron popular a Paganini y que "casi todos los violinistas imitaron su estilo".[487] Precisamente, las críticas más aguerridas hacia el portamento coinciden con la aparición en escena de los primeros virtuosos románticos, cuya lectura dramática de la expresión propició la propagación de los excesos sentimentalistas y de aquellos recursos que simbolizaban la intensidad de sentimiento. Esta línea será iniciada en el violonchelo por dos intérpretes principalmente, Alexander Batta y Adrien François Servais, aunque los indicios apuntan a que el alemán Max Bohrer también adoptó las mismas maneras: todos son portadores de un estilo en el que el portamento y el vibrato son continuos.[488] Al igual que Paganini, Servais fue duramente criticado por sus portamentos: "Sus incesantes deslizamientos transmiten un efecto arrastrado [*drawling*] y quejumbroso a cada compás de expresión que interpreta. (...) Donde su *portamento* es menos redundante, debemos admitir que su instrumento canta más que el de la mayoría de los intérpretes, dentro y fuera de Inglaterra".[489]

---

[486] *The Harmonicon*. London: Longman, agosto de 1831, p. 191.

[487] Verey, Joseph. "Famous Violin Players". En: *The Era Almanack*. Edward Ledger, ed. London: s.d., 1871, p. 79.

[488] Cf. Citas 411, 413 y 415.

[489] *The Musical Library (Monthly Supplement)*. London: Charles Knight, julio de 1835, p. 67.

Sobre la generalización del portamento en la interpretación, que se encuentra bien documentada a través de decenas de testimonios que jalonan la época que se estudia, hay una aportación que nos parece interesante citar porque introduce algún nuevo elemento y porque fue hecha por uno de los violonchelistas tardorrománticos españoles más importantes: el granadino Alfredo Larrocha (1866-194?). Éste, alumno de Víctor Mirecki en Madrid y más tarde, a partir de 1884, de Jules Delsart en Paris,[490] cuenta en su *Manual del violinista* (1938) que en la Exposición Universal de Paris de 1889 hicieron su aparición las tradicionales orquestas de tziganes rumanos y húngaros, formadas por violines, violas, contrabajo, siringa y zimbalón. Estas orquestas —según relata Larrocha— tocaban czardas, dunkas, polkas y otras danzas ricas en ritmos y melodías sensuales y apasionadas con "un *vibrato palpitante* y el *glissando* lento y continuo que constituía la *manera clásica* de interpretar los aires nacionales de su país".[491] Parece ser que estas orquestas causaron furor y sus prácticas llegaron a influir en el estilo de la escuela de cuerda francesa:

> Esta estética no podía prevalecer en la buena escuela, pero, desgraciadamente, el éxito que obtuvieron los tziganes del 89, fue tan grande, que poco a poco fue infiltrándose su estilo y todos los violinistas de Paris que hacían el *métier* (oficio) adoptaron el *vibrato libre* (permítaseme la frase) con gran detrimento de la bella escuela *italo-franco-belga* al echarse en brazos del epiléptico estilo *tziganesco*. A partir de aquel momento, todos los violinistas tocaban de igual modo la música seria como las tan famosas como *manoseadas* czardas.[492]

Es bien conocida la influencia que tuvieron el folklore español y el oriental en la música francesa de la época a raíz de la Exposición Universal de Paris de 1889, y puede que, efectivamente, la expresión de algunos violinistas franceses se viera afectada por este estilo popular; sin embargo, resulta difícil confirmar o desmentir si esta fiebre fue algo anecdótico o si tuvo algún efecto más allá de algunos casos particulares sobre un estilo interpretativo ya dominado por recursos como el vibrato y, sobre todo, el portamento. De hecho, el mismo Larrocha, partidario de un estilo en el que debe primar la honradez, la sinceridad y la inteligencia, cuando aborda la estética de la interpretación, critica en general el estilo de la

---

[490] Cuenca, Francisco de. *Galería de músicos andaluces contemporáneos*. La Habana: Cultura S. A., 1927, p. 149.
[491] Larrocha, Alfredo. *Manual del violinista*. San Sebastián: Martín y Mena, 1938, p. 69.
[492] Ibíd., p. 70.

época, siendo una voz más que viene a confirmar el exceso de portamento en el período entre siglos, exceso que sitúa en las generaciones más jóvenes: "El abuso del *vibrato*, del *glissando*, del *portamento* y de la fea costumbre de *hinchar* las notas, han falseado a tal punto la buena escuela y el buen gusto, que insensiblemente se ha ido apoderando de la juventud una fiebre de *expresivismo exaltado* que, más que un arte sentimental, parece un caso de histerismo".[493]

3. El carácter del portamento en el instrumento más humano

En las piezas interpretadas por los primeros violonchelistas grabados el portamento se aplica de la misma forma a la música de todas las épocas. El acento de la mayoría de estas piezas es apasionado, dramático, melancólico, poético, afectuoso, solemne, majestuoso, etc., piezas en su mayoría para el despliegue de la cantilena, donde el violonchelo había encontrado su propio carácter a ojos de los músicos tardorrománticos:

> Uno de los puntos más fuertes que tiene el violonchelo como instrumento solista es la interpretación de la cantilena. En este punto no es superado por ningún otro instrumento. Si el violín, que es como la fusión del canto de la soprano y de la contralto, nos habla ya con tierna virginidad, ya con encendido júbilo, el violonchelo, que se mueve preferentemente por la hermosa región del tenor y del bajo, remueve nuestra alma con su sonoridad cautivadora y la imponente riqueza de su sonido, así como por la expresión elegíaca, que en virtud de su peculiar timbre está en él intrínsecamente más que en el violín.[494]

Aunque de una forma u otra la escuela vocal está presente en todos los músicos románticos, la atribuida semejanza del violonchelo con la voz humana hizo, posiblemente, que el violonchelista observara, más que ningún otro instrumentista, todos los matices y modulaciones posibles de la voz. Broadley, en su *Chats to 'cello students* (1899), recoge algunas indicaciones sobre los elementos a tener en cuenta en dicha observación:

> El violonchelo se asemeja a la voz humana quizá más que cualquier otro instrumento. El carácter del sonido en ciertos segmentos de su registro es muy similar al de la voz humana y, sin ir demasiado lejos, se puede decir que es posible producir casi todos los variados efectos de articulación de los que la voz es capaz, excepto el habla en sí misma.

[493] Ibíd., p. 68.
[494] Wasielewski, Wilhelm Joseph von. *Das Violoncell und seine Geschichte.* Leipzig: Breitkopf und Härtel, 1889, p. 236.

Así, la variación en el tono que los cantantes producen por una gestión inteligente de la respiración, el portamento cuando dos notas se cantan con la misma vocal, el sonido duro de una consonante inicial, el vibrato y otros numerosos efectos son posibles en éste, el instrumento más humano. Sin embargo, en lo que se refiere al portamento, el violonchelo posee grandes posibilidades, y mucho más se espera del instrumentista en la forma de saltar hacia y desde las notas que se encuentran a gran distancia, algo que no se puede esperar de la voz humana. El cantante realiza este tipo de saltos mediante una inconsciente y hasta cierto punto involuntaria contracción de los pequeños y delicados músculos de la laringe. El violonchelista a veces tiene que recorrer toda la longitud de la tastiera, o romper el flujo de la melodía para saltar sobre una o más cuerdas. Esto, pues, demostrará las imperfecciones incluso del instrumento más perfecto hecho por el hombre en comparación con la voz. El violonchelista debe esforzarse con la ayuda del arte en superar, o esconder, los efectos negativos que pudieran ser causados por los problemas mecánicos de su instrumento y, teniendo la voz como ejemplo, esforzarse en interpretar una composición de la misma manera que lo haría un buen vocalista, imitando lo más precisa y verazmente posible el fraseo y los diversos efectos que se observan en el canto.[495]

Parece obligado, pues, mirar hacia el canto y ver qué dicen las autoridades románticas con relación al portamento. Los textos muestran unanimidad previniendo el abuso del portamento en la interpretación, pero al mismo tiempo hacen de termómetro que refleja la utilización del recurso en la época, tanto en el canto como en la práctica instrumental. En el período entre siglos, Albert Gérard Thiers, en su *Technique of musical expression* (1903), precisamente después de haber definido varios tipos de portamento desde un punto de vista emocional (portamento de amor, portamento de desesperación, doble portamento, portamento descriptivo y portamento ascendente),[496] manifiesta que ningún sentimiento o emoción puede describirse con un solo recurso expresivo y censura la frecuente presencia del portamento en el canto:

> Cada composición tiene un estado de ánimo predominante, pero ningún estado de ánimo, incluso ninguna emoción, se puede expresar mediante el empleo de un único efecto musical. El sentimiento más definido es complejo, resultado de una variedad de impulsos que tienen resortes ocultos en las profundidades de nuestra naturaleza.

---

[495] Broadley, Arthur. *Chats... Op. cit.*, pp. 55-56.
[496] Cf. Thiers, Albert Gérard. *Technique of musical expression.* New York: Theodore Rebla, 1903, pp. 68-77.

Actualmente, el portamento representa sólo un aspecto de cualquier emoción, un aspecto en movimiento en su propia posición y en relación con los demás, pero cuya constante presencia se convierte en repugnante. Por tanto, si un cantante continúa más allá de cierto punto, hacia la desesperación *sin esperanza*, su público deseará el cambio de escena y que le inviten a salir fuera de allí. Si una canción de amor está llena de lánguidos portamentos el efecto es nauseabundo.[497]

Mannstein se lamenta en el prólogo de *Das System der grossen Gesangschule des Bernacchi von Bologna* (1835) de que todos los métodos sobre el arte del canto han tratado superficialmente asuntos como la respiración, el portamento, la conexión de los registros, la enseñanza de la interpretación, etc.[498] Gracias a esta preocupación es como nos encontramos ante uno de los escritos más importantes sobre el portamento en el siglo XIX. El texto *Ästhetik des Portamento* (*La estética del portamento*) incorpora lo dicho por la mayoría de las autoridades románticas (texto algo más breve que el que podemos encontrar en *Die grosse italienische Gesangschule, nebst praktischen Uebungstücken* [1848] del mismo autor). Mannstein está a favor de la presencia del portamento en la interpretación, es más, sugiere que un pasaje cantabile no se puede concebir sin portamento, dando una visión bastante detallada de los caracteres y circunstancias donde la aplicación del portamento sería más apropiada. Por su gran interés, recogemos dicha sección íntegramente:

> No se puede establecer en absoluto una regla estricta para la aplicación del portamento. Nos equivocamos si creemos que caracteriza sólo a los sentimientos tiernos. Podemos emplearlo con el mismo efecto para la descripción de las pasiones impetuosas, incluso en el canto declamatorio. ¿Quién no se serviría del portamento, por ejemplo, en el siguiente pasaje?

Maestoso ad libitum

All- mächt'ge Son - ne, hö - re!

hö - re der Ra-che gröfsten Eid!

---

[497] Ibíd., pp. 75-76.
[498] Cf. Mannstein, Heinrich Ferdinand. *Das System... Op. cit.*, p. VII.

Aunque aquí no se trate de un discurso de sentimiento tierno, el cantante que no quisiera emplearlo indudablemente daría prueba de un gusto muy mediocre.

En cambio, hay pasajes que describen la emoción más profunda y que, justamente por eso, permiten sólo un uso moderado del portamento. Por ejemplo:

Una vez aplicado, el portamento engrandece el carácter del canto y le imprime un sello inconfundible. Si, por ejemplo, se canta la siguiente palabra con portamento, nadie dudará de que el amor y el deseo son verdaderos.

La expresión es, pues, el fin y el efecto del portamento, con independencia de que el amor o la cólera, el dolor o la alegría, etc., sean los temas a representar. Estaríamos equivocados, sin embargo, si quisiéramos sostener que el portamento es aplicable en todas partes. Al contrario, su empleo en cualquier lugar es de gran dificultad, que sólo puede ser vencida por la verdadera cultura estética del sentimiento y del gusto. En el empleo del portamento uno debe mantener siempre un principio: demasiado portamento o demasiado poco anula cualquier efecto.

En general, es imposible establecer reglas sobre dónde y con qué frecuencia debe ser aplicado el mismo, o al menos utilizado con buenos resultados, pero la mejor escuela de canto sólo puede ofrecer los siguientes principios generales:

1. Hay que evitar emplear el portamento muy a menudo, ya que si no lo hacemos el canto deviene demasiado sensible y arrastrado.
2. No debe aplicarse demasiado raramente, porque de lo contrario la interpretación permanecerá rígida y sin expresión.
3. El más alto grado de alegría, que se manifiesta por un grito violen-

to, excluye generalmente el portamento, debido a la alegría, ya que el brincar está [de la misma forma] en la canción como en la realidad. Pero también es posible pensar en casos en los que esto no ocurre.
4. La emoción más profunda, que se acerca a la contrición y se pronuncia con un tono tranquilo y tembloroso [*bebenden*], requiere sobre todo un uso selectivo del portamento.
5. Los sentimientos tiernos y tristes requieren una aplicación mayor del mismo.
(6) Cuanto más rápido es el tempo menos portamento se requiere, cuanto más lento, más, por lo que el cantabile requiere más.
(7) En las notas que llevan punto se ejecuta sólo cuando la segunda nota con punto excede con creces en valor. Las notas con punto implican lanzamiento, salto, separación, mientras que el portamento es la más íntima unión junto con la más completa fusión del elemento lingüístico y musical, por lo que la aplicación aquí del portamento constituiría una contradicción en sí misma.
(8) En los cantos polifónicos sólo puede aplicarse si todas las voces se unen para hacerlo, también porque una voz que destaca sobre las demás resulta molesta.[499]
6. El portamento a menudo se puede utilizar varias veces consecutivas, [pero esto debe hacerse bajo la dirección de un gusto refinado.[500]] Por ejemplo:

(Die Bogen bezeichnen das Portamento.)

<hr>

[499] Los principios desmarcados (6), (7) y (8) no se recogen en *Das System der grossen Gesangschule des Bernacchi von Bologna,* sino que aparecen aquí insertados en: Mannstein, Heinrich Ferdinand. *Die grosse... Op. cit.,* p. 81.
[500] Este principio también se encuentra ampliado por Mannstein en *Die grosse... Op. cit.,* p. 81.

Andante Larghetto

Nur mei - ne   Kin-der lass glücklich stets

sein, nur mei-ne Kin-der lass glücklichstets sein!

Ej. 6.5. Mannstein, Heinrich Ferdinand. *Die grosse italienische Gesangschule, nebst praktischen Uebungstücken.* Dresden & Leipzig: In der Arnoldischen Buchhandlung, 1848, p. 82.[501]

7. El buen gusto exige conectar una serie de notas de gran valor, unas con otras, mediante el portamento. El cantante sufre una pérdida de aliento, por lo que, según las reglas de la respiración, debe respirar sólo después de la anticipación de la segunda nota, lo que sería artísticamente correcto, esto es, después de la anticipación adelantada [*nach einer beschleunigten Vorausnahme*], cuando se ha finalizado el portamento. Por ejemplo:

Largo

u. s. w.

Aquí la anticipación [de la segunda nota] se realiza de hecho en la última parte, mientras que el deslizamiento se llevará a cabo un poco antes, de tal manera que incluso la anticipación y el enlace hayan terminado al final del cuarto tiempo, para que la respiración pueda tener lugar en las marcas del ejemplo anterior.[502][503]

Los violinistas, a semejanza de los violonchelistas, también tomaron el canto como modelo. Una de las aportaciones más importantes sobre el portamento en el siglo XIX nos la ofrece el violinista Charles de Bériot en el tercer volumen de su *Méthode de violon* (1858). En la introducción a dicho método encontramos toda una declaración de intenciones:

---

[501] En *Das System...* sólo aparece el segundo ejemplo, el Andante Larghetto.

[502] Mannstein, Heinrich Ferdinand. *Das System... Op. cit.*, pp. 30-32.

[503] La forma de realizar esta respiración descrita por Mannstein se puede escuchar en la interpretación de la romanza "Letzte Rose" de Flotow (c. 16) a cargo de Olimpia Boronat. Cf. Ej. 6.6.

Tomamos, pues, la música de canto como punto de partida, como guía y como modelo. La música es el alma de la palabra y con su expansión hace resaltar el sentimiento; lo mismo que la palabra ayuda a entender el sentido de la música. Esto es lo que nos hizo buscar en la música dramática la inmensa mayoría de los ejemplos contenidos en la tercera parte. Al ser la música, ante todo, el lenguaje del sentimiento, su melodía contiene siempre en ella un sentido poético, una palabra, real o ficticia, que el violinista debe tener sin cesar en el espíritu, con el fin de que su arco reproduzca el acento, la prosodia, la puntuación, y haga, en una palabra, hablar a su instrumento.[504]

Así es como Bériot toma como modelo el canto y viene a repetir lo dicho por Mannstein, esto es, que el portamento "debe estar siempre en concordancia con el espíritu de la música",[505] aunque también aporta nuevos matices:

El portamento conviene sobre todo al lenguaje dramático, pero destruye toda la sencillez grave y majestuosa de la música sagrada. Empleada en el estilo cándido, ingenuo, pastoral, toma frecuentemente una expresión ridícula. Prodigada en el estilo gracioso, desazona el sabor y destruye la belleza natural que posee. Se emplea mucho mejor en el lenguaje triste y doloroso; mas también aquí habrá que emplearlo con sobriedad. En la pasión, en la desesperación, el portamento puede ser más frecuente, más quejoso, siempre en concordancia con el carácter de la prosodia.

El inconveniente del portamento no está sólo en el empleo sucesivo y contradictorio que se pueda hacer de él, sino también en la manera de ejecutarlo: hay que observar en la duración del sonido deslizado [porté] un cierto grado de velocidad, que debe estar necesariamente en relación directa con el género de música y el lugar que ocupa en la frase musical.

Este glissando [glissade], ejecutado demasiado lentamente (y esto es un defecto general), degenera en un maullido abusivo que destruye completamente el encanto de la melodía.

---

[504] Bériot, Charles de. *Méthode de violon*, op. 102. Paris: Schott, s.d. [1858], vol. i, p. ii.

[505] Bériot, Charles de. *Méthode de violon (Método de violín)*, op. 102. Paris: Schott, s.d. [1858], vol. iii, p. 235.

La manera general y mejor de emplear el portamento es, como acabamos de decir más arriba, colocarlo entre dos notas ligadas por la misma sílaba en la música de canto, o por el mismo golpe de arco en la música de violín.

Si la expresión lo exige, el portamento puede hacerse también entre dos notas distantes aunque estén separadas por dos sílabas, cuando estas dos notas forman una *appoggiatura*. En este caso, el portamento se hace sobre la primera sílaba, llevando el sonido de la nota larga a una pequeña nota adicional anticipada sobre la breve.[506]

doit s'interpréter ainsi:

Como se puede comprobar, Bériot certifica el uso y abuso del portamento en la interpretación, también del portamento arrastrado que destruye el sentido de la melodía; por eso demanda para el mismo cierta ligereza, aunque reconoce que la velocidad del portamento vendrá marcada por el género de música que se interpreta. En cuanto al carácter más apropiado para introducir el portamento, Bériot coincide con Mannstein en situarlo en la música triste y dramática, no descartando su aplicación mesurada en otro tipo de música, por ejemplo en aquella de carácter gracioso o enérgico. Así, la velocidad del portamento se acomodará a los diferentes caracteres que —según Bériot— se encuentran entre la música religiosa y la música dramática, "dos caracteres opuestos que resumen entre ellos todos los demás".[507] Empero, el violinista belga se atreve a clasificar el portamento según la velocidad del deslizamiento en tres tipos: el portamento rápi-

---

[506] Ibíd., pp. 235-236.
[507] Ibíd., p. 246.

do, el portamento dulce y el portamento arrastrado.[508] Bériot parece desarrollar lo que ya había apuntado Baillot en su *L'Art du violon*, a saber, que uno de los elementos que mejor transmitían el carácter de la música [*matériel de l'accent*] era el portamento. Eso sí, este último recomienda, como aquél, "emplearlo con delicadeza, con una finura exenta de afectación".[509]

4. Naturalismo expresivo

William Gardiner en su ensayo *The music of nature* (1832), definido por él como "un intento de demostrar que lo que es apasionado y agradable en el arte del canto, de la oratoria y de la interpretación instrumental se deriva de los sonidos del mundo animado",[510] atestigua que el portamento en la tercera década de la centuria estaba generalizado en la interpretación:

> El portamento es un adorno de gran simplicidad y belleza extraído por supuesto de la naturaleza: con él se expresan la mayor parte de las emociones tiernas y amorosas. Lo escuchamos en esas pequeñas ráfagas de pasión que las madres usan cuando acarician a sus hijos, y en el lenguaje de la naturaleza es uno de nuestros sonidos más entrañables. (...) Muchos cantantes de segundo nivel se sirven de él como un método recurrente para encontrar las notas más lejanas y las distancias difíciles. En algunas voces se ha convertido en un hábito tal que dos compases no pueden ser cantados sin él. Cuando es usado de esta manera destruye totalmente cualquier pretensión de buen canto interponiendo un efecto de lo más repugnante, mientras que si es usado con discreción, añade mucho a la fuerza expresiva.[511]

Las palabras de Gardiner, que sitúan al portamento en la naturaleza y lo relacionan con la expresión de las emociones y las inflexiones de la voz humana, son el mejor testimonio de que el portamento se generalizó en los instrumentos de cuerda no sólo porque los intérpretes quisieron emular el canto de la voz humana, sino también porque existió un deseo de imitar los sonidos que se identifican con el lenguaje afectivo, para, a

---

[508] "Portamento rápido [*Port-de-voix vif*]: Empleado en las notas tocadas [*jetées*] con gracia, o en las notas lanzadas con energía. Portamento dulce [*Port-de-voix doux*]: Empleado en la expresión afectuosa. Portamento arrastrado [*Port-de-voix trainé*]: Empleado en la expresión quejumbrosa y dolorosa". Ibíd., p. 237.

[509] Baillot, Pierre. *L'Art... Op. cit.*, p. 191.

[510] Gardiner, William. *The Music... Op. cit.*, p. 164.

[511] Ibíd., pp. 164-165.

través de dicha imitación, hacer verdaderamente de la música el sentimiento en sí mismo, de ahí que en los cantantes se describa un uso igual de irracional del portamento. El lingüista francés Léon Vaïsse nos demuestra, como ya lo hiciera Hanslick,[512] que los virtuosos de arco románticos buscaron hablar con su instrumento y encontraron en la imitación de las inflexiones de la voz la forma de intensificar la expresión:

> Para cada sílaba hablada, las vibraciones y las ondas acústicas siguen una progresión de aceleración o de retardo, según las cuales, que dependen de la melodía dictada por el sentido, el tono debe subir o bajar. La progresión acelerada es la más ordinaria, mientras que las entonaciones descendentes son propias de las sílabas que preceden a las pausas. (...) Basta con prestar atención a ciertos efectos en la interpretación de los instrumentos de cuerda y arco, tales como el violín y el violonchelo, que no llevan en el mango, como la guitarra, trastes que fijan los intervalos de manera absoluta. Pues haciendo sobre estos instrumentos de mango libre estas notas que los músicos llaman ligadas, que dan a la ejecución más expresión, esta expresión resulta sólo de la analogía que estos sonidos presentan con los de la palabra. De ahí la forma con que suele expresarse el efecto que el intérprete produce de esta manera, diciendo que hace *hablar* a su violín o a su violonchelo.[513]

No hay duda de que el portamento es el recurso que mejor se alía con una concepción tangible de la música como sentimiento. Estas inflexiones del tono que son identificativas de nuestro estado anímico y que imprimen carácter a lo que se canta o a lo que se dice en el lenguaje hablado, son, según Riemann, restos de un lenguaje primitivo que tiene su raíz en las inflexiones naturales provocadas por las emociones.

> El paso de la melodía de Do a Sol, colocado una quinta más arriba, no corresponde a la fijación de dos cualidades que no tuvieran otra relación que la de tiempo, pasada la una, y presente la otra; este paso es una marcha, una progresión de un sonido hacia otro a través del espacio que les separa. El paso ligado de un sonido a otro, de una altura determinada, es, para el compositor como para el oyente, el equivalente real de un aumento o de una disminución de tensión, no el cambio brusco de dos grados diferentes de tensión.[514]

---

[512] Cf. Cita 193.

[513] Vaïsse, Léon. *De la parole considérée au double point de vue de la physiologie et de la grammaire*. Paris: Firmin Didot Fréres, 1853, p. 480.

[514] Riemann, Hugo. *Elementos de estética musical [Die Elemente der musikalischen Ästhetik]*. Eduardo Ovejero y Mauri, trad. Madrid: Daniel Jorro, 1914, p. 48.

Riemann escribe en sus trabajos sobre estética que la melodía en la naturaleza tiene un carácter continuo, sin graduación en el cambio de altura y que, por tanto, la elevación y el descenso de la altura del sonido llevan implícita una progresión ininterrumpida, sin saltos ni escalones. Mucho antes, Rousseau, en su *Essai sur l'origine des langues*, texto publicado póstumamente en 1781, se había manifestado en términos similares, afirmando que las voces naturales son inarticuladas y expresión directa de nuestros sentimientos y nuestras pasiones: "En todas las lenguas, las exclamaciones más vivas son inarticuladas; los gritos, los gemidos, son voces simples",[515] y había considerado la graduación de los sonidos y la pérdida de las inflexiones de la voz como una degeneración de la música respecto a una melodía primitiva.[516] Con ello, la música perdió todo su vigor y apasionamiento y "se vio privada de los efectos modulares que había producido cuando era la voz de la naturaleza".[517] Rousseau hallaba en los pueblos salvajes de América o en el género enarmónico vestigios de esas "inflexiones que llamamos falsas, porque no entran en nuestro sistema, escapan a nuestro sistema y no las podemos anotar".[518] De la misma forma, Riemann constataba que todavía se podían encontrar restos de la esencia naturalista de la melodía, en forma de deslizamientos del sonido en pequeños intervalos, en la música de muchos pueblos orientales y árabes, pero también en la música culta occidental:

> Señales de una formación naturalista de la melodía, es decir, vestigios del cambio continuo de altura, los cuales han sido sustituidos por el cambio gradual [de altura], se encuentran en ciertos pequeños intervalos de las escalas de los pueblos orientales (los cuartos de tono de los indios, los tritonos de los árabes, los enarmónicos de los griegos), así como en el portamento de nuestros cantantes modernos.[519]

El siguiente pasaje viene a reforzar el carácter naturalista del portamento en la melodía y la importancia que adquiere como símbolo de las cualidades naturales de la voz humana, como medio para imitar los sonidos inarticulados que provocan las pasiones, y como recurso utilizado en los instrumentos de cuerda para alcanzar dicho carácter. La referencia explícita al portamento es, una vez más, significativa:

---

[515] Rousseau, Jean-Jacques. *Ensayo sobre el origen de las lenguas*. México: Fondo de Cultura Económica, 1984, p. 21.

[516] Cf. Ibíd., p. 81.

[517] Ibíd., p. 82.

[518] Ibíd., p. 77.

[519] Riemann, Hugo. *Catechism of musical aesthetics [Katechismus der Musik-Ästhetik (Wie hören wir Musik?)]*. Henry Bewertungen, trad. London: Augener & Co., s.d. [1895], p. 28.

Además de la posibilidad de aumentar o disminuir la fuerza del sonido a placer, el factor más importante para la calidez, viveza y vigorosidad sonora en los instrumentos de cuerda, así como en la voz humana, está en el hecho de que, en las transiciones de una altura a otra, se puede realmente producir un aumento o una disminución continua: el *portamento*, en consecuencia, es la encarnación más concreta del principio melódico, en la medida en que es la transición audible desde un tono a otro mediante una línea continua. Pero por la misma razón, un frecuente uso del *portamento* —y también de la escala cromática, que es muy semejante a él— es más bien naturalista.[520]

La definición del portamento como "la encarnación más concreta del principio melódico" es —bajo nuestro punto de vista— una de las más acertadas en todo el romanticismo. Riemann, en su posterior *Die Elemente der musikalischen Ästhetik* (1900), vuelve a este asunto para advertir que "la sensibilidad estética afinada se subleva contra la introducción de continuidad real de la progresión sonora o, por lo menos, la admite solamente en casos especiales y muy raros",[521] por lo que reclama tacto a la hora de emplearla, ya que la imitación del portamento vocal por parte de los instrumentistas de cuerda hay que considerarla como una "revelación torpe de la naturaleza".[522] A pesar de ello, su empleo en los instrumentos de cuerda, como él mismo había dicho, es un factor que imprime fuerza a la interpretación. La consideración de que "el principio de la melodía reside en el cambio no graduado, sino continuo de la altura del sonido",[523] y de que los puntos de partida y llegada, los grados de la escala musical, son sólo un "estado de conciencia",[524] puede ser muy valiosa para comprender los momentos en los que la introducción del portamento habría sido oportuna. El paso de un estado de conciencia a otro lleva implícito un aumento o una disminución de la tensión. Este paso habríamos de encuadrarlo dentro de "los más pequeños 'gestos de la emoción' (Nietzsche)",[525] pequeños elementos que exigen continuidad de concepción, al menos en el ligado y en el interior del motivo. Para ilustrar esta idea, Riemann nos reporta el siguiente ejemplo:

---

[520] Ibíd., p. 6.
[521] Riemann, Hugo. *Elementos... Op. cit.,* p. 50.
[522] Ibíd.
[523] Ibíd., p. 47.
[524] Ibíd., p. 48.
[525] Riemann, Hugo. *Die Elemente... Op. cit.,* p. 41. // Riemann, Hugo. *Elementos... Op. cit.,* p. 49.

Aquí el gesto expresivo lo conforma el movimiento ascendente sol-do', que a su vez pasa por el si. Riemann explica:

> Pretendo, pues, que en el interior de cada uno de estos sonidos (separados unos de otros por el signo '), la concepción en el sentido de un cambio continuo de altura del sonido, de una progresión, está completamente indicada y existe de hecho en el músico. Por otra parte, los diferentes motivos están realmente separados los unos de los otros por el signo ' , por un momento de indiferencia para el espacio que separa los dos sonidos; se tiene la impresión de la parada del sonido sobre una cualidad (do'), y de su renovación sobre otra o, a veces también, sobre la misma (repetición del sonido: do', do').[526]

Esta reflexión nos parece realmente interesante, no sólo porque pone la atención sobre los gestos de las emociones, los motivos, gestos que habrían de interpretarse como trazos de una línea continua, sino también porque sugiere que esta intencionalidad se daba en los músicos, algo que, en relación con la práctica del portamento, resulta muchas veces evidente escuchando las interpretaciones de los primeros violonchelistas grabados. Estas ideas se insertan en una concepción general del fraseo musical (ideas de las que también se hablaron en el cuarto capítulo) que se basa en los factores elementales de la expresión: "El grado y rapidez con que se produce el cambio de entonación y de intensidad del sonido",[527] factores que pertenecen, aunque estén fuera del ámbito artístico, tanto a la naturaleza como a la voz humana: "La emoción creciente, como hemos comprobado, alza la entonación y aumenta la intensidad del sonido; es más, sus fluctuaciones agitadas o violentas encuentran su expresión natural en la rapidez misma de estas progresiones".[528] El arte musical no hace sino abstracción del cambio continuo de altura y, por tanto, el portamento choca, como ya se ha dicho, con una sensibilidad estética afinada, así que su empleo debe ser excepcional. Riemann apostilla:

> El portamento vocal, que los virtuosos de arco suelen imitar haciendo resbalar el dedo sobre la cuerda en vibración, produce evidentemente la impresión de una revelación torpe de la naturaleza, o de un socorro harto poco disimulado tendido a la actividad de la imaginación musical; se comprende que moleste a un oído delicado tanto como al sentimiento cultivado. Es cierto, sin embargo, que empleado con tacto y de una manera excepcional puede reforzar considerablemente la expresión.[529]

---

[526] Riemann, Hugo. *Elementos... Op. cit.*, pp. 49-50.
[527] Ibíd., p. 88.
[528] Ibíd., p. 89.
[529] Ibíd., p. 50.

Pero el portamento no se aplicaba excepcionalmente para reforzar la expresión, sino que se hacía de él un uso indiscriminado. De hecho, siempre se relacionó con el sentimentalismo, con gustos musicales poco desarrollados y también con aquellos virtuosos que sacrificaban el arte para granjearse el favor de la caterva de *diletantti*: así es como un articulista inglés escribía en 1839 que el portamento era para el afectado gusto de los parisinos sinónimo de *"intensidad de sentimiento"*.[530] Ciertamente, fue su carácter naturalista lo que hizo que el portamento fuera el recurso que mejor sirviera a un lenguaje dramático de gran carga emocional, que rápidamente se erigiera en el principal recurso expresivo y que en la segunda mitad del siglo XIX deviniera en un elemento idiomático de la interpretación vocal e instrumental. En consecuencia, ni se podía desvincular del cantabile, ni atribuirse exclusivamente a los virtuosos de tendencias dramáticas. Broadley, relacionando el portamento con la intensidad de sentimiento, explicaba cómo el violonchelista debía regular la cantidad de portamento empleado en la interpretación:

> Algunos profesores de la escuela clásica más estricta condenan cualquier portamento como defectuoso; el mejor de estos intérpretes destaca por su entonación perfecta, pero también por su falta de sentimiento. Cualquier exageración en la dirección opuesta, sin embargo, tiende al sentimentalismo excesivo, y en una audiencia no preparada tendría los resultados más desastrosos. Es sabido que el intérprete puede acostumbrarse tanto a hacer portamento que cualquier exageración a este respecto pueda parecerle del todo correcta. El intérprete debería regular su ejecución según la manera en la que la ausencia o la prominencia demasiado grande de portamento le afecta a él en la interpretación de otros. Ésta es el única forma segura de juzgar, ya que el efecto sobre el oyente es siempre más pronunciado que sobre el intérprete.[531]

Pensamos que Riemann habría aprobado las palabras de Broadley, y hasta nos atreveríamos a decir que abogó porque los intérpretes se sirviesen de este recurso naturalista. Decimos esto porque, realmente, se lamenta de que los instrumentos de viento o el piano no puedan aprovecharse del mismo "en esos motivos entre los cuales la concepción de la línea sonora continua subsiste, por el hecho de que la nota final del primer motivo está relacionada con la inicial del segundo por medio de una especie de transición, lo que M. Lussy llama 'guidon' o 'notes de soudure'".[532] Riemann da cuatro ejemplos (dos vocales y dos instrumen-

---

[530] *The Musical World*. London: John Leighton, 9 de mayo de 1839, p. 29.
[531] Broadley, Arthur. *Chats... Op. cit.*, p. 56.
[532] Riemann, Hugo. *Elementos... Op. cit.*, pp. 50-51.

tales), apuntando que la escala cromática en el ejemplo de Beethoven (como todo cromatismo) es una forma de escala graduada que pretende emular la línea continua:

El violonchelista Hugo Becker, que —como ya se estudió en el cuarto capítulo— estuvo fuertemente influido por las ideas de Riemann, se refiere a estas ligazones entre motivos mediante otros ejemplos, en su caso, relacionados con el lenguaje hablado:

> Es bien sabido que el francés suele enlazar en algunas palabras las consonantes finales de la última palabra con la primera vocal de la segunda, por ejemplo en *pas un mot* o *dans une maison*. A la persona que no es francófona, este matiz del lenguaje, la *liaison*, le supone cierta dificultad: o bien omite la unión por completo, o bien extiende un enorme puente hacia la segunda palabra, pronunciando la "s" de forma demasiado fuerte y dura. Ambas cosas están mal. ¡Lo correcto está en el medio! Por tanto: ¡No hay interrupción entre las dos palabras, sino un hermoso, delicado y suave enlace![533]

dans une maison

Un ejemplo de *note de soudure* lo podemos encontrar en la interpretación de la romanza "Letzte Rose" de Flotow a cargo de Olimpia Boronat (Ej. 6.6), quien realiza un portamento en el compás 16 que anticipa el sonido de la nota que sigue (fa') y que en efecto sirve para *souder* (soldar) el último sonido de la frase con el primero de la siguiente.

---

[533] Becker, H. y Rynar, D. *Mechanik und Ästhetik... Op. cit.*, p. 195.

Ej. 6.6. Flotow, Friedrich von. Romanza "Letzte Rose" de la ópera *Martha*, cc. 15-16. Olimpia Boronat. Grabación: 1908.

La concepción naturalista de la melodía estuvo fuertemente arraigada en la cultura musical decimonónica, y el portamento, el rasgo que mejor proyectaba esa concepción, fue el principal recurso expresivo que sirvió para dotar de sentimiento al canto vocal e instrumental, por su analogía con los sonidos inarticulados que producimos bajo los diferentes estados de ánimo. Es también esa línea melódica continua lo que verdaderamente escuchamos en los primeros violonchelistas grabados, trazos melódicos lineales o más o menos ondulados dibujados a través del portamento, que dan a la melodía, en muchas ocasiones, un carácter casi melismático (véase más adelante el apartado "Doble y triple portamento. Deslizamientos en sucesión"). Bajo esta perspectiva naturalista, la conexión en el cantabile de los sonidos ligados es, a veces, inevitable, especialmente cuando se trata de dos notas a cierta distancia. En la práctica no se observa que los cantantes y los violonchelistas tuvieran verdadero interés en evitar la unión de los sonidos mediante un deslizamiento continuo, todo lo contrario, esbozan los contornos motívico-melódicos y conectan las notas de diferentes alturas mediante deslizamientos a veces muy demostrativos, algo que, como dijera Riemann, pertenecía a la propia intencionalidad del fraseo. La concepción naturalista del canto la encontramos de forma sorprendente en la grabación de 1903 del aria *Casta Diva* de Bellini por Adalgisa Gabbi,[534] o en la interpretación del *O du mein holder Abendstern* de Wagner a cargo de Mattia Battistini.

5. El portamento: una primera diferenciación

En un artículo de autor anónimo titulado "Mittheilungen über Gesang und Gesangsmethode" ('Comunicación sobre el canto y el método de

---

[534] Sin embargo, a modo de comparación, no encontramos este enfoque naturalista y sentimentalista en la grabación de la citada *Casta Diva* realizada por Adelina Patti en 1906.

cantar'), publicado en 1813 en el *Allgemeine musikalische Zeitung*, ya se establecía una clara diferenciación entre el portamento vocal y un tipo de arrastre de la voz [*Überziehen*]⁵³⁵ que, curiosamente, el autor relaciona con el portamento en los instrumentos de cuerda:

> Por mucho que en Italia el portamento sea considerado como uno de los primeros requisitos de un buen cantante, no por ello se deja de diferenciar estrictamente entre el portamento y el horroroso glissando [*Ueberziehen*] distorsionante que algunos cantantes equivocadamente toman por portamento (similar al glissando [*Ueberziehen*] que en los instrumentos de cuerda se hace mediante el deslizamiento gradual del dedo). Este deslizamiento [*Ziehen*] (*tirare*) —y si es muy exagerado, este aullido [*Heulen*] (*urlare*), que para expresarlo con delicadeza se denomina *maniera affettata, smorfiosa*— rara vez se tolera durante mucho tiempo.⁵³⁶

Este texto nos deja claro, una vez más, que el portamento en la interpretación estaba muy extendido ya en el romanticismo temprano, considerándose uno de los principales atributos de un buen cantante, y que podían diferenciarse dos tipos, uno refinado y de buen efecto, y otro lento, marcado y afectado. En un primer momento se podría pensar que en aquella época la ejecución del portamento por los instrumentistas de cuerda puede que no fuera muy afortunada, al menos, en lo que respecta a la consecución del carácter vocal que había de tener, pero no debemos olvidar por otro lado que en el canto —como se desprende de éste y otros textos— se daban los mismos glissandos arrastrados que en los instrumentos de cuerda. Dotzauer, en el capítulo dedicado al portamento de su *Méthode* de 1825, nos sugiere algo similar:

> El deslizamiento [*Ziehen*] de un sonido a otro: Este recurso facilita a los cantantes e instrumentistas, en algunos casos, la consecución del siguiente sonido con más seguridad, y se efectúa sin que el deslizamiento se convierta en aullido, de este modo se convierte en un efecto muy agradable.⁵³⁷

---

⁵³⁵ Anton Bernhard Fürstenau (1792-1852), en su *Die Kunst des Flötenspiels* (Leipzig, 1844), incluye al final de su tratado de flauta un capítulo titulado "Vom Überziehen der Töne" ('Sobre el glissando del sonido'). Vemos que también utiliza el término *Überziehen*, que nosotros hemos traducido intencionada y libremente como 'glissando'.

⁵³⁶ *Allgemeine musikalische Zeitung*. Leipzig: Breitkopf und Härtel, 10 de marzo de 1813, col. 167.

⁵³⁷ Dotzauer, J. J. F. *Méthode de violoncelle*. Mayence: Schott Editeurs, s.d. [1825], pp. 45-46.

Gracias a comentarios como los anteriores comenzamos a darnos cuenta de que es necesaria una primera diferenciación del portamento, ya que este recurso no tuvo siempre una justificación vocal. En el período tardorromántico, Straeten alude claramente a dos tipos de portamento, situando el glissando en la esfera de la inconsciencia (de lo idiomático) y dando al portamento propiamente dicho un carácter vocal:

> Glissando y portamento: Ambos consisten en la conexión de dos notas entre sí, y significan prácticamente lo mismo, excepto que el término *portamento* se aplica a una forma más *deliberada* de deslizar [el sonido] de una nota a otra que la que implica el primer término. El portamento es uno de los adornos favoritos de los cantantes y su efecto es muy bonito si se aplica con moderación y discriminación.[538]

Forino se expresa en términos similares, condenando todo abuso y exageración que llevaría a un "maullido detestable" [*detestabile miagolio*].[539] No obstante, en el párrafo final del capítulo dedicado al portamento, explica que "el portamento exagerado produce el llamado *glissé*, del cual se hace uso aunque muy poco",[540] lo que nos da a entender que Forino, a pesar de su postura conservadora, admite un tipo de portamento pasivo. Becker, por su parte, explica perfectamente cómo a finales del romanticismo portamento y glissando eran sinónimos, al mismo tiempo que manifiesta su preocupación por la correcta diferenciación de los dos recursos, ya que —según dice— "la confusión habitual de los términos portamento y glissando viene del hecho de que en ambos casos subyace el mismo proceso mecánico":[541]

> Donde un portamento no parece apropiado y, sin embargo, se oye un glissando, estamos ante una torpeza técnica (un arco o una mano lenta). Por desgracia, este término no podrá imponerse fácilmente en un futuro próximo, porque hasta ahora siempre encontramos escrito glissando donde se quiere decir portamento.[542]

En efecto, la anotación *gliss.* es muy habitual en las ediciones del repertorio. Grützmacher quizá fue el violonchelista que más contribuyó a crear dicha confusión. Becker insiste en aclarar que:

---

[538] Straeten, Edmund van der. *Technics of Violoncello Playing*. London: The Strad, Donajowsky & Duncan, 1898, pp. 136-137.

[539] Forino, Luigi. *Il violoncello, il violoncellista ed i violoncellisti*. Milano: Hoepli, 1930, p. 287.

[540] Ibíd., p. 288.

[541] Becker, H., y Rynar, D. *Mechanik und Ästhetik... Op. cit.*, p. 194.

[542] Ibíd.

Hay que diferenciar el portamento específicamente emocional [*gefühlsmäßig*], que se presenta como el cambio audible de posición, del posible deslizamiento de los dedos sobre las cuerdas para pasar de una posición a otra; esto [último] representa una mera necesidad mecánica, que debe llegar a ser lo menos acústicamente perceptible posible.[543]

En las postrimerías del siglo xix, Broadley es el que ofrece —a nuestro entender— la diferenciación más acertada, sorteando la confusión a la que aludía Becker. Broadley distingue entre el portamento que apela a un sentimiento y aquel que es el resultado de un cambio de posición audible o un arrastre deliberado de los dedos sobre la cuerda:

1. Portamento emocional: Se emplea conscientemente para producir un efecto. Según Broadley el portamento "sólo se puede acreditar en la música instrumental para dar cierta ternura a una melodía, y también para conectar los grandes intervalos o notas aisladas, que de otro modo estropearían el fraseo".[544]

2. Portamento pasivo: "Se introduce para disimular los defectos del instrumento, con el objetivo de recorrer los saltos extraños causados por la inevitable longitud de la cuerda, para que sean disimulados".[545]

En lugar de "portamento activo", como coherentemente se hubiera desprendido del texto de Broadley, utilizaremos a partir de ahora la denominación "portamento emocional" (Becker), que describe mejor el fin y el efecto que había de cumplir este recurso en la interpretación. Por otro lado, se hace patente la existencia de un portamento cuya aplicación queda alejada de un posible interés por emular las inflexiones vocales de la voz humana. El portamento pasivo no sólo se convirtió en un asistente técnico para salvar las dificultades propias del violonchelo, como las relacionadas con los cambios de posición y la afinación, sino que sirvió también para la homogeneización del sonido, es decir, para enmascarar los defectos e imperfecciones del instrumento, como la sonoridad irregular de las cuerdas de tripa en las distintas posiciones o la importante disparidad tímbrica entre las mismas. La escucha de las grabaciones descubre que tanto el portamento emocional como el portamento pasivo tuvieron un gran peso en la interpretación. Sólo llegamos a encontrar justificación estética al excedente de portamento en las interpretacio-

[543] Ibíd.
[544] Broadley, Arthur. *Chats... Op. cit.*, p. 58.
[545] Ibíd.

nes de los primeros violonchelistas desde los presupuestos naturalistas ya estudiados, excedente que se relacionaría, a su vez, con el gusto que predominó en la escena romántica, que favoreció el sentimentalismo y la emocionalidad de la expresión en general, sin olvidar —como se ha dicho— los aspectos singulares de la técnica violonchelística y del propio instrumento que habrían llevado a una prominente introducción del portamento pasivo (hay indicios para pensar, lo que todavía no se ha estudiado suficientemente, que el portamento pasivo tuvo que haber estado extraordinariamente presente en épocas anteriores). Bajo esta concepción naturalista, el cambio continuo de altura que buscaba pintar las emociones trazando los contornos motívico-melódicos, los gestos, mediante el enlace de las alturas de los sonidos, provocó que casi cualquier portamento pudiera ser considerado resultado de un sentimiento activo, y que las diferencias entre portamento emocional y portamento pasivo se fueran diluyendo (ambos podrían haber sido más o menos arrastrados o demostrativos). Aunque a continuación estudiaremos los tipos de portamento y veremos cuáles pudieron tener una connotación emocional y cuáles una connotación pasiva, resulta difícil desde nuestra percepción actual clasificar, por ejemplo, un cambio de posición que para nosotros ha resultado audible y quizá inoportuno pero que, sin embargo, pudo haber sido ejecutado intencionadamente por el violonchelista y, por tanto, resultante de un sentimiento activo. De hecho, la diferenciación establecida por Broadley no es tan nítida como para llegar a ser válida de cara a una evaluación certera del carácter del portamento en la práctica. En este sentido y salvando las distancias, creemos que el comentarista de la *Revue et Gazette Musicale de Paris* que asistió a uno de los conciertos de Carl Davidoff en la Sala Erard de Paris en 1875, también habría tenido bastantes problemas para discernir, si tuviera que haberlo hecho, cuáles de los portamentos de Davidoff estuvieron justificados emocionalmente y cuáles no:

> Su ejecución se ve ensombrecida por unos portamentos demasiado frecuentes, algunos de los cuales ya no son adornos del canto, sino vulgares glissandos.[546]

---

[546] *Revue et Gazette Musicale de Paris.* Paris: Au bureau du journal, 7 de febrero de 1875, p. 46.

Parte 2: El portamento y su tipología

1. Elaborando una taxonomía del portamento

Durante la preparación de la grabación discográfica *Liszt: Complete cello and piano works*[547] surgió una clasificación del portamento que, pasado ya algún tiempo, seguimos considerando clara y coherente, pues ofrece una visión poliédrica de este recurso expresivo, clasificación que se conformó partiendo de las recomendaciones de los violonchelistas románticos, del análisis de las grabaciones históricas del primer quindenio del siglo XX (sobre todo de violonchelistas y cantantes) y del estudio de las ediciones anotadas y fraseadas de la segunda mitad del XIX. Aquella primera clasificación, que aquí recogemos ampliada, atendía a los múltiples matices del portamento para reforzar la expresión, pero también a algunas peculiaridades que se desprenden directamente de la naturaleza del violonchelo y de su técnica (que en algunos casos también potencian considerablemente la resonancia expresiva del portamento). Tanto entonces como ahora llegamos a la misma conclusión: el portamento alcanzó en el violonchelo su mayor significación y aceptación. Muestra de ello es la importancia que adquiere en los tratados del período finisecular y la existencia, incluso, de una publicación dedicada exclusivamente a este recurso expresivo en el violonchelo: *The slide on the violoncello* de H. S. Drewry, opúsculo publicado en Londres en 1889. Y es que, tras el estudio de las grabaciones históricas, casi que compartimos la percepción que recoge Isabel Muñoz Caravaca hacia 1900, cuando viene a definir el portamento como una "articulación casi exclusiva de los instrumentos de arco; también del canto algunas veces".[548] Efectivamente, indisociable del cantabile y alejado del modelo que quiso imitar, el portamento se convirtió en uno de los elementos idiomáticos que caracterizaron la interpretación de los instrumentos de cuerda en el romanticismo. Por eso, el estudio organizado y sistemático del portamento que presentamos a continuación no pretende ser sólo un documento para su utilización con fines analíticos, sino también una herramienta de trabajo para su aplicación práctica, porque una de nuestras aspiraciones fundamentales es reivindicar el portamento en la interpretación de la música del siglo XIX.

---

[547] *Liszt: Complete cello and piano works*. Barcelona: Columna Música, 2011. Trino Zurita, cello · Antonio Simón, piano. Este proyecto, además de abordar el repertorio lisztiano con criterios históricos, tenía como objetivo poner luz sobre cuatro piezas inéditas discográficamente: *O du mein Holder Abendstern, S380; Fünf Rumänische Tänze, S129a; Puszta-Wehmut, S379b;* y *Feierlicher Marsch aus Parsifal, S720a.*

[548] Muñoz Caravaca, Isabel. *Elementos de la teoría del solfeo.* Madrid: Péant, s.d. [*ca.* 1900], p. 81.

2. Punto de partida: los cambios de posición

Conocer cómo entendían los violonchelistas románticos los cambios de posición es esencial —y debe ser el punto de partida— para comprender cómo fue el portamento en el violonchelo. Así lo manifestó Broadley:

> El asunto del portamento, aunque hace referencia más directamente al fraseo, está tan estrechamente unido a los cambios y a la elección de las posiciones que uno se ve llevado irremediablemente a su tratamiento.[549]

Broadley alerta de las repercusiones negativas que pueden tener los cambios de posición sobre el fraseo: primero señala los cambios que resultan audibles como consecuencia de una mala ejecución técnica, y después aquellos que resultan audibles sin justificación alguna. En ambos casos se refiere al glissando resultante:

> No se debe permitir que las dificultades técnicas que son evidentes en el violonchelo interfieran en el fraseo de una melodía o en el significado musical de una idea. Tampoco al contrario: el violonchelista no debe sobrecargar ningún pasaje con efectos, simplemente porque el violonchelo resulta ser especialmente adecuado para ello, sin una garantía real de que tales adornos o añadidos sean los deseados. Esto se aplica en particular a la introducción del portamento.[550]

Sobre la necesidad de esmero a la hora de realizar los cambios de posición ya había advertido Spohr en su *Violinschule* (1832), quien había dicho además que cuando entre dos notas ligadas hay un gran intervalo "no se puede hacer el cambio [*Sprung*] de un sonido a otro sin que se escuche el deslizamiento de la mano".[551] La solución que ofrece Spohr es parcial, puesto que recoge únicamente los cambios de posición con cambio de dedo, y sólo aquellos supuestos en los que la primera nota de la siguiente posición se toma con un dedo superior respecto al último dedo que ha tocado en la posición precedente:

p 1te. Ap.   5te. Ap.   5te. Applicatur.

---

[549] Broadley, Arthur. *Chats... Op. cit.*, p. 54.
[550] Ibíd., p. 53.
[551] Spohr, Louis. *Violinschule*. Wien: Haslinger, s.d. [1832], p. 120.

Cuando además del cambio de posición se requiere un cambio de cuerda, Spohr ofrece igualmente una sola opción:

Entendemos, sin embargo, que el mismo procedimiento debería seguirse en los cambios descendentes. Según Spohr, "los deslizamientos deben ser tan rápidos que el hueco entre la pequeña nota y la nota más aguda sea imperceptible, siendo así el oído del oyente engañado".[552] Añade asimismo que es incorrecto realizar el deslizamiento con el dedo superior y encargado de tocar la primera nota de la nueva posición, ya que de esta manera sería imposible eludir el desagradable aullido [*unangenehme Heulen*] resultante.[553] Spohr reconoce que muchos violinistas procedían de esta forma en los cambios:

Pero el mecanismo de los cambios de posición de Spohr había sido descrito por Dotzauer con anterioridad, si bien en relación con el portamento y ofreciendo éste una ejemplificación distinta a la de aquél:

Beyspiel Nº 2

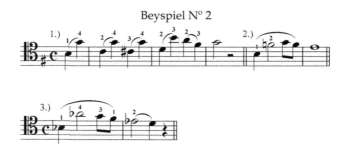

---

[552] Ibíd.
[553] Ibíd.

En el ejemplo n.º 2 el deslizamiento se presenta cuatro veces con diferentes dedos. De si a sol', el primer dedo se apoya firmemente sobre la cuerda deslizándose casi hasta el mi', pero como de mi' a sol' el deslizamiento no puede continuar, hay que poner rápidamente el cuarto dedo después del mi' en el sol'. La misma circunstancia se da de do' a sol' y de do sostenido' a sol'; solamente de re' a si' debe imponerse el tercer dedo sobre el segundo durante el deslizamiento: y lo mismo debe ocurrir en el segundo ejemplo, de si a fa'. Para los ejemplos tercero y cuarto se recordarán las reglas citadas anteriormente. En el cuarto ejemplo, el tercer dedo desplaza al cuarto y va hacia el la'. Y en el segundo compás el primero desciende deslizándose de mi' a si'.[554]

Tampoco Dotzauer describe los cambios descendentes con cambio de dedo, pero podríamos aventurar que el procedimiento a seguir habría sido el mismo que en los cambios ascendentes. Tomando como punto de partida las aportaciones de Dotzauer y Spohr, realizaremos a continuación un recorrido a través de lo dicho por los violonchelistas románticos sobre el mecanismo de los cambios de posición, para comprender mejor cómo afecta dicho mecanismo a la ejecución de los portamentos.

3. Mecanismo de los cambios de posición

Todos los violonchelistas advierten de las consecuencias de un cambio mal ejecutado: un sonido arrastrado que no tiene ninguna función expresiva, considerado un defecto común entre los violonchelistas y una práctica de mal gusto. Carl Fuchs recomienda, como hiciera su maestro Davidoff, "tocar la última nota de la posición antigua dándole su valor completo, realizando entonces el cambio de posición tan rápido que el feo deslizamiento se escuche lo menos posible".[555] Guglielmo Quarenghi,

---

[554] Dotzauer, J. J. F. *Methode... Op. cit.*, pp. 46-47.
[555] Fuchs, Carl. *Violoncello-Method.* London: Schott, 1909 (1.ª ed. 1906), vol. II, p. 50.

por su parte, refiriéndose concretamente a los cambios de primera a cuarta posición, dice:

> En los cambios de posición hay que tener especial cuidado de no arrastrar lentamente el dedo sobre la cuerda, para evitar, como se dijo la otra vez, el maullido repugnante que resultaría y que en este caso, teniendo la mano un largo camino que recorrer, lo haría aún más molesto.[556]

Davidoff, igualmente partidario de la exactitud en la ejecución y con el deseo de evitar "muchos *glissandi* feos e innecesarios",[557] sistematizó en su *Violoncello-Schule* (1888) los cambios de posición como nadie lo había hecho hasta entonces, estableciendo (con algunas excepciones que veremos más adelante) una regla general para la ejecución de los cambios de posición:

> El dedo que ya se encuentra colocado en la cuerda, sin abandonarla, se desliza hacia la nueva posición. Aquí, en el lugar de llegada, o debe quedarse puesto, o tiene que levantarse rápidamente, teniendo en cuenta que se empieza la siguiente posición o desde un dedo más agudo o desde un dedo más bajo; este último dedo debe caer en su lugar una vez alcanzada la nueva posición.[558]

De aquí se desprenden varios tipos de cambios de posición y, por tanto, de portamento.

3.1 Cambio de posición con el mismo dedo

Si el paso de una nota a otra se realiza con el mismo dedo tenemos, según Drewry, el perfecto portamento:

> Un portamento [*slide*] *perfecto* se hace cuando con el *mismo* arco pasamos de A a B[559] en la *misma* cuerda y con el *mismo* dedo. El instrumento entonces imita la voz pasando a través de cada sonido intermedio entre A y B.[560]

---

[556] Quarenghi, Guglielmo. *Metodo di violoncello*. Milano: Editoria Musicale, 1877, p. 100.

[557] Davidoff, Carl. *Escuela de violonchelo*. S. M. Kozolupov y L. S. Ginzburg, ed. Moscú & Leningrado: Muzgiz, 1947 [Давыдов, Карл Юльевич. Школа для виолончели. С. М. *Козолупова и Л. С. Гинзбурга, ред. и доп. Москва & Ленинград: Музгиз*, 1947], p. 39.

[558] Ibíd.

[559] Drewry denomina A a la nota de partida y B a la nota de llegada.

[560] Drewry, H. S. *The slide on the violoncello*. London: Novello, 1889, p. 3.

Dotzauer fue el primer violonchelista romántico en darnos varios ejemplos (ya estudiamos que el único ejemplo dado por Duport para ilustrar el portamento se trataba también de un deslizamiento con el mismo dedo):

Ej. 6.7. Dotzauer, J. J. F. *Méthode de violoncelle.* Mayence: Schott Editeurs, s.d. [1825], p. 45.

El alemán Carl Schroeder reflexiona sobre los pasos que, ejecutándose con el mismo dedo, requieren también un cambio de arco. No parece aprobar la inclusión en estos casos del portamento:

> Si las notas de diferentes posiciones no están unidas entre sí por una ligadura, el deslizamiento del dedo tiene que tener lugar en el cambio de arco y ser tan rápido que no se perciba ningún matiz. Si las notas están unidas por una arcada, el deslizamiento (portamento) será audible. El intérprete debe guardarse de que el deslizamiento de un tono a otro se convierta en exagerado, y de que se llegue a escuchar toda la escala enarmónica resultante. Todo aullido [*Heulende*] debe ser evitado.[561]

3.2 Cambio de posición con sustitución de dedos

La cuestión es algo más intrincada cuando el primer sonido de la siguiente posición debe ser tocado con un dedo distinto del que se utilizó en el último sonido de la posición anterior. Aquí encontramos varias opiniones al respecto. Básicamente, cuando en un cambio de

---

[561] Schroeder, Carl. *Katechismus des violoncellspiels.* Leipzig: Hesse, 1890, pp. 43-44.

posición es necesario un cambio de dedo, un dedo debe deslizarse y el otro tomar la nueva nota. De acuerdo con la regla de Davidoff citada más arriba, el dedo de la posición antigua debe deslizarse y, una vez en la nueva posición, éste deja paso al nuevo sonido. Davidoff anota que mediante este sistema "se alcanza precisión en la interpretación y se evitan inútiles glissandos que suenan groseros y desagradables".[562] Pero Davidoff no había sido el primer violonchelista romántico en hacer referencia a este tipo de cambio de posición. Ludwig Albrecht (1844-1898), uno de los alumnos más importantes de Davidoff y al que se le atribuye el primer método escrito en idioma ruso, escribió en su *Violoncellschule* de 1875:[563]

> En el cambio de una posición a otra, el dedo que toca la primera nota no debe abandonar su lugar en la cuerda hasta que no haya alcanzado la posición en la que se toca la segunda nota. Sólo en casos excepcionales y con saltos largos se puede permitir el deslizamiento del dedo que tiene que tomar la segunda nota.[564]

Albrecht recoge en su *Violoncellschule* todas las combinaciones posibles para el trabajo de los cambios de posición a través de una serie de ejercicios que van desde el unísono hasta los intervalos de octava, ejercicios que incluyen cambios ascedentes y descendentes, y cambios en la misma cuerda y con cambio de cuerda, dejando claro que las pequeñas notas indicativas del cambio de posición sólo reflejan el destino del dedo que realiza el deslizamiento y, por su carácter instructivo, no deben escucharse. El italiano Quarenghi también habla en su *Metodo* (1877) de este tipo de sustitución, la que tiene lugar en la posición de llegada:

> El *portamento di voce* se practica cuando entre dos notas que se desean realizar en la misma cuerda, haciendo uso del cambio de la mano y manteniendo el mismo movimiento del arco, se puede escuchar, pasando de la primera a la segunda nota, un arrastre del sonido. En este caso hay que tener por máxima deslizar [*strisciare*] rápidamente por la cuerda el dedo que se utiliza para tocar la primera nota, y cuando

---

[562] Davidoff, Carl. *Violoncello-Schule.* Leipzig: Peters, s.d. [1888], p. 32.

[563] Ludwig Albrecht fue alumno de Carl Schubert y más tarde de Carl Davidoff en el Conservatorio de San Petersburgo. Una semblanza de este violonchelista se puede encontrar en: Seliverstova, Elena y Udalova, Ekaterina. 'Ludwig Karlovich Albrecht (1844-1898), graduado en el Conservatorio de San Petersburgo en 1865' [Е. Селиверстова & Е. Удалова. 'Людвиг Карлович Альбрехт (1844–1898), выпускник Петербургской консерватории 1865 года']. *Musicus*, n.º 2 (30). San Petersburgo: Conservatorio de San Petersburgo, abril-junio de 2012.

[564] Albretch, Ludwig. *Violoncellschule.* Moskau: Jurgenson, 1899, vol. I, p. 33.

se llega con la mano a la posición requerida por la segunda nota, se lanza sobre ella el dedo que tiene que tocar.[565]

Y el francés Olive-Charlier Vaslin, que publicó su método en 1884, dice:

> Si en lugar de apresurarnos a poner sobre la cuerda el dedo que va a hacer una nota lejana arrastrando el sonido hasta dicha nota, estamos dispuestos a conducir ligeramente el dedo de la nota que dejamos hasta la que vamos a tomar, obtendremos con más elegancia lo que los cantantes llaman portamento.[566]

Por tanto, no es Davidoff —como afirma Kennaway— el primero en describir claramente este tipo de cambio,[567] sino que, al menos, Dotzauer, Albrecht, Quarenghi y Vaslin ya lo hicieron con anterioridad, y con ello podemos concluir que, probablemente, era la forma generalmente aceptada para la enseñanza del portamento y de los cambios de posición. Rabaud recomienda, tratándose del portamento, lo contrario, es decir, colocar el dedo que ha de tocar la segunda nota en el momento que se inicia el cambio (el siguiente testimonio es, además, un ejemplo excepcional de la aceptación del portamento entre los intérpretes):

> El *portamento* se hace apoyando y resbalando el mismo dedo sobre la cuerda para ir de un sonido a otro; cuanto más grande es el intervalo que hay que recorrer, más rápidamente debe ser hecho. En ningún caso debe ser arrastrado. Toleramos dos portamentos consecutivos en un pasaje de sonidos sostenidos, pero serían de un efecto detestable en un pasaje rápido. Hacemos también el portamento sustituyendo un dedo por otro; la sustitución debe producirse desde el comienzo del deslizamiento.[568]

Même corde

---

[565] Quarenghi, Guglielmo. *Metodo... Op. cit.*, p. 208.

[566] Vaslin, Olive-Charlier. *L'Art du violoncelle. Conseils aux jeunes violoncellistes sur la conduite de l'archet.* Paris: Richault, 1884, p. 26.

[567] Cf. Kennaway, George William. *Cello techniques and performing practices in the nineteenth and early twentieth centuries.* Tesis doctoral. University of Leeds, School of Music, 2009, p. 140.

[568] Rabaud, Hippolyte François. *Méthode complète de violoncelle*, op. 12. Paris: Alphonse Leduc, s.d. [ca. 1877], vol. I, p. 24.

Lo mismo entendemos en las palabras de Albrecht cuando excepcionalmente recomienda, en los grandes saltos, comenzar el deslizamiento con el dedo que ha de tomar la segunda nota en la nueva posición. En el violín también se daba esta práctica, al menos en la primera mitad de la centuria y en el ámbito parisino. Baillot parece servirse de este método tanto en los portamentos ascendentes como descendentes, ya que el único portamento que describe es el que se realiza deslizando el dedo de la nota de llegada y no el primero, y lo hace para condenar el abuso, el sonido arrastrado y las notas intermedias que puedan distinguirse como *efecto residual* resultante del mecanismo del cambio de posición:

> Teniendo el portamento una expresión afectuosa, caeríamos en la superficialidad si lo empleásemos demasiado a menudo. No se evita lo suficientemente el arrastre o las *glissades* que dejan oír las notas intermedias, tales como éstas, que son del peor efecto:

El portamento descendente se hace arrastrando poco el dedo, no el de la nota que se está haciendo, sino el de la que se va a hacer, rozando con este dedo apenas el semitono superior hasta la última nota.[569]

Port de voix en descendant

Volviendo a los violonchelistas, Schroeder presenta una concepción más moderna de los cambios de posición e insinúa una especie de sustitución —aunque nunca cite este término— para evitar el llamativo desvío que supone sobrepasar el sonido de llegada. Esto se puede entender mejor en el siguiente ejemplo, donde las pequeñas notas (los dedos) que acompañan el cambio de posición reflejan claramente esta intención:[570]

---

[569] Baillot, Pierre. *L'Art du violon (Die Kunst des Violinspiels)*. Mayence et Anvers: Schott, s.d. [1834], p. 71.

[570] Schroeder, Carl. *Katechismus... Op. cit.*, pp. 42-43.

En los tres primeros compases en ningún caso el cuarto dedo, que habría sobrepasado la nota de llegada, es *dedo acompañante* en el cambio, sino que debe levantarse para que sean los dedos inferiores los que se deslicen por la cuerda. En los compases 5 y 6 también se sugiere la idea de sustitución, aunque —insistimos— en ningún momento Schroeder utilice este término ni ningún otro que describa un acontecimiento parecido durante los cambios de posición. En los cambios descendentes, Schroeder sí parece aprobar tal desvío. En el siguiente ejemplo comprobamos cómo en el tercer compás el primer dedo, que toca el mi', se desliza hasta el si en primera posición y una vez allí el cuarto dedo se coloca en la nota re'. Schroeder insiste, como Albrecht, en la función instructiva de estas pequeñas notas: "La nota [auxiliar] a la que los dedos van no debe escucharse".[571]

En los deslizamientos descendentes, Drewry sigue lo dicho hasta ahora. Sin embargo, en los ascendentes (primer compás del ejemplo que aparece a continuación) se aleja nítidamente de lo aconsejado hasta la fecha y recomienda: cuando "nos deslizamos *desde* una nota inferior a A, el dedo superior debe ser liberado en el momento que el deslizamiento comienza".[572] En este supuesto el cambio de posición se realizaría, pues, deslizando el dedo que se utiliza para tocar la nota de llegada.

---

[571] Ibíd., p. 44.
[572] Drewry, H. S. *The slide... Op. cit.*, p. 5.

Esta forma de proceder se debe a la tercera de las tres reglas que Drewry establece para los cambios:

1. La primera parte del deslizamiento es esencial y debe ser preservado.
2. La última parte del deslizamiento puede ser sacrificado, luego debe ser ocultado.
3. El deslizamiento puede, si es necesario, comprender tonos más bajos, pero *no* tonos *más altos* que cualquiera de los tonos entre A y B.[573]

En consecuencia, Schroeder, aunque sin citarla, también parece seguir esta última regla. Drewry recurre a notas auxiliares inferiores también para los cambios ascendentes, notas que, aunque no se encuentren dentro del intervalo que interpretar, pueden escucharse, algo negado por otros colegas. Para no dejar lugar a dudas, aclara que en el primer compás del ejemplo anterior el "dedo superior se levanta *en el instante* en el que el deslizamiento comienza con el dedo inferior";[574] mientras que en el segundo compás "el dedo superior no se coloca en la cuerda hasta que el deslizamiento no haya finalizado".[575] Straeten —sabemos que con el asesoramiento de Piatti— dice lo mismo sobre la ejecución de los portamentos, a saber, que hay que realizar el deslizamiento con el dedo que toca la primera nota, advirtiendo que las pequeñas notas que ilustran el cambio no deben escucharse, ya que "sólo sirven para indicar el lugar donde el dedo que se desliza tiene que pararse".[576]

Straeten parece estar de acuerdo con el hecho de no sobrepasar con el deslizamiento ninguno de los sonidos que forman el intervalo (más adelante veremos el mecanismo de ejecución que propone). Broadley, sin profundizar en el comportamiento de los dedos en los portamentos, coincide con Drewry y Straeten en que:

En un paso ascendente, el intérprete debe tener siempre libre uno de

---

[573] Ibíd., p. 4.
[574] Ibíd.
[575] Ibíd.
[576] Straeten, Edmun van der. *Technics... Op. cit.*, p. 137.

los dedos para tocar la nota más aguda que la producida por el dedo que se desliza, de modo que el deslizamiento no tenga que cubrir toda la distancia del intervalo. (...) En los pasos descendentes ocurre lo contrario, si el deslizamiento se hace con el tercer o el cuarto dedo, el primero o el segundo se retienen para tomar la nota más baja cuando llegue la mano a la posición.[577]

Carl Fuchs en su *Violoncello-Method* (1906) sigue a rajatabla los mismos criterios que había establecido su maestro Davidoff. Finalmente, ya conocemos la opinión general de Becker sobre el portamento: rechazaba cualquier glissando inconsciente que no tuviera una finalidad expresiva. En consonancia con este criterio, el funcionamiento de los dedos en la ejecución del portamento no parece un asunto problemático para este violonchelista, sino que será un elemento más que se ponga al servicio de la expresión. Así, nos dice que los dos primeros tipos que aparecen seguidamente son más adecuados para el carácter lírico, y el tercero para lo heroico:[578]

3.2.1 Relevo imperceptible de los dedos durante el deslizamiento

Forino, ya en el siglo XX, sigue planteando la controvertida cuestión del funcionamiento de los dedos cuando el paso de una nota a otra requiere una sustitución de los mismos:

---

[577] Broadley, Arthur. *Chats... Op. cit.*, p. 59.
[578] Cf. Becker, H. y Rynar, D. *Mechanik und Ästhetik... Op. cit.*, p. 193.

Cuando las dos notas entre las cuales está el portamento se hacen con diferentes dedos, ¿con cuál de los dos se debe realizar el portamento? ¿Con el dedo de partida o con el de llegada? Los colegas violinistas usan las dos formas habitualmente, pero en el mundo violonchelístico las cosas, por alguna razón, son diferentes.[579]

Forino objeta que resulta inevitable una interrupción del portamento tanto si se realiza el deslizamiento con el dedo de partida como con el de llegada:

El intervalo que aparece entre el dedo que ejecuta el portamento y el dedo de la nota de llegada produce una interrupción que la voz humana ni siquiera puede realizar. (...) La mejor solución es quizá reemplazar con habilidad y rápidamente un dedo por el otro durante el portamento cuando éste no se pueda realizar con el mismo dedo.[580]

Recomienda entonces un intercambio o relevo imperceptible de los dedos durante el deslizamiento con el fin de que el portamento no se vea interrumpido. Sin embargo, el relevo sutil de los dedos durante el cambio, ¡ya había sido descrito por Dotzauer![581] Davidoff, que —no olvidemos— habla en su método no del portamento, sino de los cambios de posición, había contemplado en los grandes intervalos una excepción a su regla, respecto a los dedos que se deslizan y los que deben caer en la cuerda, para que el relevo de los dedos ocurra sin fisuras:

El siguiente dedo que se desliza a veces contribuye con un bello efecto, sobre todo cuando éste, como sucede en los intérpretes experimentados, no comienza directamente a tocar, y los dedos, por así decirlo, se relevan.[582]

Sin duda, el "bello efecto" sí parece en esta ocasión una referencia explícita al portamento, lo que nos invita a pensar que, en principio, un portamento emocional debería excluir teóricamente, como también dice Forino, cualquier interrupción del sonido durante el mismo, interrupción imposible en la voz humana. Davidoff añade además que "el paso de una posición a otra debe ser tan ágil que la elevación y el relevo no se escuchen".[583] Así, en intervalos como el siguiente, hay que transmitir la sensación de que fuera el tercer dedo el que se desliza de re' a do'':

---

[579] Forino, Luigi. *Il violoncello... Op. cit.*, p. 287.
[580] Ibíd., pp. 287-288.
[581] Cf. Cita 554.
[582] Davidoff, Carl. *Violoncello-Schule... Op. cit.*, p. 70.
[583] Ibíd.

Contrariamente, Quarenghi —como ya se ha visto— describe un mismo procedimiento para todos los portamentos, también para los intervalos de gran extensión a las posiciones más altas, recomendando "deslizar [*strisciare*] rápidamente por la cuerda el dedo que se utiliza para tocar la primera nota, y cuando se llega con la mano a la posición requerida por la segunda nota, se lanza sobre ella el dedo que tiene que tocar".[584] Los únicos ejemplos que Quarenghi aporta muestran grandes intervalos que combinan el estudio del portamento con la *volata*.[585]

Straeten, por su parte, admite el intercambio de dedos que generalmente era aceptado para el portamento y los cambios de posición. Pero, curiosamente, cuando en un portamento ascendente un dedo inferior tiene que sustituir a uno superior, parece describir una especie de relevo, que no tiene lugar durante el deslizamiento, sino en el momento de llegada a la nueva posición:

> Si el dedo que tiene que tomar la nueva nota está *detrás* del dedo que toca la nota anterior, este último comienza el deslizamiento. Sólo si se libera por el primero, mientras tiene lugar el deslizamiento, se llega directamente a la nueva nota.[586]

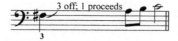

De este modo se llega a la nueva nota sin tocar ningún sonido que no esté comprendido entre las notas que forman el intervalo. En este interesante ejemplo se observa que el tercer dedo (fa sostenido) se desliza hacia arriba hasta el la, donde se levanta para que ahí mismo se coloque el primer dedo.

La escucha de las grabaciones evidencia que es verdad que muchos portamentos se hacen con un relevo imperceptible de los dedos, pero tam-

---

[584] Quarenghi, Guglielmo. *Metodo... Op. cit.*, p. 208. Fragmento citado anteriormente.

[585] "La *Volata* es una escala ascendente o descendente de una nota a otra nota. Se debe tocar lo más rápidamente que se pueda y el tiempo que se emplea en hacerla se le quita a la siguiente nota". Ibíd.

[586] Straeten, Edmun van der. *Technics... Op. cit.*, p. 137.

bién que muchos otros se ejecutan siguiendo las reglas dadas por Davidoff, Schroeder, Drewry y otros, destacándose el mecanismo del cambio de posición, sin que, al mismo tiempo, se escuchen las pequeñas notas auxiliares como *efecto residual* del cambio. Más adelante se estudiarán numerosos ejemplos de este tipo de deslizamiento fragmentado o parcial. Lo hemos llamado así porque el portamento entre las dos notas resulta interrumpido debido a que la sustitución de los dedos durante el cambio resulta audible.

3.3 Cambio de posición con cambio de cuerda

El violinista Spohr indicaba el cambio de posición con cambio de cuerda mediante el deslizamiento del dedo que toca la primera nota del intervalo, manteniendo el mismo criterio que en los cambios sobre la misma cuerda. Igualmente, Davidoff escribe en su *Violoncello-Schule* que la aplicación de las reglas mantiene su vigencia bien se encuentre la nueva posición en la misma cuerda, bien en otra. De los varios tipos de cambios que recoge queremos señalar los dos que tienen mayor interés de cara a la ejecución de los portamentos: "cuando la primera nota de la siguiente posición se toca con un dedo superior al de la última nota de la posición precedente"[587] (Ej. 6.8a) y "cuando la primera nota de la siguiente posición se toca con un dedo inferior al de la última nota de la posición precedente"[588] (Ej. 6.8b).

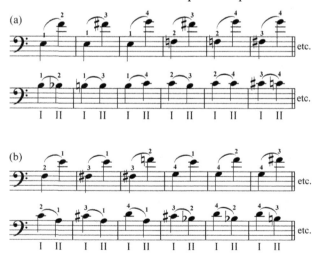

Ej. 6.8. Davidoff, Carl. *Escuela de violonchelo.* S. M. Kozolupov y L. S. Ginzburg, ed. Moscú & Leningrado: Muzgiz, 1947, p. 42.

---

[587] Davidoff, Carl. *Escuela... Op. cit.,* p. 40.
[588] Ibíd.

Respecto a los cambios de posición con cambio de cuerda e intercambio de dedo, Davidoff nos recuerda que "no se debe olvidar que el dedo que se desliza lo hace siempre y sólo por la cuerda sobre la que se encuentra".[589] Esto es aplicable a todos los intervalos recogidos anteriormente. Así, describe que en el primer compás del Ej. 6.8a, el primer dedo debería deslizarse sobre la segunda cuerda desde el mi hasta el la de la cuarta posición y el segundo dedo caer sobre el fa' en la cuerda La; o que en el primer compás del segundo sistema del Ej. 6.8b, el segundo dedo se desliza del do' al fa' y el primer dedo cae después en el la sobre la cuerda Re. Finalmente, Davidoff introduce aquí un pequeño matiz:

> Cuando la primera nota de la nueva posición se toma con un dedo más bajo que la última nota de la posición precedente, el dedo que se desliza se levanta en la nueva posición, para que no bloquee el siguiente dedo, que es más bajo. Como los dedos que realizan el cambio están colocados sobre distintas cuerdas, el nuevo dedo no se verá bloqueado en ningún caso por el dedo anterior.[590]

Los alumnos de Davidoff, Albrecht primero y Fuchs después, reflejan en sus ejercicios de cambios de posición el empleo del mismo procedimiento. En la siguiente escala observamos que Fuchs indica a través de una pequeña nota el punto hasta el que tiene que deslizarse el dedo que toca la primera nota del intervalo en cada cambio de posición y cuerda:

Ej. 6.9. Fuchs, Carl. *Violoncello-Method*. London: Schott, 1909, vol. II, p. 47.

Drewry no habla de cambios de posición, sino de portamento. Así que para ordenar los varios tipos de portamento con cambio de cuerda recurre a una clasificación diferente, señalando varias combinaciones posibles que introducen algunos matices importantes de cara a la expresión: 1) portamento ascendente, desde una cuerda más baja hasta una más

---

[589] Ibíd., p. 42.
[590] Ibíd.

alta; 2) portamento ascendente, desde una cuerda más alta hasta una cuerda más baja; 3) portamento descendente, desde una cuerda más baja hasta una más alta; y 4) portamento descendente, desde una cuerda más alta hasta una cuerda más baja. Los tipos 1 y 4 requieren poca explicación por cuanto en ambos acontece el deslizamiento natural del portamento. Los tipos 2 y 3 sí exigen que nos detengamos algo más. En estos últimos se da la peculiar circunstancia de que la dirección del portamento es contraria a la del intervalo, es decir, un intervalo descendente produce un portamento ascendente y viceversa, por lo que a priori tendríamos que situarlos entre los portamentos pasivos. El segundo tipo (el portamento ascendente desde una cuerda más alta hasta una cuerda más baja) define uno de los portamentos más importantes en la interpretación violonchelística y uno de los más observados en las grabaciones y en las ediciones, también porque guarda cierta analogía con las inflexiones similares que se dan en la voz.

Un caso particular del segundo tipo de portamento se produce —según Drewry— cuando se repite una nota en una cuerda inferior, "lo que produce un buen efecto".[591] ¿Estaríamos hablando aquí de portamento emocional? Creemos que sí. De hecho, este efecto habría sido muy frecuente en el canto declamatorio y en el recitativo:

Éste es el único portamento que no se realiza con el dedo de partida, sino con el de llegada, para cumplir con la tercera regla del propio Drewry, según la cual en el deslizamiento no se puede superar ningún tono más alto que la nota más aguda del intervalo, por eso el arco debe cambiar

---

[591] Drewry, H. S. *The slide... Op. cit.*, p. 7.

de cuerda para comenzar el portamento.[592] Con el tercer tipo enunciado arriba Drewry es más cauto, debido a que el portamento nunca desemboca en la nota de llegada. Justamente, estamos ante un deslizamiento que podríamos considerarlo verdaderamente un portamento pasivo:

Si retomamos el ejemplo de la escala de Fa menor melódica (Ej. 6.9), podemos comprobar que Fuchs anotaba en ella cambios de posición similares. Por ejemplo, en el intervalo ascendente La bemol-Si bemol del primer compás, que requiere un cambio de posición y cuerda, el La bemol con cuarto dedo tiene que deslizarse descendentemente hasta el Sol, después del cual hay que tomar el Si bemol con primer dedo en la cuerda adyacente superior. En cualquier caso, no queremos dejar de insistir, al igual que los violonchelistas románticos, en la función instructiva de estas pequeñas notas.

4. Tipos de portamento

Con un conocimiento claro de cómo entendían los violonchelistas románticos los cambios de posición, estudiaremos ahora las principales variables que definen el portamento en la práctica. Así, consideraremos el portamento:

1. Según la longitud del deslizamiento.
2. Según el momento: en relación con la pronunciación del arco.
3. Según la dinámica.
4. Según la velocidad del deslizamiento.
5. Según la cantidad.

Antes de comenzar nuestro recorrido es muy importante tener en cuenta, primero, que los parámetros apuntados no se dan aisladamente, sino en combinación, lo que definirá el carácter del portamento en cada momento; y después, que muchos de los portamentos característicos eran

---

[592] Cf. Ibíd., p. 6.

criticados y rechazados, aunque, por eso mismo, por las evidencias de que eran portamentos extendidos en la práctica y se daban habitualmente en las interpretaciones de los violonchelistas (grabaciones), se han recogido en nuestra clasificación.

4.1 Según la longitud del deslizamiento

En líneas generales, diferenciamos dos tipos de portamento según la longitud del deslizamiento, o del glissando, entre dos notas de diferente altura:

1. El portamento completo: el deslizamiento del sonido conecta las dos notas que forman el intervalo, por tanto, el portamento resulta audible en toda su longitud, desde la nota de partida hasta la nota de llegada. Este primer tipo es el más común y el que con mayor frecuencia se da bajo una ligadura. Se ha indicado en los análisis de las grabaciones mediante los símbolos:

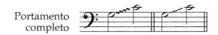

Portamento
completo

    Se ha colocado el trazo más o menos grueso en función de la intensidad o demostratividad del portamento.
2. El portamento fragmentado: el deslizamiento del sonido entre las dos notas que forman el intervalo es audible sólo parcialmente. Se puede presentar de dos formas: a) o bien el deslizamiento es apreciable en su tramo inicial interrumpiéndose antes de culminar en la nota de llegada; b) o, al contrario, el deslizamiento es sólo audible en su parte final. Ambas formas se relacionan estrechamente con el mecanismo de sustitución de los dedos en los cambios de posición estudiados más arriba. Cuando el deslizamiento se ha percibido fragmentado en las interpretaciones de los violonchelistas, hemos utilizado los mismos símbolos con una línea vertical.

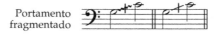

Portamento
fragmentado

Veamos ahora algunos ejemplos de estos dos tipos de portamento. Victor Sorlin, en su versión de la *Song of the soul* de Joseph Carl Breil, realiza en el primer compás, primero, un portamento completo entre las corcheas mi' y re', y después un expresivo portamento cuyo recorrido no es completo porque el relevo de los dedos en el cambio de posición resulta audible. En este caso, el portamento (tipo 2.a) se inicia con el dedo de partida (re') y se interrumpe por la caída del segundo dedo (fa') a su llegada a la cuarta posición.

En el tercer compás del *Träumerei* de Schumann (intervalo do'-fa'), en la interpretación de Heinrich Grünfeld, podemos escuchar otro portamento fragmentado. Esta vez ocurre entre dos notas ligadas:

Otras veces el portamento se escucha en las interpretaciones de los violonchelistas sólo en su mismísima parte final (correspondería al tipo 2.b), teniendo el carácter de una pequeña y rápida inflexión vocal. En este caso particular el cambio de posición se ejecuta con el dedo de llegada y ningún intercambio de los dedos resulta audible. En los análisis interpretativos se ha indicado así:

Estos portamentos cuyo recorrido sólo es audible parcialmente y que ocurren inmediatamente después de la pronunciación con el arco son descritos por Becker en su *Mechanik und Ästhetik des Violoncellspiels*. Se trata de un portamento menos llamativo (no obstante muy expresivo) y de fuerte carácter prosódico, que parece emular ciertas inflexiones de la voz.

En las distancias largas, por ejemplo, en:

no debemos dejar que se produzca el portamento hasta el segundo o el último tercio del deslizamiento, si queremos evitar un gran portamento que por ser llamativo sería indeseable. El continuo deslizamiento audible al cambiar de posición resulta molesto y repulsivo, ¡es la señal de Caín de la falta de cultura, que el ejecutante se imprime a sí mismo en la frente por imprudencia e ignorancia! El portamento noble y aplicado con sensibilidad, por el contrario, puede colorear la interpretación de tantas maneras diferentes que el oyente receptivo no podrá sustraerse a su encanto.[593]

Pero también se puede dar en distancias más cortas, como lo escuchamos en la interpretación de Ludwig Lebell del *Ständchen* de Schubert. El pequeño portamento que tiene lugar entre el mi bemol-do' y el sol-mi bemol' del compás 14 se percibe ligeramente a su llegada a la segunda nota:

Esta forma de portamento es muy frecuente en Casals. Por ejemplo, en su interpretación de la pieza *Když mne stará matka zpívat, zpívat učívala, op. 55/4*, de Dvořák, escuchamos entre el sol' y el la' del compás 18 una pequeña inflexión llegando a la segunda nota del intervalo, inflexión o pequeño portamento que no pretende unir ambas notas:

4.2 Según el momento: en relación con la pronunciación del arco

Lo primero que debemos aclarar antes de abordar el portamento entre dos notas que no están ligadas es que, en las ejemplificaciones que se recogerán a lo largo de este apartado, la ligadura que une la nota pequeña (mordente o apoyatura) con la primera o la segunda nota del intervalo es la que determina la posición del portamento respecto a la articulación. Así pues, si la pequeña nota se encuentra ligada a la nota anterior el portamento sucederá antes del cambio de arco, y si la pequeña nota está ligada a la

---

[593] Becker, H. y Rynar, D. *Mechanik und Ästhetik... Op. cit.*, pp. 195-196.

siguiente, el portamento sucederá después del cambio de arco, pudiéndo-
se establecer el siguiente principio a partir del estudio de las grabaciones
de principios del siglo xx: independientemente de dónde esté colocada
la pequeña nota, antes o después de una línea divisoria, más cerca de la
primera o de la segunda nota, ligada a la nota anterior o a la que le sigue,
el portamento se realiza por cuenta del valor de la nota precedente, la cual
perderá más o menos valor dependiendo de la velocidad de ejecución del
portamento.

A comienzos del siglo xix el portamento que prevalecía en el canto,
en todos los centros musicales europeos, era el portamento que anticipaba la nota de la siguiente sílaba, es decir, que anticipaba la segunda
nota del intervalo. Hay numerosas evidencias que así lo demuestran.
Nos parece muy ilustrativa la explicación y la simbología que podemos
encontrar en un básico manual de canto inglés, *A treatise on singing*
(1799), de Joseph Corfe. Aquí se le llama al portamento "anticipación":

> Anticipación: esta palabra habla por sí misma, y requiere poca o nin-
> guna explicación, es un adorno muy útil y elegante en el canto, ya
> que anticipa la nota a punto de ser atacada, mediante la cual el tono
> se determina con mayor seguridad y precisión. Este adorno se podrá
> utilizar en cada intervalo o distancia dentro de la octava.[594]

Vemos cómo Corfe coloca una línea entre las dos notas que deben co-
nectarse y una pequeña nota que simboliza la anticipación, empero sin
hablar de arrastre o deslizamiento de la voz de un tono a otro. Corfe,
como también diría Dotzauer años más tarde,[595] manifiesta que el portamento era utilizado como asistente para hacer más fácil la afinación justa
de las notas. Mannstein, en su importante sección sobre el portamento
en *Die Grosse Italienische Gesangschule: Das System der grossen Gesangschule
des Bernacchi von Bologna* (1835), también habla de la importancia de la
anticipación en el portamento y nos indica cómo debía ser ésta:

> Se puede ilustrar el Legato y el Portamento si nos imaginamos dos perlas
> ensartadas y ajustadas a un delgado hilo. Las perlas son los dos sonidos
> que se van a conectar, el hilo es el enlace, el casi imperceptible desliza-
> miento al pasar la voz de un tono a otro.

---

[594] Corfe, Joseph. *A treatise on singing*. London: Joseph Corfe, 1799, p. 12.
[595] Cf. Cita 537.

Este enlace, para que sea metódico, debe ser ligero. Es mejor si en los ejemplos indicados a continuación, éste, junto con la anticipación, se ejecuta antes de atacar la tercera parte, de manera que la segunda nota conserve su valor completo de dos partes. Si la anticipación es larga surge del portamento una manera musical que casi siempre se presenta para el portamento. Por ejemplo:

Hoffnung.   Hoffnung.

Particularmente son susceptibles de producirse estas notas falsas en una progresión ascendente como descendente. Por ejemplo:

Do   mi   sol   do   mi   sol   mi   do

Do   mi   sol do   mi   sol mi   do.

Siendo una ejecución incorrecta:[596]

Do   mi   sol do   mi   sol mi   do.

Castil-Blaze, en la entrada "Port de voix" de su *Dictionnaire de musique moderne* (1821), también explicaba que el portamento debía ser anticipado: "Consiste en hacer deslizar la voz rápidamente mediante un enlace muy ligero, que parte del extremo de la primera de ambas notas para pasar a la que la sigue, anticipándola".[597] Castil-Blaze ilustra la anticipación con el siguiente ejemplo:

---

[596] Mannstein, Heinrich Ferdinand. *Das System... Op. cit.*, pp. 27-28.
[597] Castil-Blaze. *Dictionnaire de musique moderne*. Paris: Au magasin de musique de la lyre moderne, 1825, vol. ii, p. 160.

Port de voix.

Effet.

Baillot parece copiar en su *L'Art du violon* la descripción y el ejemplo de Castil-Blaze. La aportación de Baillot se limita a la digitación que anota, una digitación que implicaría cambios de posición con sustitución de los dedos.[598] Por su parte, Nicola Vaccai, después de criticar el arrastre de la voz que se practicaba en los portamentos, distingue en su *Metodo pratico di canto* (1832) dos tipos: el primero consiste en "anticipar insensiblemente con la vocal de la sílaba precedente el sonido que sigue":[599]

Andante

Vor - rei   spie gar   l'af - fan - no

El segundo tipo consiste en "posponerla, siempre insensiblemente, pronunciando la sílaba con aquella [nota] que se deja":[600]

Allegretto

O   pla-ci-do il   ma-re Lu - sin-ghi la   sponda,

Vaccai apunta que "ambas formas son de un bello efecto, aunque la primera es la más usada",[601] revelándonos que las dos opciones se habrían dado en la práctica. El carácter de estos ejemplos es dispar, de lo cual se desprende que posiblemente el primer tipo se adecuara mejor al cantabile y el segundo a una música más viva. Atendiendo ahora a la especificidad de los instrumentos de cuerda, un portamento entre dos notas que no están ligadas presenta, análogamente, dos posibilidades de ejecución:

[598] Cf. Baillot, Pierre. *L'Art... Op. cit.*, p. 70.
[599] Vaccai, Nicola. *Metodo... Op. cit.*, p. 28.
[600] Ibíd.
[601] Ibíd.

1. La articulación del arco tiene lugar después del portamento, esto es, se produce la anticipación de la nota siguiente, aunque, como se verá más adelante, no siempre se daba en la práctica dicha anticipación.

2. La articulación del arco tiene lugar antes del portamento, o sea, se produce la repetición de la primera nota para articular la segunda. Este segundo modo, menos empleado en el canto según Vaccai, condenado por García en su *Traité complet de l'art du chant*[602] y ni siquiera previsto por Castil-Blaze, Mannstein o Baillot, se encuentra tan frecuentemente en los instrumentos de cuerda como el primero, aunque —repetimos— es probable que en muchas circunstancias su ejecución fuera anticipada, es decir, sobre el valor de la primera nota del intervalo. Además, hacemos notar que este segundo modo es el único ejemplo de portamento ofrecido por Romberg en su *Violoncell Schule*.[603]

4.2.1 *Ripetere il suono della nota che si lascia*

A continuación recogemos algunos ejemplos (como el que nos ofrece Romberg) que se suman a los muchos ya ofrecidos a lo largo de esta obra, en los cuales, mediante una pequeña nota o mordente, encontramos indicado el portamento que se produce después de la repetición de la nota que se deja.

Ej. 6.10. Chopin, Frédéric. *Sonate, op. 65*, Largo. Leipzig: Breitkopf & Härtel, s.d., vc-p. 6.

---

[602] "El portamento se ejecuta conduciendo la voz con la sílaba que se va a abandonar, y no, como se hace demasiado a menudo en Francia, con la sílaba siguiente tomada por anticipación. Hasta debemos oír un instante anticipadamente la nota que corresponde a la segunda sílaba; pero articulamos esta sílaba sólo en el momento en el que comienza la nota indicada." García, Manuel. *Traité complet de l'art du chant.* Paris: L'auteur, 1847, vol. II, p. 28.

[603] Cf. Romberg, Bernhard. *Violoncell Schule.* Berlin: Trautwein, s.d. [1840], p. 87.

Ej. 6.11. Lalo, Édouard. *Concerto en Ré*, Allegro vivace. Berlin: Bote & Bock, s.d., vc-p. 12.

D Saite.

Ej. 6.12. Popper, David. *Mémoire*, op. 62/1. Leipzig: Bartholf Senff, s.d., vc-p. 1.

Broadley nos dice que este tipo de portamento también era utilizado por los grandes violonchelistas en los pasajes de expresión apasionada, aunque una vez más no se trata exactamente de posponer la nota que sigue, ya que hay que articular con el arco anticipadamente repitiendo la nota que se deja:

> En vez de cambiar la arcada cuando se produce el cambio de nota, hay que cambiar la arcada antes de que se abandone la primera nota, haciendo entonces rápidamente el portamento a la nota siguiente, al mismo tiempo que se realiza un sforzando. El efecto se ve en el siguiente ejemplo:

(a) Effect   (b) as written

Menciono esto sólo para prevenir a los jóvenes intérpretes contra la adquisición de un hábito inconsciente que es al mismo tiempo incorrecto y vulgar, y aunque los intérpretes de primera fila en el desenfreno de su pasión a veces pueden emplear este artificio para expresar mejor sus sentimientos, sería imprudente para uno de menos categoría musical intentar lo que los grandes artistas sólo emplean excepcionalmente.[604]

---

[604] Broadley, Arthur. *Chats... Op. cit.*, p. 59.

Puede que Broadley esté describiendo una práctica extendida entre los virtuosos. Al menos, es lo que se puede intuir si comparamos lo dicho por Broadley con la escritura del compás 21 del Andantino del *Souvenir de Spa*, op. 2, de Servais:

Ej. 6.13. Servais, Adrien François. *Souvenir de Spa*, op. 2. Mainz: Schott, s.d., vc-p. 4.

Teniendo en cuenta que los virtuosos dejaron en sus obras numerosas anotaciones y evidencias que nos permiten reconstruir las técnicas de expresión que se practicaron en el romanticismo, podríamos considerar el citado compás como la expresión de...

... y reclamar el mismo tratamiento para pasajes de configuración similar. No sólo se trata de un momento de súbita excitación, sino que, además, Servais indica el portamento mediante una digitación expresiva, anotando el arrastre del segundo dedo en cada intervalo. Creemos observar este infrecuente efecto —que no deja de ser sorprendente desde una perspectiva estética actual— en el compás 8 de *Le cygne*, en la grabación que hizo de esta pieza Kronold en 1906:

Por último, permítasenos reivindicar aquí, pues más adelante no encontraremos mejor ocasión para hacerlo, el alcance del mordente como símbolo del portamento. La desaparición de la estética interpretativa romántica llevó consigo la pérdida de la connotación vocal que habían asumido las pequeñas notas, fueran apoyaturas o mordentes. Incluso en el ámbito pianístico, que había estilizado numerosos efectos vocales, tenemos que reclamar en ciertos contextos expresivos el valor de estas notas como indicativas de portamento. Uno de los pasajes donde más tendríamos que lamentar esta pérdida es en el conocido solo de violonchelo de la obertura de la ópera *Guillaume Tell* de Rossini. Para nosotros, sin duda, Rossini no demanda aquí un simple y breve sol', sino un conmovedor portamento:

Ej. 6.14. Rossini, Gioachino. *Guillaume Tell*, Obertura. Leipzig: Breitkopf & Härtel, s.d., vc-p. 2.

4.2.2 *Anticipare il suono della nota che segue*

El tipo de portamento en el que se da la anticipación de la nota siguiente y el posterior cambio de arco (la forma más usada —parece ser— en la primera mitad del siglo xix), fue igualmente frecuente y los violonchelistas no dejaron de anotarlo en sus piezas:

Ej. 6.15. Grützmacher, Friedrich. *Fantaisie hongroise,* op. 7. Braunschweig: Litolff, s.d., p. 7.

Ej. 6.16. Davidoff, Carl. *Notturno*, op. 41/3. Braunschweig, Litolff, s.d., vc-p. 10.

[Lento]

Ej. 6.17. Popper, David. *Mémoire,* op. 62/1. Leipzig: Bartholf Senff, s.d., vc-p. 1.

En relación con la anticipación de la nota que sigue, Broadley da algunos consejos para conseguir un buen efecto, especialmente cuando al final de una frase una sensible o una supertónica resuelve en la tónica. En estos casos se anticipará la tónica para que la tonalidad sea firmemente establecida:

> Se verá que, en cada caso, la nota final de la frase se establece completamente en el oído gracias a que ha sonado dos veces, primero sobre una parte débil y después sobre una parte fuerte del compás. El oído requiere de esto para obtener con la seguridad necesaria la identidad de la tónica.[605]

4.2.3 *Senza ripetizione della nota che segue o che si lascia*

Tenemos dudas fundadas con respecto a que hubieran prevalecido en la práctica instrumental las mismas recomendaciones que se daban en el canto para la ejecución de los portamentos, de que las pequeñas notas que indican el portamento tuvieran que haber sido necesariamente audibles, y de que en algún momento los violonchelistas hubieran llegado a posponer el portamento (sobre el valor de la segunda nota, según el segundo tipo descrito por Vaccai). Decimos esto porque en las primeras grabaciones se observa, en primer lugar, la ausencia casi total de repetición en los portamentos, ni de la nota que sigue ni de la nota que se deja, y, en segundo

---

[605] Broadley, Arthur. *Chats... Op. cit.,* p. 57.

lugar, la ejecución de los mismos sobre el valor de la primera nota. De este modo encontramos portamentos en los que, escuchándose el deslizamiento completo entre las dos notas y una articulación nítida del arco, ni resulta audible la repetición de la nota de partida ni la anticipación de la nota de llegada (véase el ejemplo que muestra la interpretación de Sorlin a continuación).

Forino recomendaba "no cambiar la arcada antes de la nota de llegada",[606] pero en general percibimos la actitud de Becker, según la cual la expresión que se quiera dar es la que determina el tipo de portamento y, por ende, el momento de cambiar el arco. Por ejemplo, en los compases 37-38 de la *Song of the soul* de Breil, Sorlin realiza un triple portamento con el que une las cuatro notas de dichos compases (lo que sería verdaderamente un enfoque naturalista de la expresión). De los tres, el primero es un portamento fragmentado, ya que el deslizamiento entre fa y mi' sólo puede ser escuchado en su tramo final debido al cambio de posición y cuerda. Este portamento comienza, por tanto, después del cambio de arco, adquiriendo el carácter de una inflexión vocal. En los dos siguientes portamentos (intervalos mi'-re' y re'-fa'), ambos de carácter más arrastrado, la articulación del arco se produce por el contrario cuando el portamento ha finalizado, sin que exista en ninguno de los dos casos anticipación de la segunda nota:

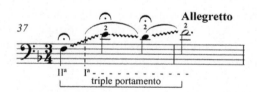

Este ejemplo nos va a servir para introducir varias pautas que sí parecen cumplirse en la interpretación de los primeros violonchelistas grabados. Así, el portamento se realiza casi siempre después del cambio de arco:

1. En los intervalos en los que, además de un cambio de arco, hay un cambio de cuerda, sea el cambio hacia una cuerda superior, como en el ejemplo anterior, o sea hacia una cuerda inferior, como lo escuchamos en la interpretación a cargo de Anton Hekking de la *Chanson triste* de Chaikovski (cc. 4 al 5 y 18 al 19). Hemos indicado con el término *gliss.* estos portamentos característicos, por tratarse —bajo nuestra opinión— de portamentos pasivos:

---

[606] Forino, Luigi. *Il violoncello... Op. cit.*, p. 288.

2. Cuando la segunda nota de un intervalo en el transcurso de un cantabile es un armónico. Esto lo podemos ver en el ejemplo anterior (intervalo la-re', entre los cc. 5 y 6), o en la interpretación de Lebell del *Ständchen* de Schubert. Lebell hace portamentos fragmentados ascendentes en los seis primeros compases, debido a la sustitución audible de los dedos durante el cambio de posición, pero curiosamente el portamento ascendente del compás 7, que va desde el do' al la' armónico, deja de ser fraccionado, dándose el cambio de arco antes del portamento (cf. Ej. 4.10).

3. Después de una nota marcadamente articulada o un silencio, resultando un portamento audible sólo en su tramo final. Este tipo de portamento imita más que ningún otro las inflexiones de la voz humana.[607] Así deberíamos entender el portamento que sugiere Grützmacher en este conocido motivo del *Concierto en la menor* de Schumann:

Ej. 6.18. Schumann, Robert. *Concerto,* op. 129, Nicht zu schnell. Grützmacher, ed. Leipzig: Breitkopf & Härtel, 1883, vc-p. 6.

---

[607] Recordemos que Mannstein, en el ámbito vocal, admitía la práctica del portamento después de una nota con punto cuando la segunda nota excedía el valor de la primera. Cf. Cita 499, principio (7).

Un caso equivalente y olvidado por las interpretaciones modernas es el que nos encontramos en el Thema de las *Variaciones sobre un tema rococó* de Chaikovski. El autor requiere un portamento que debe unir dos notas, entre las cuales se encuentra un breve silencio. El portamento imaginario entre el la y el la' sería lo que hemos llamado un portamento fragmentado y —como dijera Becker— habría de ejecutarse sólo en su tramo final:

Ej. 6.19. Chaikovski, P. I. *Variaciones sobre un tema rococó,* op. 33, Thema (Versión original). Moscú: Muzgiz [Москва: Музгиз], 1956, vc-p. 1.

Es interesante observar que la primera figura del compás 6 del Thema (Moderato semplice) es una semicorchea y no una corchea con punto, como lógicamente debería haber sido escrita esta nota. Chaikovski probablemente tuvo que sacrificar la notación convencional (corcheas) para dejar claro que la articulación del compás anterior debía prevalecer a pesar del glissando y evitar así que los intérpretes cayeran en el deseo de conectar el la y el la' bajo la indicación *"gliss."*, algo que, como se podrá comprobar más adelante (véase 'Evitando la articulación del arco para la introducción de portamento'), pudo ser lo habitual en este tipo de pasos, aunque la articulación original no fuera propicia para la introducción de un portamento completo.[608] La misma circunstancia se da en el siguiente paso del tercer movimiento del *Concierto en la menor* de Schumann, en el que Grützmacher exige igualmente un portamento después de una nota marcada con punto. Es evidente que el portamento no debe ser audible en toda su extensión, ni mucho menos conectar las dos notas (la-la'):

---

[608] La indicación *"gliss."* será eliminada en algunas ediciones más modernas.

Ej. 6.20. Schumann, Robert. *Concerto,* op. 129, *Sehr lebhaft.* Grützmacher, ed. Leipzig: Breitkopf & Härtel, 1883, vc-p. 14.

Pero para comprender bien este importante tipo de portamento recurramos a otro esquema similar en el ámbito violinístico, el que encontramos en el compás 34 del primer movimiento, Allegro maestoso, del *Concerto n.º 9,* op. 104, de Charles de Bériot:

Como podemos ver, el compás escrito originalmente por Bériot no contiene ninguna indicación de portamento entre las dos notas que forman la octava (la''-la'''). En su *Méthode de violon,* el propio Bériot recoge un detallado análisis interpretativo de los dos primeros movimientos de su concierto. Este compás aparece anotado de la siguiente forma en dicho tratado:

En primer lugar, se observa cómo el propio Bériot entendía la primera nota del intervalo más corta, algo parecido a lo anotado por Chaikovski o Schumann, y recomendaba "hacer un portamento con el dedo meñique hasta el la''' agudo con viveza y fuerza".[609] En segundo lugar, resalta la contradicción que origina que la indicación de portamento se traslape sobre el silencio de corchea. En suma, es evidente que este gesto no podía entenderse sin portamento y que el mordente indicativo de portamento, en realidad, no tuvo por qué exigir que las notas del intervalo tuvieran que ser conectadas mediante un deslizamiento completo (véase también Ej. 6.14).

---

[609] Bériot, Charles de. *Méthode... Op. cit.,* vol. III, p. 268.

4.2.4 Evitando la articulación del arco para la introducción de portamento

En algunos pasos en los que se quiere introducir portamento se sacrifica la articulación especificada para ejecutar el portamento ideal, es decir, el que conecta completamente dos notas de distinta altura bajo una ligadura. Por ejemplo, verificamos esta práctica en la interpretación de *Le cygne* de Saint-Saëns por parte de Kronold. La última corchea del compás 4 se une con la nota culminante del siguiente compás mediante un portamento y una ligadura, contrariamente a lo anotado por el autor.

Hollman procede de igual forma en su versión de *Le cygne*. En el compás 12 rompe las ligaduras originales, algo que no había hecho en el tema inicial, por otras que se acomodan mejor a los portamentos:

En su interpretación de la *Fantaisie et Variations brillantes*, op. 4, de Servais, Heinrich Kruse modifica la articulación original de Servais por otra más adecuada a los portamentos que introduce en el tema de Schubert:

4.3 Según la dinámica

Un portamento, sea ascendente o descendente, tiene tres variantes dinámicas principales: 1) puede sostenerse en intensidad, 2) hacerse con un crescendo 3) o con un diminuendo. Además, resulta evidente que la dinámica general y, especialmente, las indicaciones dinámicas concretas representadas por los reguladores le afectarían lógicamente. Pero podríamos considerar unas normas básicas asumidas por la teoría y que son constantes. Como escribiera Castil-Blaze en su *Dictionnaire de musique moderne* (1821):

> Si el *portamento* se hace del grave al agudo, entonces pasamos del piano al forte de la voz con un golpe suave y ligado de la garganta; por el contrario, cuando se va del agudo al grave, se pasa del forte al piano para evitar la especie de sonido aplastado que resultaría, y para cumplir al mismo tiempo con la ley que obliga a los cantantes a dar más fuerza a los sonidos agudos y menos fuerza a los sonidos graves.[610]

Siguiendo esta línea, Baillot ofrece estas dos reglas generales: "Del grave al agudo, matizar de piano a forte. Del agudo al grave, matizar de forte a piano".[611] Otra contribución que nos parece interesante es la de Antonio Cordero, quien en su *Escuela completa de canto* (1858) nos aporta algunas variantes más, tanto para los portamentos ascendentes como para los descendentes:

> Cuando el portamento es ascendente, se puede ejecutar de dos modos: si el primer sonido es de larga duración, se ataca piano, se crece hasta el momento de pasar al segundo y se apiana en el instante de llegar a éste. Si dicho primer sonido tiene más de una parte de duración de un movimiento *andante*, se emite con naturalidad, haciendo un pequeño *crescendo* al tiempo de pasar al segundo y apianando en el instante de atacarlo.

> El portamento descendente se hace con corrección, atacando con naturalidad el primer sonido y apianándolo al tiempo de pasar al segundo. Si dicho primer sonido es de larga duración, se puede empezar piano, crecerlo después, y volver a apianarlo al tiempo de pasar al segundo.[612]

---

[610] Castil-Blaze. *Dictionnaire... Op. cit.*, vol. II, p. 160.
[611] Baillot, Pierre. *L'Art... Op. cit.*, pp. 71-72.
[612] Cordero, Antonio. *Escuela... Op. cit.*, p. 59.

Mannstein también recomienda el estudio del portamento tras una larga nota ejecutada con una *messa di voce*.[613] Teniendo en cuenta los apuntes de Cordero y Mannstein, podría pensarse que muchos pasos similares que se encuentran en la literatura violonchelística habrían admitido la aplicación del portamento, como el que mostramos a continuación:

Ej. 6.21. Fitzenhagen, Wilhelm. *Resignation,* op. 8. Leipzig: Breitkopf & Härtel, s.d., vc-p. 1.

Cordero reconoce que la dinámica del portamento no siempre se puede prever y que hay excepciones a las reglas que tradicionalmente se recogen en los tratados, excepciones que sólo el buen gusto debe regular. Por ejemplo, un portamento ascendente también puede ejecutarse con un diminuendo:[614]

Y es que las excepciones son tan habituales como las propias reglas. He aquí el caso contrario, un portamento descendente de dinámica creciente y que quizá habría sonado, como dice Castil-Blaze, aplastado:

Ej. 6.22. Popper, David. *Nocturne n.º 4,* op. 47. Hamburg: Rahter, s.d., vc-p. 2.

El portamento ascendente que se ejecuta repitiendo la nota que se deja y, por tanto, después de la articulación del arco, es habitualmente de dinámica creciente. Encontramos nuevamente el gesto estudiado más arriba: el portamento después de una nota marcadamente articulada (cf. Ej. 6.18, 6.19 y 6.20):

---

[613] Mannstein, Heinrich Ferdinand. *Das System... Op. cit.,* p. 30.
[614] Cordero, Antonio. *Escuela... Op. cit.,* p. 59.

Allegro non troppo

Ej. 6.23. Romberg, Bernhard. *Divertimento,* op. 46, Allegro non troppo. Vienna: Haslinger, s.d., vc-p. 4.

Bériot parece seguir en su método los principios generales dados hasta ahora. Si bien, cuando se trata de alguna excepción, coloca los reguladores pertinentes para mostrar la dinámica adecuada. En el siguiente ejemplo, correspondiente al segundo tema del primer movimiento del *Quinteto en sol menor, K. 516,* de Mozart, habría de esperarse, según la teoría, un regulador creciente para el portamento.[615] Bériot coloca, en cambio, reguladores indicadores de diminuendo para la célula anacrúsica:[616]

El portamento se asocia, pues, tanto a una dinámica creciente como a una decreciente y no siempre se hace, como dijera Becker, junto a un diminuendo: "El violonchelista cultivado realiza siempre el portamento con un diminuendo —en el transcurso del deslizamiento— más o menos pronunciado (es decir, reduciendo la velocidad y la presión del arco)".[617] Más adelante, insiste en este punto: "Cuanto más separadas están las notas que se van a conectar, más lentamente se realiza el movimiento de deslizamiento, y más necesario es el diminuendo".[618]

En las indicaciones interpretativas al siguiente pasaje del *Concierto en la menor* de Saint-Saëns (cc. 4 y 5 del ejemplo), Becker nos dice contrariamente que, aunque no esté prescrito por el compositor, "un efecto muy bonito se puede lograr mediante un gran crescendo en las dos notas blancas, seguido de una pausa de respiración y un piano en el Sol".[619] Se puede comprobar que las dos blancas (sol' y fa') están digitadas expresivamente con el mismo dedo, forzándose un cambio de posición

---

[615] Ejemplo recogido por Brown erróneamente (la dinámica original del portamento aparece alterada). Cf. Brown, Clive. *Classical and Romantic Performing Practice, 1750-1900.* New York: Oxford University Press, 2002, p. 586.

[616] Cf. Bériot, Charles de. *Méthode... Op. cit.,* vol. III, p. 241.

[617] Becker, H., y Rynar, D. *Mechanik und Ästhetik... Op. cit.,* pp. 193-194.

[618] Ibíd., p. 194.

[619] Ibíd., p. 237.

que técnicamente no resultaría necesario. En efecto, el deslizamiento del cuarto dedo se encuentra reforzado con un regulador de intensidad creciente y la indicación "*molto*" anotada por Becker:

En consecuencia, parece lógico pensar que en la práctica se tuvieron que dar diversas formas de graduación dinámica del portamento, aunque algunas de ellas hubieran estado en contra de las recomendaciones teóricas de las autoridades románticas. Broadley, al igual que Cordero en el ámbito vocal, así lo manifiesta al final de su capítulo dedicado al portamento, diciendo que todas las sutilezas, difíciles de explicar, dependen del gusto, del sentimiento delicado del artista y "del sutil manejo del arco y de los dedos, tan necesarios para una interpretación realmente refinada".[620] A pesar de las dificultades para apreciar los aspectos dinámicos en las primeras grabaciones, hay algunos casos en los que sí es posible. Por ejemplo, en el compás 34 de la *Cavatina*, op. 85/3, de Raff, Hekking hace rápidamente y con crescendo un gran portamento (un intervalo de décima) que culmina en el registro más agudo del violonchelo (la''):

Becker, en la grabación de su *Menuet*, realiza también algunos portamentos de dinámica creciente —una vez más, ¡en contra de sus propias prescripciones!:

Un caso particular de portamento, aquel que se inicia desde el silencio y sirve para dar comienzo a una frase o motivo (Ej. 1.3), o para atacar un

---

[620] Broadley, Arthur. *Chats... Op. cit.*, p. 60.

sonido aislado (Ej. 6.47), habría de considerarse de dinámica creciente. Grützmacher fue un violonchelista que practicó asiduamente este tipo de portamento:

Ej. 6.24. Schumann, Robert. Concerto, op. 129, Nicht zu schnell. Grützmacher, ed. Leipzig: Breitkopf & Härtel, 1883, vc-p. 4.

En conclusión, la dinámica del portamento se supedita principalmente a las intenciones fraseológicas (a veces, como se ha comprobado, muy particulares) de cada intérprete, a la posición estructural de las notas que el portamento ha de unir y al efecto que se quiera conseguir en cada momento.

4.3.1 ¿El regulador dinámico como indicativo de portamento?

En la *Romance sans paroles*, op. 90/1, de Georg Goltermann, encontramos unos pequeños reguladores inclinados que parecen conectar las dos notas de algunos intervalos ascendentes. El hecho de que dichas notas se encuentren bajo una ligadura y estén digitadas con el mismo dedo, y de que los reguladores se diferencien claramente de aquellos de amplio rango que habitualmente se encuentran bajo el pentagrama, nos hace pensar sin lugar a dudas que estos pequeños reguladores cumplen con el propósito de indicar, al mismo tiempo, el portamento y su dinámica.

Ej. 6.25. Goltermann, Georg. *Romance sans paroles*, op. 90/1. Mainz: Schott, s.d., vc-p. 1.

En la Variación 3 de las *Variaciones sobre un tema rococó*, op. 33 (versión original), de Chaikovski, nos tropezamos con reguladores similares, originalmente anotados por el autor e igualmente diferenciados de los tradicionales reguladores bajo el pentagrama, que conectan las corcheas re'-si bemol' entre los compases 3-4 y 7-8:

Ej. 6.26. Chaikovski, P. I. *Variaciones sobre un tema rococó,* op. 33, Var. 3, Andante (Versión original). Moscú: Muzgiz [Москва: Музгиз], 1956, p. 13.

Una indicación igual aparece, en repetidas ocasiones, en la otra pieza que el compositor ruso escribió para violonchelo, el *Pezzo capriccioso,* op. 62. Otra vez, como se puede apreciar a continuación, estos pequeños reguladores afectan sólo a las dos notas del intervalo, exigiendo un incremento de la intensidad en el portamento que conectaría estas dos notas:

Ej. 6.27. Chaikovski, P. I. *Pezzo capriccioso, op. 62* (Versión original). Moscú: Muzgiz [Москва: Музгиз], 1956, p. 44.

Estos ejemplos nos permiten comprobar la importancia del portamento para dibujar naturalmente —desde una óptica naturalista— el contorno melódico a nivel de motivo, pero también cómo el portamento posee su propia dinámica, independiente muchas veces del flujo dinámico general que responde a tensiones estructurales de mayor alcance dentro del fraseo.

4.4 Según la velocidad del deslizamiento

Que un portamento sea más o menos demostrativo depende de la intensidad y sobre todo de la velocidad del deslizamiento. Straeten y Becker son los que más aluden a la cuestión de la velocidad en la ejecución de los portamentos. El primero previene —recordemos que bajo la supervisión de Piatti— ante los portamentos demasiado lentos que llevan al lánguido sentimentalismo, estableciendo una regla general para todos los portamentos, ya sean con el mismo dedo o con intercambio de dedos: "La velocidad a la que el portamento [*slide*] tiene que ejecutarse está determinada y ajustada en cierta forma por el tempo de la pieza. En cualquier caso, no debe ser demasiado lento".[621] Becker por su parte considera tres tipos de deslizamientos que harían el portamento más

---

[621] Straeten, Edmun van der. *Technics... Op. cit.,* p. 138.

o menos demostrativo: [1] el cambio de posición inaudible, [2] el pequeño portamento [*kleine portamento*] y [3] el portamento significativo [*große portamento*].[622] Al igual que Straeten, no prevé ningún portamento lento y arrastrado. Becker nos ofrece el segundo tema del primer movimiento del *Concierto en re menor* de Lalo con las cifras que indicarían el portamento más adecuado en cada momento, según los tres tipos recién citados. El primero [1] sería, evidentemente, la ausencia de portamento o glissando.

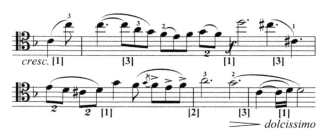

Otro pasaje en el que Becker muestra los portamentos pertenece al primer movimiento del *Concierto en la menor* de Schumann. Aquí es interesante observar cómo Becker recomienda un ligero portamento hacia una cuerda al aire:[623]

Son rarísimas las indicaciones que hacen referencia al carácter, la dinámica o la velocidad del portamento en el repertorio violonchelístico. Una de las pocas que hemos podido encontrar la anotó Davidoff en su pieza *Notturno*, op. 41/3. Escrita en un tempo Andante, Davidoff anota entre el mi bemol' y el sol bemol' del compás 24 "*tranq. gliss.*", buscando un portamento lento que habría de preparar el carácter pianissimo y *misterioso* que sigue a continuación:

---

[622] Becker, H., y Rynar, D. *Mechanik und Ästhetik... Op. cit.*, p. 195.
[623] Ibíd., p. 196.

Ej. 6.28 .Davidoff, Carl. *Notturno,* op. 41/3. Braunschweig: Litolff, s.d., vc-p. 10.

En las interpretaciones de los primeros violonchelistas grabados encontramos portamentos demostrativos [*große portamento*] y otros más ligeros [*kleine portamento*]. En todos los ejemplos recogidos en este trabajo hemos intentado diferenciar los portamentos demostrativos de aquellos más ligeros mediante la utilización de un trazo más o menos grueso —como ya se apuntó al comienzo de este apartado. Entre las grabaciones estudiadas, donde apreciamos mayor ostentación de portamentos arrastrados es en la interpretación por parte de Grünfeld del *Verlâssen bin i,* op. 4/1, de Koschat. Pero quizá el caso más exagerado sea el de Auguste van Biene interpretando su propia pieza *The broken melody* (ambas grabaciones: 1903 y 1911). Biene ejecuta los portamentos tan lentamente que sacrifica el pulso regular de la pieza casi de forma continua. Podría decirse que la toca *senza tempo.*

La realización de un portamento, sobre todo de un portamento de gran extensión, requiere a veces una pequeña retención del tempo. Cuando un portamento demostrativo tiene lugar en un final de frase o allí donde una disminución del tempo es apropiada, la retención necesaria resulta orgánica. Más llamativo, no obstante, es cuando se fuerza la retención del tempo para la consecución del portamento en los lugares donde no cabría esperarse, lugares donde el intérprete introduce un ritenuto para poder trazar adecuadamente el portamento. Gracias a las grabaciones podemos certificar esta práctica tan habitual. Un buen ejemplo, por el carácter danzable de la pieza, lo podemos escuchar en el compás 48 del *Menuet* de Becker. En esta ocasión Becker sí sigue sus propias directrices para la ejecución de los portamentos y hace entre el re' y el re'' un diminuendo a la vez que una retención súbita del tempo en el mismo instante del portamento. Inmediatamente después Becker retoma el tempo:

ritenuto...... a tempo

4.5 Según la cantidad

De acuerdo con este criterio podemos hablar de diferentes tipos de portamento.

4.5.1 Digitación expresiva

Una digitación expresiva es aquella digitación supeditada al efecto que se quiere conseguir y desmarcada de los cánones de la *buena escuela*. Su vinculación con el portamento y la práctica *sur la même corde, una corda* o *sopra una corda*,[624] tan en boga a finales del siglo XVIII, es específica. El violinista Baillot, por ejemplo, deja constancia de la relación entre esta práctica y la introducción de portamentos cuando habla del estilo de Pierre Rode en su *L'Art du violon*: "Rode cambiaba de posición sobre las mismas cuerdas, lo que favorece los portamentos en los cantos elegantes y da a estos cantos cierta unidad en la expresión por medio de la homogeneidad de los sonidos de la misma cuerda".[625] Baillot insiste en el respeto a la digitación característica de cada autor porque en ella está el estilo y la expresión individual, "una digitación expresiva que habría que abstenerse bien de cambiar".[626] Pero Baillot no se detiene aquí: en la sección "Expression des doigts" también recoge un tipo de digitación que él denomina "Traîner le même doigt pendant toute une phrase de chant" ('Arrastrar el mismo dedo durante toda una frase de canto'). El uso de un mismo dedo en el canto podríamos considerarlo como una práctica de carácter naturalista, con la que se pretende imitar el legato de la voz humana y un tipo de canto sinuoso y melismático. Probablemente Baillot recogiera este tipo de digitación expresiva bajo la influencia del estilo cantabile de Paganini:

> En ciertos pasajes de canto, la expresión y la afinidad de las notas entre sí requieren que varias notas que se suceden por tonos o semitonos estén ligadas sin ninguna articulación mediante el mismo dedo que se arrastra con este fin sobre la cuerda, deslizándose de manera insensible. El resultado guarda una gran analogía con la voz cuando se hacen este tipo de acentos.[627]

---

[624] Cf. "Haydn's Effective Use of String Fingerings" y "Beethoven's Engagement with String Fingerings" en: Moran, John Gregory. *Techniques of Expression... Op. cit.*
[625] Baillot, Pierre. *L'Art... Op. cit.*, p. 146.
[626] Ibíd., p. 147.
[627] Ibíd., p. 153.

Una vez más nos encontramos la vinculación-confusión —de la que ya hemos hablado— entre el portamento y el legato, y las mismas preocupaciones que se venían dando en el canto, porque, como dirá más tarde Thiers, el portamento también se utilizó como recurso para intensificar el legato.[628] El respeto hacia la expresión individual que reclama Baillot es el mismo que observamos en las grabaciones de las piezas de Servais, en las que podemos escuchar las digitaciones que había practicado el virtuoso belga. En el *Nocturne* de Chopin-Servais apreciamos, en las versiones de Hollman y Sorlin, el deslizamiento del primer dedo anotado por Servais en las semicorcheas del compás 4:

Ej. 6.29. Chopin-Servais. *Nocturne,* op. 9/2. Paris: Schott, s.d., vc-p. 1.

El violonchelista Broadley admite la digitación con el mismo dedo tanto en el cantabile como en los rápidos pasajes cromáticos (véase más adelante el apartado "Portamentos que se suceden en la misma dirección"), si bien añade que mediante este efecto "es imposible intentar tocar las notas reales excepto si se trata de pasajes muy lentos".[629]

4.5.2 Forzando el cambio de posición

El portamento no siempre es el resultado de un cambio de posición que se quiere audible, sino que a veces es necesario abandonar lo que dictan los cánones de escuela y provocar un cambio de posición donde un portamento expresivo se desea. Esto es lo que nos viene a decir Becker, la necesidad de forzar los cambios para introducir los portamentos donde un buen cantante lo habría hecho: "Hay sitios que requieren imperativamente un portamento y donde un cantante bien entrenado nunca se abstendría de aplicarlo, en los que, sin embargo, por lo general no ocurre ningún cambio de posición".[630] Entre los ejemplos que nos da Becker se encuentra este pasaje del Adagio del *Concierto en si menor* de Dvorák, en el que no se podría ejecutar un "hermoso e intenso portamento, haciendo que todo el pasaje gane un calor considerable",[631] si siguiéramos la digitación lógica:

---

[628] Thiers, Albert Gérard. *Technique... Op. cit.,* p. 73.
[629] Broadley, Arthur. *Chats... Op. cit.,* p. 91.
[630] Becker, H., y Rynar, D. *Mechanik und Ästhetik... Op. cit.,* p. 196.
[631] Ibíd.

Un caso similar lo encontramos en la grabación de la *Romance sans paroles* de Davidoff. En el mismo final de la pieza (cc. 125-28), Verzhbilovich realiza un portamento altamente demostrativo, acentuado con un crescendo, donde un cambio de posición normalmente no cabría esperarse:

Un portamento que podría haber seguido el estilo de un buen cantante es el que parece sugerir Servais en el tema principal del primer movimiento de su *Concierto en si menor*, op. 5. En el primer compás del tema encontramos un cambio forzado de primera a tercera posición que busca el portamento de si a re'. Inmediatamente después, se nos presenta un nuevo cambio (de re' a do sostenido') para volver a la primera posición, que implícitamente invita a la introducción de un segundo portamento.

Ej. 6.30. Servais, Adrien François. *Concerto en si mineur,* op. 5, Allegro. Mayence: Schott, s.d., vc-p. 2.

Para tocar este compás no es necesario ningún cambio de posición. De hecho, ningún violonchelista actual habría recurrido a una digitación similar que, desde una concepción moderna, resulta de pleno incorrecta e incomprensible. Tampoco parecen necesarios los cambios que tienen lugar en el siguiente caso particular descrito por Becker, que pertenece al compás 13 del adagio de la *Sonata en re mayor* de Locatelli: primero, hay que forzar un cambio después del trino, deslizando lentamente el primer dedo de re' a mi'; y luego, en la repetición del mi', hay que sustituir el primer dedo por el segundo, imponiéndose un nuevo cambio.

Además, "el arco hace un diminuendo significativo, haciendo un acento suave en la nota repetida":[632]

Leo Schulz, en su edición del *Kol Nidrei*, op. 47, de Bruch, recurre de forma ostensible a la digitación expresiva. Queremos subrayar el interés que se percibe aquí, como en otros ejemplos, por evitar los portamentos ascendentes con el cuarto dedo:

Ej. 6. 31. Bruch, Max. *Kol Nidrei*, op. 47. Schulz, ed. New York: Schirmer, 1900, vc-p. 2.

4.5.3 Doble y triple portamento. Deslizamientos en sucesión

La búsqueda de un lenguaje emocional, naturalista, y la utilización del portamento como intensificador del legato, sólo posible en la voz humana, pensamos que contribuyó sobremanera a la sucesión de portamentos a cada intervalo. Mannstein hablaba de que los portamentos se podían hacer varias veces en sucesión, siempre con criterios de buen gusto, pero en los dos ejemplos que nos ofrecía en su *Die grosse italienische Gesangschule, nebst praktischen Uebungstücken* comprobamos que entendía por portamentos consecutivos la abundancia en general de portamento, estipulando también como de buen gusto el enlace de una serie de notas consecutivas de gran valor.[633] Todavía en el ámbito vocal, Thiers habla específicamente del "doble portamento",[634] efecto que habría de utilizarse con parquedad. Por ejemplo, su introducción sobre las palabras *"And like an angel bending down above you"* de la canción de Francesco Paolo Tosti *Vorrei*, estaría justificada porque el portamento aquí —según Thiers— evoca el movimiento de las alas. Por este mismo motivo podría considerarse un portamento descriptivo[635] (más adelante hablaremos de este tipo de portamento).

---

[632] Ibíd., p. 197.
[633] Cf. Cita 502, Principio 7.
[634] Thiers, Albert Gérard. *Technique... Op. cit.*, p. 71.
[635] Ibíd., p. 73.

Ej. 6.32. Tosti, Francesco Paolo. *Vorrei*. New York: Schirmer, s.d., p. 7.

En resumen, consideramos doble portamento la ejecución de dos portamentos consecutivos en dos intervalos sucesivos, y triple portamento la ejecución de tres portamentos consecutivos.

4.5.3.1 Portamentos que se suceden en la misma dirección

Sobre la práctica del doble portamento encontramos algunas recomendaciones entre los instrumentistas de cuerda. Becker escribiría en su *Mechanik und Ästhetik des Violoncellspiels*: "No dejar nunca que a un portamento en una dirección le siga otro *inmediatamente* después en la dirección opuesta".[636] Sin embargo, Broadley cuenta que este tipo de portamento era muy usado por los cantantes para persuadir al público,[637] mostrando un caso típico vocal y advirtiendo a los estudiantes "en contra de seguir ciegamente todas las exageraciones en las que caen de vez en cuando incluso nuestros mejores vocalistas":[638]

Mucho antes, el violinista Bériot había hablado del empleo de dos portamentos consecutivos en un intervalo ascendente y en uno inmediato descendente:

> Cuando se va de una nota cualquiera para tomar otra más elevada y volver a bajar en seguida al punto de partida, nos abstendremos de hacer portamento al bajar si lo hicimos al subir, pero si la expresión pide que se haga al bajar, hay que abstenerse de hacerlo también al subir, bajo pena de caer en una afectación condenable.[639]

---

[636] Becker, H., y Rynar, D. *Mechanik und Ästhetik... Op. cit.*, p. 194.
[637] Cf. Broadley, Arthur. *Chats... Op. cit.*, p. 58.
[638] Ibíd.
[639] Bériot, Charles de. *Méthode... Op. cit.*, vol. III, p. 236.

Atendiendo a las palabras de Bériot y Becker, interpretamos que sí hubieran aceptado el doble portamento, al menos en una misma dirección. Recordemos que Rabaud toleraba dos portamentos consecutivos en los pasajes lentos.[640] Otros importantes violonchelistas románticos evidencian a través de la "digitación expresiva"[641] una frecuente introducción del doble y el triple portamento.

     Ej. 6.33. Dotzauer, J. J. F. *Méthode de violoncelle*. Mayence: Schott, s.d. [1825], p. 102.

     Ej. 6.34. Osborne, G. A., y Franchomme, A. *Duo concertant sur un motif d"Anna Bolena'*, op.41, Introducción. Leipzig: Hofmeister, s.d., p. 9.

Aunque en los registros fonográficos son numerosas las muestras de doble y triple portamento en la misma dirección, tanto en sentido ascendente como descendente, es verdad que no hemos encontrado ningún caso parecido a los ejemplos que acabamos de ofrecer, es decir, que se perciba claramente el arrastre consecutivo de un mismo dedo. Gutia Casini, por ejemplo, ejecuta primero un doble portamento en sentido ascendente y seguidamente otro en sentido descendente al final del tema (en su primera aparición en forma de solo de violonchelo) del *Morgen*, op. 27/4, de Richard Strauss. Son, pues, portamentos consecutivos, aunque accidentados por la articulación del arco o por un cambio de dedo:

---

[640] Cf. Rabaud, Hippolyte François. *Méthode... Op. cit.*, p. 24.
[641] "Doigter expressif". Baillot, Pierre. *L'Art... Op. cit.*, p. 147. // "Doigté de l'expression". Bériot, Charles de. *Méthode... Op. cit.*, vol. III, p. 236.

Formas más desmesuradas y sistemáticas de cambios de posición que implicaban el deslizamiento continuo de un mismo dedo sobre la cuerda fueron igualmente habituales entre los virtuosos románticos. Es lógico pensar que estos deslizamientos quisieran imitar el rápido y brillante legato vocal, aunque también pudieran haber buscado otros efectos emocionales, tremulantes o palpitantes de carácter virtuosístico. Este tipo de efecto que, según las ediciones, parece exclusivo de la escuela dramática, lo describe el violinista John Dunn en el capítulo dedicado al portamento de su *Violin playing*.[642] En el violonchelo este recurso fue descrito por Broadley:

> El arco debe ser trazado como si fuera una larga nota sostenida, y la separación de las notas debe ser causada por una serie de sacudidas rápidas llevadas a cabo por la mano izquierda. El dedo debe mantener la presión sobre la cuerda durante todo el pasaje, el movimiento es similar al método explicado para producir el vibrato, con la adición de la progresión hacia adelante o hacia atrás de la mano de acuerdo con las exigencias del pasaje. El pasaje puede ser tocado con cualquier dedo, pero es recomendable utilizar el cuarto dedo para un pasaje descendente (véase ejemplo) y el primer o segundo dedo para una escala cromática ascendente.

> Aquí no se pueden tocar las notas reales, excepto si se trata de un pasaje muy lento. Para ejecutar una rápida escala cromática como la anterior, el intérprete simplemente debe captar el tempo de las semicorcheas y regular las distancias para cada movimiento como previamente se explicó.[643]

Este efecto —continúa explicando Broadley— también es habitual en los pasajes de octavas, donde se ejecuta siguiendo el mismo procedimiento. En el violonchelo, como en el violín, los pasajes rápidos en los que se da la sucesión de un mismo dedo no sólo son cromáticos, también pueden ser diatónicos. En las piezas de Servais aparecen con frecuencia:

---

[642] Cf. Dunn, John. *Violin Playing*. London: The Strad, 1915, pp. 29-30.
[643] Broadley, Arthur. *Chats... Op. cit.*, p. 91.

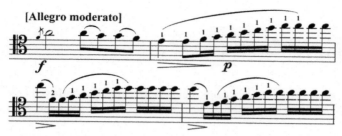

Ej. 6.35. Servais, Adrien François. *Concerto Militaire*, op. 18, Allegro moderato. De Munck, ed. Mainz: Schott, s.d., vc-p. 4.

4.5.3.2 Portamentos que se suceden en sentido contrario

El violinista Bériot condenaba dos portamentos consecutivos en dirección contraria cuando la nota de partida del primer portamento y la de llegada del segundo eran la misma, pero ¿habría aceptado en ciertos contextos un doble portamento en dirección contraria cuando la nota de partida y la de llegada hubieran sido distintas? En el compás 34 de su *Concerto n.º 9*[644] —analizado en otro contexto anteriormente— aparecen anotados dos portamentos consecutivos en sentido contrario:

Aunque en las ediciones no encontremos la indicación "portamento" o "glissando" en dos intervalos consecutivos, nuevamente la digitación expresiva ejerce de elemento indicativo inequívoco de portamento.

Ej. 6.36. Lee, Sebastian. *Le bouquet*, op. 33. Leipzig: Hofmeister, s.d., vc-p. 1.

---

[644] Cf. Bériot, Charles de. *Méthode... Op. cit.*, vol. III, p. 268.

Ej. 6.37. Goltermann, Georg. *Concerto n.º 2*, op. 30, Andante. Offenbach: André, s.d., vc-p. 6.

La ejecución de dos portamentos consecutivos en sentido contrario era muy habitual en la práctica, a pesar de la manifiesta oposición de Becker y Bériot. Las grabaciones hablan por sí mismas: Sorlin en su interpretación de *Song of the soul* de Breil, y Lebell en su registro del *Ständchen* de Schubert (Ej. 4.10) encadenan asiduamente dos y tres portamentos. Con menos frecuencia, Hollman también se sirve del doble portamento en sentido contrario: lo escuchamos en el tercer compás del *Ave María* de Schubert (grabación de *ca.* 1916) o en el segundo compás del *Nocturne* de Chopin-Servais. Hekking, en su grabación de la *Élégie* de Massenet, realiza un doble portamento primero y un triple portamento después, todos ellos en sentido contrario, que sirven para enlazar con la reexposición del tema (cc. 15-16):

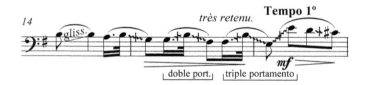

5. Otros portamentos característicos

5.1 Portamento prosódico

Sólo a través de las grabaciones podemos reconocer una forma muy expresiva de realizar el portamento entre dos notas ligadas, que parece imitar las inflexiones de la voz en el canto dramático. Como hemos visto, el portamento siempre se hace —teniendo en cuenta todas las grabaciones estudiadas— anticipando su inicio, es decir, se le resta más o menos valor a la primera nota según empiece el deslizamiento antes o después, respectivamente. La segunda nota, en la que culmina el portamento, suena siempre en la parte indicada del compás. Pues bien, en ocasiones los violonchelistas retrasan la ejecución del portamento hasta el último instante, de manera que alargan la primera nota en detrimento del valor de la segunda, sobre la que se precipita el portamento, resultando un portamento rápido y breve que deja de tener un inicio anticipado. Aunque no se subraye dinámicamente, es un portamento que se percibe marcado. La alteración rítmica resultante en combinación con esta expresiva inflexión *vocal* acentúa sobremanera el carácter prosódico, de ahí la denominación "portamento prosódico". Este tipo de portamento se ha indicado en los análisis interpretativos de la siguiente forma:

Lebell realiza este efecto expresivo en el compás 6 del *Ständchen* de Schubert, donde se aprecia lo descrito anteriormente: un alargamiento de la negra con puntillo y un aplazamiento del deslizamiento, que se produce sobre el valor de la corchea re', todo ello acompañado con la intensificación dinámica del portamento. Este efecto se puede comprender todavía mejor si comparamos la ejecución de este compás con la de otros momentos similares en la misma pieza (escuchar, por ejemplo, los cc. 2 o 12 [Ej. 4.10]):

Varios ejemplos muy claros de esta inflexión melódica los podemos encontrar en la grabación de la *Romance sans paroles* de Davidoff (Ej. 4.9), ya que aquí la comparación que proponíamos anteriormente se puede realizar en dos compases consecutivos. Si examinamos los portamentos que Verzhbilovich realiza entre las dos negras ligadas del compás 18 y las dos del compás 19, apreciaremos que son de distinta naturaleza: el primero es un portamento de tipo pasivo que se inicia por cuenta del valor de la primera negra y que une las dos notas mediante un ligero deslizamiento, mientras que el segundo tiene una intencionalidad emocional y un marcado carácter prosódico. De esta forma, sin que el tempo se vea quebrantado, Verzhbilovich alarga el fa sostenido' en detrimento del mi', quedando el portamento desplazado a la segunda parte:

Hay que reconocer que sin el auxilio de las grabaciones difícilmente podríamos haber imaginado este efecto de fuerte inspiración poético-declamatoria, que, por otra parte, es practicado por todos los violonchelistas estudiados, también por Casals. Una vez identificado y definido, queremos pensar que es el mismo que describe Broadley cuando dice:

> En casi cada melodía hay sitios donde cada músico se siente obligado a detenerse en el intervalo entre dos notas, sosteniendo la primera nota y reteniendo la llegada de la otra; este tipo de portamento [glissando] "expresivo", además de ser el más marcado en cuanto a efecto, es consiguientemente el más censurable si se utiliza incorrectamente.[645]

5.2 Portamento entre dos notas de la misma altura

El portamento que se produce entre dos notas de la misma altura, muy del gusto romántico, requiere también un cambio de posición forzado. Las dos variantes posibles son:

1. El portamento se produce por la repetición de la misma nota en la misma cuerda.
2. El portamento se produce por la repetición de la misma nota en otra cuerda.

A su vez, estos portamentos pueden ser ascendentes o descendentes, lo que dependerá del contexto y el diseño del pasaje.

5.2.1 En la misma cuerda

Para analizar este tipo de recurso tenemos que remontarnos a las figuras de los violinistas Spohr y Baillot. Debemos advertir que Spohr nunca utiliza el término *portamento* para definir este recurso asociado a los cambios de posición o al cambio de dedo sobre una misma nota:

> Mediante el cambio de los dedos sobre un mismo tono se imita también una característica del canto, a saber, mediante la pronunciación de una nueva sílaba [sobre un mismo tono] se produce su separación en dos sonidos cantados, encontrándose ambos en la misma altura y en el mismo aliento.[646]

---

[645] Broadley, Arthur. *Chats... Op. cit.*, p. 56.
[646] Spohr, Louis. *Violinschule... Op. cit.*, p. 175.

Es más, Spohr no parece relacionar ambos recursos, porque en las reglas finales de su *Violinschule* cita algunas técnicas de expresión que el violinista habría de evitar cuando toca en la orquesta, diferenciando entre "el portamento [*Fortgleiten*] de un sonido a otro" y "el cambio de dedo sobre una misma nota".[647] Spohr explica que el intercambio de los dedos se debe realizar sin detener el movimiento del arco y utilizando el mismo mecanismo que en los cambios de posición, es decir, "la mano tiene que retroceder o adelantarse hasta que el dedo que tiene que relevar al primero pueda caer en su lugar".[648] En el primer cambio del ejemplo anterior, el segundo dedo tiene que deslizarse desde el mi'' hasta el do'' (lo que se muestra en el siguiente ejemplo con una nota auxiliar), para que, una vez haya sido alcanzado este último, el cuarto dedo caiga sobre el mi''. Spohr además subraya:

> Este alejamiento [*Fortrücken*] de los tonos especificados no debe escucharse, tampoco en el pasaje que se representa a continuación.

> El cambio de dedo tiene que ocurrir tan rápidamente que la salida de la primera nota apenas sea perceptible por el oído.[649]

Efectivamente, Spohr no hace referencia al portamento, aunque reconoce que el inicio del deslizamiento puede resultar audible, y considera este efecto más bien como un tipo de articulación o pronunciación suave. Baillot, por su parte, viene a decir algo similar cuando habla de la digitación expresiva [*expression des doigts*] que hay que aplicar a este tipo de sustituciones:

> Hay que evitar que se escuchen en este pasaje las pequeñas notas marcadas con una cruz, a las que le dimos un poco de tiempo en el cambio de posición, poco a propósito, y cuyo efecto es desagradable.[650]

---

[647] Ibíd., p. 249.
[648] Ibíd., p. 175.
[649] Ibíd., p. 176.
[650] Baillot, Pierre. *L'Art... Op. cit.*, p. 151.

(Art de l'archet de Tartini)

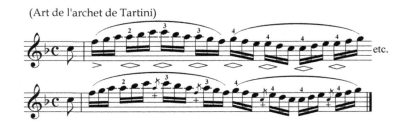

Teniendo en cuenta la gran prudencia que muestran los músicos románticos ante el portamento y las pronunciadas contradicciones entre teoría y práctica, podríamos aventurar que en muchas circunstancias estas sustituciones se utilizaron como medio para la introducción del portamento. De la misma forma, se observa en los métodos y en las publicaciones de los virtuosos una atención especial a este efecto, que llegó a ser recogido por los violonchelistas como materia de estudio. Prueba de ello es el *Ejercicio melódico*, op. 31/9, que Sebastian Lee dedicó enteramente a esta técnica expresiva ligada a la sustitución de los dedos y a los cambios de posición. En el repertorio violonchelístico encontramos a veces una práctica casi inmoderada de este efecto, sobre todo en células secuenciales:

Ej. 6.38. Romberg, Bernhard. *Concertino*, Lento cantabile. En: *Violoncell Schule*. Berlin: Trautwein, s.d. [1840], p. 101.

Ej. 6.39. Servais, Adrien François. *Souvenir de Spa*, op. 2, Cantabile espressivo. Mainz: Schott, s.d., vc-p. 2.

El violonchelista Hekking recurre con frecuencia a esta técnica expresiva. En su versión de la *Elégie* de Massenet, apreciamos la sustitución de un dedo superior por uno inferior en dos ocasiones. La primera se encuentra en el compás 14:

En su grabación de la *Chanson triste* de Chaikovski escuchamos claramente el procedimiento contrario, esto es, la sustitución de un dedo inferior por uno superior (c. 38):

poco ritenuto

5.2.2 En distintas cuerdas

En la sección de este capítulo dedicada a los cambios de posición recogíamos las palabras de Drewry hablando del buen efecto que producía la repetición de la misma nota en una cuerda inferior. Las ediciones fraseadas certifican que esta práctica era muy del gusto de los violonchelistas románticos. El cambio de cuerda no sólo invitaba a la introducción de portamento, sino que aportaba contraste de timbre y color gracias a la nueva cuerda.

Ej. 6.40. Fitzenhagen, Wilhelm. *Resignation,* op. 8. Leipzig: Breitkopf & Härtel, s.d., vc-p. 1.

Ej. 6.41. Schumann, Robert. *Concerto,* op. 129, Langsam. Grützmacher, ed. Leipzig: Breitkopf & Härtel, 1883, vc-p. 8.

En la grabación de Hugo Becker comprobamos que él también se sirvió de este efecto al final del Trío de su *Menuet*, añadiendo un pequeño sforzando sobre el segundo si:

5.3 Portamento y cuerdas al aire

El hecho de que la primera o la segunda nota de un intervalo tuviera que —o quisiera— ser tocada en una cuerda al aire no suponía un impedimento para la introducción del portamento. Que el portamento se practicara con las cuerdas al aire entra dentro de la misma generalización del recurso, pero puede que en ocasiones se utilizara también para conseguir mayor uniformidad tímbrica y, sobre todo, para evitar una mala respuesta de las cuerdas de tripa al levantar o colocar el dedo, especialmente bajo la práctica del *archet à la corde*.

5.3.1 Portamento desde una cuerda al aire

En la edición de Grützmacher de la *Sonata n.º 2, op. 58*, de Mendelsshon, el violonchelista alemán anota expresamente "*gliss.*" (portamento) en varios intervalos cuya primera nota es una cuerda al aire:

Ej. 6.42. Mendelsshon, Felix. *Sonata n.º 2*, op. 58, Molto Allegro e Vivace. Grützmacher, ed. Leipzig: Peters, s.d., vc-p. 19.

El siguiente mordente (la) nos parece una indicación clara por parte de Brahms para la introducción de un portamento desde la cuerda La.

Ej. 6.43. Brahms, Johannes. *Concerto für violine und violoncell,* op. 102, Allegro. Klengel, ed. Leipzig: Peters, s.d., vc-p. 12.

Los violonchelistas Kronold, Sorlin y Hollman realizan en sus respectivas interpretaciones del *Nocturne* de Chopin-Servais un portamento ascendente desde el primer la, cuerda al aire, que se encuentra en el compás 4:

5.3.2 Portamento hacia una cuerda al aire

El portamento contrario, el que desemboca en una cuerda al aire, parece que fue más habitual en la interpretación, o al menos lo encontramos con mayor frecuencia. Retomamos este ejemplo del segundo tema del *Concerto* de Schumann para observar que Becker había anotado en él un portamento ligero entre el sol' y el la, cuerda al aire. Este tema "indudablemente parecería más bien frío sin la delicada 'Liaison' desde el sol' descendiendo hacia el la".[651]

Mucho antes, Grützmacher había indicado el portamento en el mismo punto:

Ej. 6.44. Schumann, Robert. *Concerto,* op. 129, Nicht zu schnell. Grützmacher, ed. Leipzig: Breitkopf & Härtel, 1883, vc-p. 2.

---

[651] Becker, H., y Rynar, D. *Mechanik und Ästhetik... Op. cit.,* p. 196.

Becker señala también el siguiente motivo, del adagio (c. 12) de la *Sonata en re mayor* de Locatelli, en el que recomienda conectar el si con el la, cuerda al aire, mediante un portamento "realmente muy delicado":[652]

Otros ejemplos parecen sugerir que los portamentos hacia una cuerda al aire no siempre tuvieron que tocarse delicadamente:

Ej. 6.45. Davidoff, Carl. *Notturno*, op. 41/3. Braunschweig: Litolff, s.d., vc-p. 10.

Ej. 6.46. Fitzenhagen, Wilhelm. *Impromptu*, op. 13. Berlin: Luckhardt, s.d. [1878], vc-p. 1.

Las grabaciones nos sirven nuevamente para corroborar esta práctica. En la versión para violonchelo y piano de la Sarabanda de la *Suite n.º 6* de Bach, interpretada por Julius Klengel, descubrimos un portamento fragmentado (sólo se escucha la parte inicial del mismo) hacia una cuerda al aire (c. 11). No se aprecia que Klengel realice aquí un delicado portamento:

---

[652] Ibíd., p. 197.

La ardiente interpretación de la pieza *Song of the soul* de Breil realizada por Victor Sorlin en 1910 es un compendio de las numerosas formas de portamento posibles. Entre ellas, muchas corresponden a portamentos en los que la cuerda La es punto de partida o de llegada. El siguiente pasaje (cc. 14-16) reúne consecutivamente ambas posibilidades: un portamento ascendente desde la cuerda La hacia el re' y, después, otro descendente de regreso al la, haciéndose con ello un doble portamento. Otro doble portamento le seguirá a continuación:

5.4 Portamento descriptivo

Thiers escribe en su *Technique of Musical Expression* (1903) que el portamento podía utilizarse descriptivamente para "sugerir una acción mecánica relacionada con ideas mentales de lo perpendicular".[653] De cara a su aplicación práctica, se nos va a permitir que ampliemos las connotaciones del portamento descriptivo, ya que la aspiración manifiesta de los virtuosos de arco fue también la imitación de todos los efectos posibles en la voz humana, sea buscando el carácter naturalista de la expresión (pintando una emoción), sea siguiendo los cánones que reglaban el portamento en el canto más excelso. Sabemos que los ejemplos vocales que Bériot acopió en su *Méthode* tenían como finalidad la comprensión y la justificación del portamento en la práctica instrumental, de ahí que el portamento vivo y ligero que demanda en el siguiente ejemplo quiera imitar las mismas inflexiones que se dan en la voz humana al exclamar "¡Ah!".[654] Así pues, el mismo efecto llevado a la práctica instrumental podríamos considerarlo representativo del susodicho *gesto* vocal en ciertos contextos.

---

[653] Thiers, Albert Gérard. *Technique...* *Op. cit.*, p. 73.
[654] Cf. Bériot, Charles de. *Méthode... Op. cit.*, vol. III, p. 240.

Un ejemplo parecido lo recoge García en su *Traité* cuando explica cómo recurrir a un portamento para emular un suspiro o una exclamación: "El suspiro se obtiene por medio de un portamento ascendente que se ensordece por el ruido del aire. Este portamento, en su nacimiento, debe ser sólo el sonido [*frottement*] del aire".[655]

Este efecto es igualmente descrito en el violonchelo por Broadley, "la combinación del sforzando con un portamento muy marcado, siendo el sforzando sobre la segunda nota de la ligadura y el deslizamiento del tipo más pronunciado";[656] y por Straeten, quien se extiende en el mecanismo que permite su consecución en la práctica:

> Si la nota superior es muy corta, el tempo es rápido y la nota final tiene que sonar con gran fuerza, lo mejor es deslizar con el mismo dedo que tiene que tocar esa nota, incluso cuando éste no tuviera que tocar la [nota] anterior. En este caso, sin embargo, el dedo debe deslizarse con mucha rápidez, y presionar la cuerda hacia abajo con mucha firmeza. Se producirá un efecto de gran energía, que es exactamente lo contrario de lo que se obtiene moviéndolo lentamente.[657]

El portamento que explica Straeten podría, o bien evocar un suspiro o una exclamación, o bien crear la impresión —en el sentido de Thiers— de lanzamiento o salto, porque el portamento también se utilizó para la "producción de efectos extraordinarios".[658] Esto es lo que observamos, por ejemplo, al final del fragmento que aparece a continuación, extraído del *Concert-Walzer*, op. 31, de Fitzenhagen. Comprobamos que Fitzenhagen no sigue la recomendación de Straeten: el dedo que toca la segunda nota (el tercero) no es el mismo que toca la primera (el cuarto), en consecuencia debería producirse un relevo imperceptible del tercer dedo por el cuarto durante el deslizamiento por la cuerda La:

---

[655] García, Manuel. *Traité... Op. cit.*, vol. II, p. 51.
[656] Broadley, Arthur. *Chats... Op. cit.*, p. 60.
[657] Straeten, Edmun van der. *Technics... Op. cit.*, p. 138.
[658] Broadley, Arthur. *Chats... Op. cit.*, p. 60.

[Tempo di Valse]

Ej. 6.47. Fitzenhagen, Wilhelm. *Concert-Walzer,* op. 31. Hamburg: Rahter, s.d., vc.1º-p. 1.

5.5 Portamento al comienzo de una frase

Aunque hay momentos más propicios que otros para introducir el portamento, es difícil reglamentar más allá de todo lo que se ha comentado hasta ahora. Diversas circunstancias, todas ellas subjetivas, pueden influir, como el carácter de la música o la intensidad que se esté dando a lo que se interpreta. Otros factores como la presentación interválica o el diseño motívico en los momentos estructuralmente importantes (modulaciones, culminaciones o finales de frase) determinan igualmente la aplicación del portamento. Aun así, hemos visto que, unas veces, el portamento aparece donde no parece oportuno (nos referimos a ciertos portamentos pasivos); otras, el intérprete, deseando un efecto, pone en juego toda su inventiva para introducirlo, incluso allí donde numerosas circunstancias lo impiden. Entre los lugares donde la teoría condenaba insertar un portamento se encuentran los inicios de frase. Castil-Blaze escribió en su *Dictionnaire de musique moderne* que:

> El portamento no debe hacerse jamás sobre la nota que comienza un canto. Hay gran cantidad de portamentos de mal gusto que son señalados por los métodos de canto y que deben ser cuidadosamente evitados.[659]

Este tipo de portamento que surge desde el silencio se trata sin duda de un portamento que ha de imitar una inflexión ligera que lleva al tono prescrito y, como tal, ha de ser ascendente y de dinámica creciente. Es cierto que en las interpretaciones de los violonchelistas no hemos podido escuchar esta práctica, pero las palabras condenatorias de Castil-Blaze y los numerosos ejemplos que encontramos en las ediciones de Grützmacher apuntan a que tuvo que ser habitual comenzar una frase mediante un portamento ascendente.

---

[659] Castil-Blaze. *Dictionnaire... Op. cit.,* vol. II, p. 160. // Cf. Mengozzi, Bernardo. *Méthode de chant du Conservatoire de Musique à Paris: Les principes du chant et des exercices pour la voix (Singeschule des Conservatorium der Musik in Paris).* Leipzig: Breitkopf und Härtel, s.d. [ca. 1805], vol. I, p. 20.

Ej. 6.48. Schumann, Robert. *Concerto,* op. 129, Langsam. Grützmacher, ed. Leipzig: Breitkopf & Härtel, 1883, vc-p. 8.

6. Pau Casals *dixit*

El portamento es un elemento muy importante en el estilo de Casals y lo hemos querido valorar utilizando una de sus primeras grabaciones, la del *Salut d'amour,* op. 12, de Elgar. Haciendo justicia al carácter del resto de las grabaciones estudiadas, hemos considerado oportuno recurrir a una pieza de salón de corte romántico. Todos los portamentos que encontramos en el pequeño fragmento estudiado (las indicaciones interpretativas hasta el compás 18 corresponden a la *prima volta*) son identificables mediante la taxonomía propuesta.

Ej. 6.49. Elgar, Edward. *Salut d'amour,* cc. 1-34. Pau Casals. Grabación: 1915.

1. Portamento y articulación: Casals siempre realiza el portamento después de la pronunciación del arco en los compases 27, 31, 32, 33, 34 y 39. Existe, aunque no siempre, una relación entre los mordentes y el portamento (cc. 21 y 31).

2. Longitud del portamento: Apreciamos portamentos audibles en toda su extensión, es decir, deslizamientos completos entre las dos notas que forman el intervalo en los compases 12-13, 15, 16, 21, 24, 27, 28, 31, 34 y 37; y portamentos fragmentados entre el compás 4 y 5, y en el compás 6.

3. Dinámica: La intensidad o la graduación dinámica del portamento está en relación con su posición estructural dentro de la frase. De esta forma, Casals parece atenerse a las recomendaciones clásicas respecto a la dinámica de los portamentos.

4. Portamento hacia una cuerda al aire: Este portamento característico, ejecutado fragmentadamente, lo emplea Casals en el compás 6.

5. Demostratividad de los portamentos: Escuchamos portamentos muy ligeros, de tipo pasivo, que parecen consecuencia de los cambios de posición (cc. 12, 24 y 32); y otros claramente intencionales y de mayor carga expresiva, especialmente aquellos que llevan a la culminación o la resuelven (4-5, 6, 12-13, 27) y aquellos que terminan una frase (16, 28, o 34). A veces escuchamos portamentos más arrastrados, como en el compás 37:

6. Portamento al inicio de una frase: En el compás 21 observamos que Casals se sirve del mordente para ejecutar un portamento al comienzo de esta frase. Aunque es una práctica que no se ha observado en las interpretaciones de los violonchelistas estudiados, la introducción de portamento al comienzo de un canto o de una frase tuvo que ser muy habitual (recordemos las palabras de Castil-Blaze o las ediciones de Grützmacher). Queremos hacer notar que aquí Casals se sirve del portamento para conectar el final de una frase con el comienzo de la siguiente y no se trata, como en los casos estudiados, de un portamento que aparece desde el silencio.

7. Portamento entre dos notas de la misma altura: Dos notas ligadas de la misma altura y digitadas con dedos diferentes en una misma cuerda reclaman, obviamente, un intercambio de los dedos que

produce una especie de pronunciación dulce y, a veces también, un portamento (se ha estudiado cómo Spohr diferenciaba ambos recursos expresivos). En el compás 9 Casals hace una sustitución de los dedos en la segunda negra (mi'), en este caso sin ligarla a la anterior, forzando un cambio de posición para la consecución del portamento.

8. Portamento ascendente en un intervalo descendente: Este tipo de portamento, bien definido por Drewry,[660] es de los más típicos entre los violonchelistas románticos a pesar de la cierta contradicción que representa. Se puede escuchar entre el si (cuerda La) del compás 35 y el la (cuerda Re) del 36. El glissando no es demostrativo, pero sí nos parece un portamento pasivo fruto de un cambio de posición que ha resultado audible.

9. Pequeña inflexión ascendente: Este portamento de fuerte carácter vocal, que se produce entre dos notas sin el ánimo de conectarlas, que sólo se escucha en su parte final rápida y ligeramente, y que se ejecuta después de la articulación del arco, es muy frecuente en Casals. Aunque no se ha tipificado a lo largo de este capítulo, es un portamento que fue condenado por la teoría, lo que hace suponer que se dio en la práctica.[661] Aquí lo podemos escuchar en los compases 27 y 33; y en su interpretación de la pieza *Když mne stará matka zpívat, zpívat učívala* de Dvořák, en los compases 18 y 38 (Ej. 4.13).

10. Portamento prosódico: Esta expresiva inflexión rápida y marcada que tiene lugar siempre entre dos notas ligadas consiste —como ya se ha explicado— en un alargamiento de una primera nota en detrimento de una segunda, sobre cuyo tiempo se inicia y precipita el portamento. En consecuencia, este efecto va asociado a las alteraciones de los valores de las notas y, al contrario de lo que ocurre habitualmente, el deslizamiento no se anticipa. Por ejemplo, en el compás 27, Casals alarga considerablemente el valor del mi'' corchea en detrimento del re'', retrasándose la ejecución del portamento.

11. Doble y triple portamento: El encadenamiento de tres portamentos consecutivos —si se nos permite la expresión— es un hecho que a priori difícilmente habríamos atribuido a Casals, encadenamiento que podemos escuchar en el compás 34 del *Salut d'amour*. Por otro lado, dos portamentos consecutivos los escuchamos en los compases 11 y 15 de la pieza *Když mne stará matka zpívat, zpívat učívala* de Dvořák (Ej. 4.13), y en el siguiente ejemplo del *Kol*

---

[660] Drewry, H. S. *The slide... Op. cit.*, p. 6.
[661] Mengozzi, Bernardo. *Méthode... Op. cit.*, vol. I, p. 20.

Nidrei, op. 47, de Bruch (c. 39), donde además se observa cómo Casals imprime a la melodía el carácter naturalista definido por Riemann.

Es fascinante escuchar estas inflexiones continuas en el canto, dentro de los motivos y bajo las ligaduras, como "gestos de la emoción", como cambios continuos de altura a través de unos portamentos muy demostrativos que Casals no pretende disimular. Por último, constatamos que en ningún caso los portamentos se suceden en la misma dirección.

12.   Portamento-vibrato: Otra de las sorpresas que nos depara el análisis interpretativo de la citada grabación del *Kol Nidrei* es el empleo por parte de Casals del portamento-vibrato, recurso no muy frecuente en los violonchelistas tardorrománticos registrados fonográficamente. Casals lo aplica aquí en al menos tres momentos. En los dos que ejemplificamos a continuación el efecto se reconoce claramente:

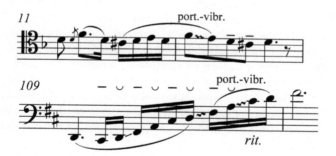

Si en el primer pasaje Casals sigue la recomendación de Becker de reservar el portamento-vibrato sólo para los intervalos descendentes, en el segundo nuestro violonchelista contraviene dicha recomendación.

Tras nuestro estudio reconocemos que, en lo que respecta al portamento, Casals todavía muestra muchas evidencias del estilo interpretativo romántico. Según Carl Flesch, Casals explicaba a sus colegas la diferencia entre los glissandos que podían considerarse un defecto técnico y aquellos que eran necesarios como recurso expresivo.[662] Esta diferenciación, que aquí se ha tratado como portamento emocional y portamento pasivo, debemos entenderla no desde nuestra perspectiva actual, sino desde la práctica interpretativa del período entre siglos, en un contexto en el que el portamento era un recurso naturalista ligado a los sonidos de las emociones, casi un elemento intrínseco del legato en el cantabile, que ayudaba además a definir la estructura del fraseo. La generalización de las extensiones en la técnica de la mano izquierda —según Casals— "aumenta las facilidades para la ejecución y evita ciertos movimientos de la mano que, considerados musicalmente, podrían ser sobremanera perjudiciales".[663] Ésta es una alusión clara a uno de los objetivos que cumplió la introducción organizada de las extensiones en el violonchelo: evitar los portamentos pasivos y los glissandos innecesarios. Sin embargo, podemos demostrar después del análisis de sus interpretaciones que Casals practicó muchos tipos de portamento, algunos de los cuales pueden considerarse pasivos.

En resumen, revisando una vez más la figura de Pau Casals, que marca el punto de llegada de nuestro recorrido, concluimos que no se pueden valorar cabalmente los rasgos que definieron su estilo sin penetrar en las circunstancias que determinaron la estética de la interpretación en la segunda mitad del siglo xix. En lo que se refiere al portamento, sin la comprensión de la coyuntura que llevó a una amplia aceptación de este recurso en la interpretación, especialmente en el ámbito del violonchelo, o sin el conocimiento de los distintos tipos de portamento que se arraigaron en la práctica no se puede comenzar si quiera a evaluar la administración que hizo Casals del mismo (hasta ahora su aportación viene simplificándose a términos de cantidad), teniendo en cuenta que la reducción del portamento que siempre se le ha atribuido hay que entenderla en un contexto en el que la norma era su presencia masiva. La expresión, de hecho, se regulaba en su mayor parte mediante el grado de portamento aplicado al canto (al cantabile), por eso precisamente sigue teniendo gran protagonismo en su estilo y encontramos en él todos los tipos de portamento que fueron característicos en el siglo xix. Estamos convencidos de que el cada vez más devaluado portamento no sedujo menos al público de Casals que el carácter prosódico de su cantabile. Este último rasgo —como se ha estudiado— tampoco perteneció a Casals, sino a la tradición interpretativa que lo educó.

---

[662] Cf. Ginsburg, Lev. *History of the Violoncello*. New York: Paganiniana, 1983, p. 162.

[663] Corredor, José María. *Pau Casals cuenta su vida. Conversaciones con el maestro.* Barcelona: Juventud, 1975, p. 237.

7. Final

Una vez más recurrimos al violinista Bériot para acreditar que lo que él había considerado "una prosodia viciosa, cambios inútiles de posición, abuso de portamento y contrasentido musical",[664] se acerca mucho a lo que escuchamos años más tarde en las interpretaciones de los primeros violonchelistas grabados. Si comparamos el *Ständchen* de Schubert, uno de los ejemplos con los que Bériot ilustra estas prácticas viciosas,[665] con los portamentos que realiza Lebell en su grabación de la misma pieza (cuyo análisis recogimos en el ejemplo 4.10), encontramos que las semejanzas son sorprendentes. Esto nos hace pensar que ya a mediados del siglo XIX el portamento inundaba la interpretación, se presentaba en una multiplicidad de formas y fue el recurso que mejor se alió con el carácter emocional de la escena romántica.

A pesar de nuestro empeño por dar una visión lo más amplia posible del portamento, reconocemos que muchos matices sutiles y espontáneos, que pertenecen a una interpretación viva, no pueden describirse. En este sentido se manifestaba Broadley a finales del siglo XIX, cuando el portamento en el violonchelo se encontraba en todo su apogeo:

> La variación de la velocidad con la que se realiza el portamento, la presión ejercida sobre las cuerdas, o dicho de otra manera: acentuando el comienzo del deslizamiento y acercándose ligeramente a la segunda nota, o deslizándose ligeramente desde la primera nota y acentuando fuertemente la llegada a la segunda, la presión variable ejercida sobre el arco, etc. Todo esto tiene que surgir del sentimiento natural y no se puede enseñar, no importa lo inteligente que sea el maestro o lo dispuesto que sea el alumno.[666]

Asimismo, puede que, debido a la actitud reaccionaria que prevaleció contra el portamento durante todo el romanticismo, algunos efectos relacionados con este recurso no hayan quedado testimoniados y se hayan perdido con el paso del tiempo. Es más, puede que, aun sugiriéndose en las ediciones (a través de la notación o la digitación), no seamos capaces de vislumbrar estos efectos bajo nuestra comprensión estética actual. Esta alerta permanente contra una inapropiada administración del portamento nos ha permitido descubrir fuertes contradicciones entre la teoría y lo que ocurrió en la práctica, incluso en un mismo violonchelista, como es el caso de Becker, quien practicó con su violonchelo lo que había condenado por escrito.

---

[664] Bériot, Charles de. *Méthode... Op. cit.*, vol. III, p. 239.
[665] Cf. Ibíd.
[666] Broadley, Arthur. *Chats... Op. cit.*, p. 60.

Epílogo

La interpretación instrumental decimonónica no puede verse desligada del carácter dramático de la escena romántica, como si la música no hubiese compartido los mismos espacios que otras manifestaciones artísticas. No es casualidad que el violinista Bériot base toda la expresión musical en la palabra y, más concretamente, en la poesía, recomendando el estudio de ingentes cantidades de música dramática, ni que el violonchelista Romberg afirmara que el cantabile debe considerarse como un discurso declamatorio, lo cual es sin duda reflejo de las preocupaciones que debían mover al intérprete. Las continuas referencias a la declamación y a la poesía por parte de las principales autoridades musicales debemos entenderlas, además, desde una perspectiva clásico-romántica. El concepto de declamación aplicado por ellos a la interpretación instrumental no se trata de una denominación dictada por extensión y casualidad, sino que ha de tomarse como la aspiración a un modelo. La mirada hacia el orador, el actor o el poeta en su declamación, intentando persuadir o excitar pasiones, tuvo que dar lugar a una expresión musical más flexible en todos los aspectos, sobre todo en la regulación del movimiento (recordemos que Hans von Bülow reivindicó infatigablemente que el intérprete debía hablar con su instrumento, puntuar y dividir el discurso, y aspirar a la elocuencia emotiva e impresionante). Pero nosotros nos hemos centrado aquí en estudiar cómo pudo aquella declamación poética influir sobre la expresión en la interpretación instrumental y sobre la regulación del movimiento a nivel microtemporal, y en demostrar que la conciliación entre el ritmo musical y el ritmo acentual de la palabra es lo que confiere al cantabile ese carácter prosódico, lo que hace que la expresión sea viva. Sólo así podemos entender a Becker, quien, cuando demanda el carácter prosódico para un grupo de notas, habla de tratarlas de forma declamatoria (¡rubato!).

Si revisamos la actitud que había de guardar el virtuoso ante la obra de arte musical, nos planteamos ahora que lo exigido unánimemente por los grandes autores románticos, esto es, respeto al texto musical y a las intenciones del compositor, es compatible, por ejemplo, con el carácter prosódico, con la introducción de portamentos o con una puntuación más marcada. Estas prácticas no denotan una actitud informal hacia el texto musical, sino que tenemos que entenderlas desde una perspectiva decimonónica: la concepción de la música, desde la composición hasta la interpretación, asumía un modelo expresivo dramático basado en la oralidad de la palabra y en un sistema de comunicación de gran carga emocional. El texto musical no era una entidad absoluta, requería ser declamado, manifestarse como un arte oral. Es más, es seguro que cuando los compositores románticos concibieron su música la pensaron prosódicamente. Así lo demuestran las fascinantes interpretaciones de los propios compositores. Saint-Saëns, que no toca dos notas iguales (siendo éstas del mismo valor) en su grabación del *Nocturno en fa sostenido mayor*, op. 15/2, de Chopin, no pudo, pues, imaginar para su música un enfoque interpretativo más rígido y metronómico, sino que tuvo que pensarla así, prosódicamente, de la misma forma que el poeta y el orador imaginaron el ritmo acentual y el componente emocional de un poema durante su composición. De esta manera, los testimonios sonoros prueban de forma categórica una realidad: el carácter prosódico en la interpretación es permanente debido a que pertenece a la forma natural en la que la música se comunicaba, Por tanto, este rasgo no se puede disociar de la forma en la que la propia música romántica fue concebida.

El portamento, el recurso expresivo más importante del romanticismo, es también el resultado de una concepción vocal —en el sentido más amplio— del canto instrumental. Las grabaciones nos demuestran que alcanzó en el violonchelo su máxima expresión. Desde un punto de vista estético, el portamento ha de tratarse como un recurso naturalista que se vincula al carácter emocional del canto y, más estrechamente aún, a un concepto de melodismo motívico-gestual que toma los diversos motivos del cantabile como fragmentos, sonidos o gestos del sentimiento. Las notas que forman un motivo no son —como dijera Riemann— entidades aisladas y en sucesión, sino que constituyen una misma inflexión o gesto dinámico-agógico-entonacional. En este contexto, el enlace de las alturas, el portamento, es el recurso que mejor pinta el motivo como "gesto de la emoción" (Nietzsche). Numerosas prácticas relacionadas con los cambios de posición y la digitación que podemos encontrar en las ediciones románticas del repertorio, y que a nuestros ojos parecen incongruentes, están relacionadas con una concepción naturalista de la melodía. Esta concepción quedó registrada y podemos oírla de forma excepcional en las grabaciones de Victor Sorlin, pero también en las interpretaciones de Casals.

Esta obra, en un ejercicio de reflexión retrospectiva, reivindica para la música romántica la estética interpretativa bajo la cual fue concebida y los recursos expresivos que nos muestran los valiosísimos documentos sonoros. Aún lejos de encontrar el reconocimiento que actualmente tiene la interpretación histórica de la música del barroco y del clasicismo, la interpretación con criterios históricos de la música romántica, especialmente la del período finisecular, se encuentra todavía en ciernes. Aunque desde un punto de vista teórico ya nos servimos de trabajos de investigación de incuestionable valor y rigor, desde un punto de vista práctico y pedagógico se podría decir que está todo por hacer. Al igual que los primeros intentos de interpretación con criterios históricos del repertorio barroco suscitaron gran controversia, este enfoque aplicado a la música de la segunda mitad del XIX no creemos que causara menor conflicto, pues hablamos de poner en práctica un tipo de interpretación que cuestionaría la indiscutible integridad de la idolatrada música romántica y las enraizadas versiones de primerísimo nivel a la que nos tienen acostumbrados los grandes intérpretes, grupos y orquestas actuales. Este enfoque cuestionaría definitivamente el decoro metronómico, la homogeneidad rítmica, la sonoridad y, sobre todo, el carácter instrumental y formal que la interpretación moderna hace de la música de aquel período, música que reclama la estética interpretativa bajo la cual fue concebida.

Bibliografía

Con el fin de proporcionar una bibliografía lo más organizada posible, se ha optado por agrupar las referencias en dos secciones. En la primera se encontrarán todas las fuentes pertenecientes al período de estudio, salvo las grabaciones sonoras, que se recogen en una relación independiente más adelante. También se reúnen aquí aquellos textos del período que han aparecido posteriormente en nuevas ediciones o traducciones, no así las compilaciones modernas de textos clásico-románticos. El resto de obras de referencia queda indicado en la sección segunda.

SECCIÓN I

1. Métodos y tratados sobre interpretación musical

ALBRETCH, Ludwig. *Violoncellschule.* Moskau: Jurgenson, 1899.

ALEXANDER, Joseph. *Anleitung zum Violoncellspiel.* Leipzig: Breitkopf & Härtel, s.d. [1802].

AVISON, Charles. *An essay on musical expression.* London: Davis, 1752.

BAILLOT, Pierre. *L'Art du violon (Die Kunst des Violinspiels).* Mayence et Anvers: Schott, s.d. [1834].

BAILLOT, LEVASSEUR, CATEL y BAUDIOT. *Méthode de violoncelle et de basse d'accompagnement.* Paris: A l'imprimerie du conservatoire, s.d. [1804].

BAILLOT, RODE y KREUTZER. *Méthode de violon.* Paris: Au magasin de musique du Conservatoire, s.d. [1803].

BARNBECK, Friedrich. *Theoretisch-praktische Anleitung zum Violinspiel.* Stuttgart: Hallberger, 1844.

BECKER, Hugo, y RYNAR, Dago. *Mechanik und Ästhetik des Violoncellspiels.* Wien: Universal, 1971 (1.ª ed.: 1929).

BENITO, Cosme José de. *Método elemental de violoncello*. Madrid: Antonio Romero, 1870.

BÉRIOT, Charles de. *Méthode de violon* (*Método de violín*), op. 102 (3). Paris: Schott, s.d. [1858].

BROADLEY, Arthur. *Chats to 'cello students*. London: The Strad, Donajowsky & Duncan, 1899.

CAMBINI, Giuseppe Maria. *Nouvelle méthode théorique et pratique pour le violon*. Paris: Naderman, s.d. [*ca.* 1803].

CAMPAGNOLI, Bartolomeo. *Metodo della meccanica progressiva per suonare il violino*, op. 21. Milano: Ricordi, s.d. [1827].

CAPET, Lucien. *La technique supérieure de l'archet*. Paris: Salabert, 1946 (1.ª ed.: 1916).

CHRISTIANI, Adolph Friedrich. *Principles of expression in pianoforte playing*. Philadelphia: Theodore Presser, 1885.

CORDERO, Antonio. *Escuela completa de canto en todos sus géneros y principalmente en el dramático español e italiano*. Madrid: Eslava, 1858.

CORFE, Joseph. *A treatise on singing*. London: Corfe, 1799.

CZERNY, Carl. *Vollständige theoretisch-practische Pianoforte-Schule*, op. 500 (3). Wien: Diabelli, s.d. [1839].

DAVIDOFF, Carl. *Violoncello-Schule*. Leipzig: Peters, s.d. [1888].

ДАВЫДОВ, Карл Юльевич. *Школа для виолончели*. С. М. Козолупова и Л. С. Гинзбурга, ред. и доп. Москва & Ленинград: Музгиз, 1947 (Davidoff, Carl. *Escuela de violonchelo*. S. M. Kozolupov y L. S. Ginzburg, ed. Moscú & Leningrado: Muzgiz, 1947).

DOTZAUER, J. J. F. *Méthode de violoncelle*. Mayence: Schott, s.d. [1825].

DOTZAUER, J. J. F. *Violoncell-Schule für den ersten Unterrich nebst 40 Uebungsstücken*, op. 126. Wien: Haslinger, s.d. [1836].

DREWRY, H. S. *The slide on the violoncello*. London: Novello, 1889.

DUNN, John. *Violin Playing*. London: The Strad, 1915.

DUPORT, Jean-Louis. *Essai sur la doigté du violoncelle, et sur la conduite de l'archet*. Paris: Imbault, s.d. [1806].

FORINO, Luigi. *Il violoncello, il violoncellista ed i violoncellisti*. Milano: Hoepli, 1930 (1.ª ed.: 1905).

FUCHS, Carl. *Violoncello-Method*. London: Schott, 1909 (1.ª ed.: 1906).

GALEAZZI, Francesco. *Elementi teorico-pratici di musica con un saggio sopra l'arte di suonare il violino* (1). Roma: Pilucchi Cracas, 1791.

GARCÍA, Manuel. *Nouveau traité sommaire de l'art du chant*. Paris: Richard, 1856.

GARCÍA, Manuel. *École de García. Traité complet de l'art du chant*. Paris: L'auteur, 1840 (vol. I) y 1847 (vol. II).

JOACHIM, Joseph y MOSER, Andreas. *Violinschule*. Berlin: Simrock, 1905.

KULLAK, Adolph. *The æsthetics of pianoforte-playing*. New York: Schirmer, 1907.

KUMMER, Friedrich August. *Violoncell-Schule*, op. 60. Leipzig: Hofmeister, s.d. [1839].

KUMMER, Friedrich August. *Violoncell-Schule*, op. 60. Hugo Becker, ed. Frankfurt: Peters, s.d. [1909].

MANNSTEIN, Heinrich Ferdinand. *Die Grosse Italienische Gesangschule: Das System der grossen Gesangschule des Bernacchi von Bologna.* Dresden & Leipzig: In der Arnoldischen Buchhandlung, s.d. [1835].

MANNSTEIN, Heinrich Ferdinand. *Die grosse italienische Gesangschule, nebst praktischen Uebungstücken.* Dresden & Leipzig: In der Arnoldischen Buchhandlung, 1848.

MATTHESON, Johann. *Der vollkommene Capellmeister.* Hamburg: Christian Herold, 1739.

MENGOZZI, Bernardo. *Méthode de chant du Conservatoire de Musique à Paris: Les principes du chant et des exercices pour la voix (Singeschule des Conservatorium der Musik in Paris).* Leipzig: Breitkopf und Härtel, s.d. [*ca.* 1805].

MOZART, Leopold. *Versuch einer gründlichen Violinschule.* Ausburg: Johann J. Lotter und Sohn, 1787.

MUNTZ BERGER, Joseph. *Nouvelle méthode pour le violoncelle,* op. 30. Paris: Sieber, s.d. [*ca.* 1822].

QUANTZ, Johann Joachim. *Versuch einer Anweisung die Flöte traversiere zu spielen.* Berlin: Johann Friedrich Voß, 1752.

QUANTZ, Johann Joachim. *Essai d'une méthode pour apprendre à jouer de la flûte traversière, avec plusieurs remarques pour servir au bon goût dans la musique.* Berlin: Chrétien Frédéric Voss, 1752.

QUARENGHI, Guglielmo. *Metodo di violoncello.* Milano: Editoria Musicale, 1877.

RABAUD, Hippolyte François. *Méthode complète de violoncelle,* op. 12. Paris: Alphonse Leduc, s.d. [ca. 1878].

ROMBERG, Bernhard. *Méthode de violoncelle.* Paris: Henry Lemoine, s.d. [*ca.* 1840].

ROMBERG, Bernhard. *Violoncell Schule.* Berlin: Trautwein, s.d. [1840].

SAUZAY, Eugène. *Le violon harmonique.* Paris: Firmin-Didot, 1889.

SCHROEDER, Carl. *Katechismus des violoncellspiels.* Leipzig: Hesse, 1890.

SPOHR, Louis. *Violinschule.* Wien: Haslinger, s.d. [*ca.* 1832].

STRAETEN, Edmun van der. *Technics of Violoncello Playing.* London: The Strad, Donajowsky & Duncan, 1898.

TARTINI, Giuseppe. *Regole per arrivare a saper ben suonar il violino.* MS, s.d. [*ca.* 1750]. En: TARTINI, Giuseppe. *Traité des Agrémens de la musique.* Erwin R. Jacobi, ed. Celle & New York: Moeck, 1961. Anexo facsímil con el manuscrito de G. F. Nicolai.

THIERS, Albert Gérard. *Technique of musical expression.* New York: Theodore Rebla, 1903.

TOSI, Pier Francesco. *Opinioni de' cantori antichi, e moderni.* Bologna: Lelio dalla Volpe, s.d. [1723].

TÜRK, Daniel G. *Klavierschule.* Leipzig: Schwickert/Halle: Hemmerde und Schwetschke, 1789.

VACCAI, Nicola. *Practical Method of Italian Singing.* Boston: Russell & Co., 1878 (1.ª ed.: 1832).

VASLIN, Olive-Charlier. *L'Art du violoncelle. Conseils aux jeunes violoncellistes sur la conduite de l'archet.* Paris: Richault, 1884.

VERCHEVAL, Henri. *Dictionnaire du violoniste.* Paris: Fischbacher, 1923.

2. Diccionarios y obras de consulta

Allgemeine deutsche Real-Encyklopädie für die gebildeten Stände (Konversations-Lexikon). Friedrich Arnold Brockhaus, ed. Leipzig: Brockhaus, 1827.

CASTIL-BLAZE (Blaze, François-Henri-Joseph). *Dictionnaire de musique moderne*. Paris: Au magasin de musique de la lyre moderne, 1825.

FÉTIS, François-Joseph. *Biographie universelle des musiciens et bibliographie générale de la musique*. Paris: Firmin Didot Frères, 1866.

Kurzgefasstes Handwörterbuch über die schönen Künste. Leipzig: Voss, 1794.

LICHTENTHAL, Pietro. *Dizionario e bibliografia della musica*. Milano: Antonio Fontana, 1826.

MELCIOR, Carlos José. *Diccionario enciclopédico de la música*. Lérida: Alejandro García, 1859.

Neues Universal-Lexikon Der Tonkunst: Fur Kunstler, Kunstfreunde Und Alle Gebildeten. Unter Mitwirkung von Dr. Fr. Liszt, H. Marschner, C. C. Reissiger, L. Spohr, etc. Eduard Bernsdorf, ed. Dresden: Robert Schaefer, 1851.

PAULA, Francisco de. *Diccionario Universal de Historia y de Geografía*. Madrid: Francisco de Paula, 1848.

RIEMANN, Hugo. *Musik-Lexikon*. Leipzig: Hesse, 1882.

RIEMANN, Hugo. *Musik-Lexikon*. Leipzig: Hesse, 1887.

ROUSSEAU, Jean-Jacques. *Dictionnaire de musique*. Paris: Chez la veuve Duchesne, 1775.

WEBER, Friedrich Dionysus. *Allgemeine theoretisch-praktische Vorschule der Musik*. Prag: Marco Berra, 1828.

3. Libros

BASTÚS y Carrera, Vicente Joaquín. *Curso de declamación*. Barcelona: Juan Oliveres, 1848.

BEAUQUIER, Charles. *Philosophie de la musique*. Paris: Germer Bailliere, 1865.

BLAIR, Hugh. *Lecciones sobre la retórica y las bellas letras*. Madrid: Imprenta Real, 1804, vol. III.

BULL, Sara. *Ole Bull. A memoir*. Cambridge: The Riverside Press, 1882.

BUSONI, Ferruccio. *Entwurf einer neuen Ästhetik der Tonkunst*. Leipzig: Insel-Verlag, 1916 (1.ª ed.: 1907).

BUSONI, Ferruccio. *Esbozo de una nueva estética de la música*. Miguel A. Albi, trad. Sevilla: Editorial Doble J, 2009.

CAPMANY y de Montpalau, Antonio de. *Filosofía de la elocuencia*. Londres: Longman, Hurst, Rees, Orme & Brown, 1812.

CONDILLAC, Étienne Bonnot de. *Oeuvres de Condillac: Essai sur l'origine des connaissances humaines*. Paris: Houel, 1798.

CUENCA, Francisco de. *Galería de músicos andaluces contemporáneos*. La Habana: Cultura S. A., 1927.

DAMOUR, Elwart et Burnett. *Études élémentaires de la musique*. Paris: Moquet et Comp., 1838.

ESPERANZA, José M.ª *Treinta años de crítica musical*. Madrid: Imp. de Cámara de S. M., 1906.

FAYOLLE, François-Joseph-Marie. *Paganini et Bériot, ou avis aux jeunes artistes qui se destinent à l'enseignement du violon*. Paris: Logouest, 1831.

FÉTIS, François-Joseph. *Notice biographique sur Nicolo Paganini*. Paris: Chez Schonenberger, Paris, 1851.

FINCK, Henry T. *Wagner and his works*. New York: Scribner, New York, 1893, vol. II.

FINCK, Henry T. *Success in music*. New York: Scribner, 1913.

FOURNEL, Victor. *Curiosités théâtrales anciennes et modernes: françaises et étrangères*. Paris: Adolphe Delahays, 1859.

FULLER Maitland, John Alexander. *Joseph Joachim*. London & New York: John Lane, 1904.

GARDINER, William. *The music of nature*. Boston: Oliver Ditson, 1837.

GOLLMICK, Carl. *Musikalische Novellen und Silhouetten*. Zeitz: Schieferdecker, 1838.

HANSLICK, Eduard. *Musikalische Stationen*. Berlin: Allgemeiner Verein fürdeutsche Literatur, 1885.

HANSLICK, Eduard. *Music Criticism, 1846-99*. Henry Pleasants, ed. y tr. Baltimore: Penguin Books, 1963.

HANSLICK, Eduard. *Vom Musikalisch-Schönen*. Leipzig: Rudolph Weigel, 1854.

HANSLICK, Eduard. *The beautiful in music*. Gustav Cohen, trad. London: Novello and Company, 1891.

HOFFMANN, E. T. A. *E. T. A. Hoffmanns musikalische Schriften*. Stuttgart: Greiner und Pfeiffer, s.d. [1906].

KANT, Immanuel. *Crítica del Juicio*. Manuel García Morente, trad. Madrid: Espasa Calpe, 1991.

KREISSLE, Heinrich von. *The life of Franz Schubert*. London: Longmans, Grenn & Co., 1869, vol. I.

LARROCHA, Alfredo. *Manual del violinista*. San Sebastián: Martín y Mena, 1938.

LATHAM, Morton. *Alfredo Piatti. A sketch*. London: Hill and Sons, 1901.

LATORRE, Carlos. *Noticias sobre el arte de la declamación: que pueden ser de una grande utilidad a los alumnos del Real Conservatorio*. Madrid: Imprenta de Yenes, 1839.

LISZT, Franz. *Chopin*. Leipzig: Breitkopf & Härtel, 1880.

LISZT, Franz. *Chopin*. José María Borrás, trad. Barcelona: Ediciones AVE, 1955.

LUSSY, Mathis. *Traité de l'expression musicale*. Paris: Heugel, 1874.

MARMONTEL, Jean François. *Oeuvres de Marmontel*. Paris: Belin, 1819, vol. I.

MARMONTEL, Jean François. *Oeuvres de Marmontel*. Paris: Belin, 1819, vol. IV.

MARMONTEL, Jean François. *Oeuvres de Marmontel*. Paris: Amable Costes, 1819, vol. XIII.

MUÑOZ Caravaca, Isabel. *Elementos de la teoría del solfeo*. Madrid: Péant, s.d. [*ca*. 1900].

ORTLEPP, Ernst. *Großes Instrumental- und Vokal-Concert. Eine musikalische Anthologie*. Stuttgart: Franz Heinrich Röhler, 1841.

REVILLA, José de la. *Vida artística de don Isidoro Máiquez*. Madrid: Miguel de Burgos, 1845.

RIEMANN, Hugo. *Catechism of musical aesthetics.* London: Augener & Co., s.d. [1895].

RIEMANN, Hugo. *Die Elemente der musikalischen Ästhetik.* Berlin: Spemann, 1900.

RIEMANN, Hugo. *Elementos de estética musical.* Eduardo Ovejero y Mauri, trad. Madrid: Daniel Jorro, 1914.

RIEMANN, Hugo. *Fraseo musical.* Barcelona: Labor, 1936.

RIEMANN, Hugo. *Musikalischen Dynamik und Agogik.* Hamburg: Rahter, 1884.

RIEMANN, Hugo y FUCHS, Carl. *Practical guide to the art of phrasing.* New York: Schirmer, 1890.

SÁNCHEZ Barbero, Francisco. *Principios de retórica y poética.* Madrid: Real Arbitrio de Beneficencia, 1805.

SCHINDLER, Anton. *Biographie von Ludwig van Beethoven.* Münster: Aschendorff, 1840.

STANISLAVSKI, Konstantín. *Mi vida en el arte.* Jorge Saura y Bibicharifa Jakimziánova, trad. Barcelona: Alba, 2013.

STRAETEN, Edmund van der. *History of the violoncello, the viol da gamba, their precursors and collateral instruments.* London: William Reeves, 1915.

TALMA, François-Joseph. *Réflexions sur Lekain et sur l'art théâtral.* Paris: Tenré, 1825.

TIECK, L. y WACKENRODER, W. H. *Phantasien über die Kunst, für Freunde der Kunst.* Hamburg: Friedrich Perthes, 1799.

VAÏSSE, Léon. *De la parole considérée au double point de vue de la physiologie et de la grammaire.* Paris: Firmin Didot Fréres, 1853.

WAGNER, Richard. *On conducting.* London: William Reeves, 1897.

WASIELEWSKI, Wilhelm Joseph von. *Das Violoncell und seine Geschichte.* Leipzig: Breitkopf und Härtel, 1889.

WOLF, Hugo. *The music criticism of Hugo Wolf.* Henry Pleasants, ed. y tr. New York: Holmes & Meier Publishers, 1978.

YOUNG, Julian Mayne. *A memoir of Charles Mayne Young, tragedian.* London & New York: Macmillan, 1871, vol. I.

ZAMBRANA, Ramón. *Soliloquios.* La Habana: Imprenta La Intrépida, 1865.

4. Publicaciones periódicas

Allgemeine musikalische Zeitung (10) 1813, (43) 1815, (5) 1871, Leipzig.

Crónica de la Música (216) 1882, Madrid.

Die Grenzboten (2) 1846, Leipzig.

El Globo Diario Ilustrado (2.573) 1882, Madrid.

Gazette musicale de Paris (24) 1835, Paris.

Glissons n'appuyons pas. Giornale di Scienze, Lettere, Arti, Cronache, Teatri, Varietà e Mode (49) 1838, Milano.

I teatri: giornale drammatico musicale e coreografico, 1827, Milano.

La Época (10.896) 1882, Madrid.

La Ilustración Española y Americana (44) 1882, Madrid.

L'Eco, giornale di scienze, lettere, arti, mode e teatri (125) 1834, Milano.

Le Guide Musical: revue internationale des nouvelles musicales de la Belgique et de l'Étranger, (47) 1870, (18) 1871, Paris.
Magazin für die Literatur des Auslandes (13) 1844, Berlin.
Musikalisches Wochenblatt (28) 1870, Leipzig.
Niederrheinische Musik-Zeitung für Kunstfreunde und Künstler (20), 1854, Köln.
Revue et Gazette Musicale de Paris (29) 1840, (71) 1840, (15) 1843, (18) 1843, (6) 1875, (9) 1875, (10) 1875, Paris.
Revue de Paris (51) 1832, (27) 1844, Paris.
Revue Musicale (6), 1831, Paris.
Revue germanique (6) 1859, Paris.
Signale für die Musikalische Welt (6) 1866, Leipzig.
The Athenæum (606) 1839, (1777) 1861, London.
The Call (69) 1913, San Francisco.
The Music Trade Review (4) 1914, New York.
The Musical Library (16) 1835, London.
The Musical World (165) 1839, London.
The New York Times, 10.12.1892.

5. Artículos

ANÓNIMO. "Music in Germany and Belgium: Its Progress, Present State, and Prospects". En: *The Foreign Quarterly Review*. John Cochrane, ed. London: Chapman and Hall, 1845.

DUNN, John. 'On playing the violin'. En: *The Musical Educator*. John Greig, ed. London: Caxton, 1910, vol. III.

HAWEIS, H. R. 'Herr Joachim'. En: *The Argosy*. London: Strahan & Co., 1867, vol. III.

HOFFMANN, E. T. A. 'Beethovens Instrumentalmusik'. En: *E.T.A. Hoffmanns musikalische Schriften*. Edgar Istel, ed. Stuttgart: Greiner und Pfeiffer, s.d. [1906].

LAGENEVAIS, F. de (Henri Blaze de Bury). 'Revue Musicale'. En: *La Revue des Deux Mondes*. Paris: Bureau de la Revue des deux mondes, enero-febrero de 1882.

LAUBACH, Franck. 'The Orchestra. The Violoncello'. En: *The Musical Educator*. John Greig, ed. London: Caxton, 1910, vol. III.

ORTIGUE, Joseph de. 'Franz Liszt'. En: *Gazette musicale de Paris*. Paris: Schlesinger, 14 de junio de 1835.

SCHINDLER, Anton. 'Für Studirende von Beethoven's Clavier-Musik'. En: *Niederrheinische Musik-Zeitung für Kunstfreunde und Künstler*. Köln: Du-Mont-Schauberg, 20 de mayo de 1854.

SEDLACZEK, Proffesor. 'Paganini in Prag'. En: *Neues Archiv für Geschichte, Staatenkunde, Literatur und Kunst*. Wien: Franz Ludwig, 1829, vol. I.

VEREY, Joseph. 'Famous Violin Players'. En: *The Era Almanack*. Edward Ledger, ed. London: s.d., 1871.

WAGNER, Richard. 'The Virtuoso and the Artist'. En: *Richard Wagner's Prose Works*. William Ashton Ellis, trad. London: Kegan Paul, Trench & Trübner, 1898, vol. VII.

SECCIÓN II

1. Libros

BALDOCK, Robert. *Pau Casals*. Barcelona: Paidós Testimonios, 1994.

BARTH, George. *The Pianist as Orator: Beethoven and the Transformation of Keyboard Style*. Ithaca and London: Cornell University Press, 1992.

BROOKS, Peter. *The Melodramatic Imagination: Balzac, Henry James, Melodrama, and the Mode of Excess*. New Haven: Yale University Press, 1995.

BROWN, Clive. *Classical and Romantic Performing Practice, 1750-1900*. New York: Oxford University Press, 2002.

BÜLOW, Hans von. *Letters of Hans von Bülow to Richard Wagner, Cosima Wagner, his daughter Daniela, Luise von Bülow, Karl Klindworth, Carl Bechstein*. Hannah Waller, trad. New York: Knopf, 1931.

CERRILLO, Pedro, y LUJÁN, Ángel Luis. *Poesía y educación poética*. Cuenca: Universidad de Castilla-La Mancha, 2010.

CORREDOR, José María. *Pau Casals cuenta su vida. Conversaciones con el maestro*. Barcelona: Juventud, 1975.

COURCY, Geraldine I. C. de. *Paganini, the Genoese*. Norman: University of Oklahoma Press, 1957.

DARÍO, Rubén. *Prosas profanas; Cantos de vida y esperanza*. Alcalá de Henares: Universidad de Alcalá, 2008.

DE'AK, Steven. *David Popper*. Neptune City: Paganiniana, 1980.

DONINGTON, Robert. *The Interpretation of Early Music*. London: Faber and Faber, 1965 (1.ª ed.: 1963).

DROMGOOLE, Nicholas. *Performance Style and Gesture in Western Theatre*. London: Oberon Books, 2007.

ELLIOT, Martha. *Singing in Style. A guide to vocal performance practices*. New Haven & London: Yale University Press, 2006.

FUBINI, Enrico. *La estética musical desde la Antigüedad hasta el siglo xx*. Madrid: Alianza, 2005.

ГИНЗБУРГ С. Л. *К. Ю. Давыдов*. Ленинград: Музгиз, 1936 (Ginsburg, Semion L. *C. Iu. Davidoff*. Leningrado: Muzgiz, 1936).

GINSBURG, Lev. *History of the Violoncello*. New York: Paganiniana, 1983.

GOSÁLVEZ, Carlos José. *La edición musical española hasta 1936: guía para la datación de partituras*. Madrid: Asociación Española de Documentación Musical, 1995.

GÜLKE, Peter. *Beethoven. El problema de la interpretación*. José Luis Gil, trad. Barcelona: Labor, 1992.

GUTHRIE, John. *Schiller the Dramatist: A Study of Gesture in the Plays*. Rochester-New York: Camden House, 2009.

HARNONCOURT, Nikolaus. *La música como discurso sonoro*. Juan Luis Milán, trad. Barcelona: Acantilado, 2006.

HEGEL, G. W. F. *Aesthetics: Lectures on Fine Arts*. T. M. Knox, trad. Oxford: Clarendon Press, 1975.

KELLER, Hermann. *Fraseo y articulación.* Juan Jorge Thomas, trad. Buenos Aires: Eudeba, 1964.

MAREK, Dan H. *Singing: The first art.* Lanham: Scarecrow Press, 2007.

MILSOM, David. *Theory and Practice in Late Nineteenth Century Violin Performance; an examination of style in performance, 1850-1900.* Aldershot: Ashgate, 2003.

NEUBAUER, John. *La emancipación de la música. El alejamiento de la mímesis en la estética del siglo XVIII.* Francisco Giménez Gracia, tr. Madrid: Visor, 1992.

PHILIP, Robert. *Early Recordings and Musical Style.* Cambridge: Cambridge University Press, 1994.

PLANTINGA, León. *La música romántica. Una historia del estilo musical en la Europa decimonónica.* Madrid: Akal, 2002.

POCKNELL, Pauline. *Franz Liszt and Agnes Street-Klindworth. A correspondence, 1854-1886.* New York: Pendragon Press, 2000.

POTTER, John. *Tenor: History of a voice.* New Haven & London: Yale University Press, 2009.

ROETTINGER, Ida. *Head, hand and heart.* Ann Arbor: Shar Products, 1994.

ROUSSEAU, Jean-Jacques. *Ensayo sobre el origen de las lenguas.* México: Fondo de Cultura Económica, 1984.

SALAZAR, Adolfo. *La música en la sociedad europea. El siglo XIX.* Madrid: Alianza Editorial, 1984, vol. I.

SAURA, Jorge Saura (coord.). *Actores y actuación: antología de textos sobre la interpretación escritos por sus propios autores.* Madrid: Fundamentos, 2006, vol. I.

SCHLEGEL, Friedrich. *Fragmentos. Sobre la incomprensibilidad.* Barcelona: Marbot, 2009.

SOMERSET-WARD, Richard. *The story of the opera.* London: Aurum Press, 1998.

SOUREK, Otakar. *The chamber music of Antonín Dvořák.* Roberta Finlayson-Samsour, trad. Prague: Artia, 1954.

SOUTHWELL-SANDER, Peter. *Verdi.* Barcelona: Robinbook, 2001.

SZIGETI, Joseph. *With String Attached.* New York: Alfred A. Knopf, 1947.

WALDEN, Valerie. *One hundred years of violoncello. A history of technique and performance practice, 1740-1840.* Cambridge: Cambridge University Press, 1998.

2. Tesis doctorales

KENNAWAY, George William. *Cello techniques and performing practices in the nineteenth and early twentieth centuries.* Tesis doctoral. Leeds: University of Leeds, School of Music, 2009.

MORAN, John Gregory. *Techniques of Expression in Viennese String Music (1780-1830): A Reconstruction of Fingering and Bowing Practices.* Tesis doctoral. London: King's College University, 2000.

PERES DA COSTA, Neal. *Performing practices in late-nineteenth-century piano playing: implications of the relationship between written texts and early recordings.* Tesis doctoral. Leeds: The University of Leeds, School of Music, December, 2001.

3. Artículos

BROWN, Clive. 'Ferdinand David's Editions of Beethoven'. En: *Performing Beethoven*. Robin Stowell, ed. Cambridge: Cambridge University Press, 1994.

HEGEL, Georg Wilhelm Friedrich. 'La música. Extracto de los cursos de estética impartidos en Berlin en 1828/1829, según el manuscrito de Karol Libelt'. Yolanda Espiña, trad. En: *Anuario Filosófico*, n.º 54. Pamplona: Universidad de Navarra, 1996, vol. xxix.

LEECH-WILKINSON, Daniel. 'Early recorded violin playing: evidence for what?' En: Claudio Bacciagaluppi, Roman Brotbeck, Anselm Gerhard, eds. *Spielpraxis der Saiteninstrumente in der Romantik*. Bern: Argus, 2011, vol. iii.

LEECH-WILKINSON, Daniel. 'Portamento e significado musical'. En: *Per Musi. Revista Acadêmica de Música*, n.º 15. Belo Horizonte: UFMG, 2007, vol. ii.

LISZT, Franz. 'Berlioz and His 'Harold' Symphony'. En: *Source Readings in Music History from Classical Antiquity through the Romantic Era*. New York: W. W. Norton, 1950.

PERKINS, David. 'How the Romantics Recited Poetry'. En: *Studies in English Literature, 1500-1900*. Houston: Rice University, 1991, vol. xxxi (4).

СЕЛИВЕРСТОВА, Е. & УДАЛОВА, Е. 'Людвиг Карлович Альбрехт (1844–1898), выпускник Петербургской консерватории 1865 года' (Seliverstova, Elena y Udalova, Ekaterina: 'Ludwig Karlovich Albrecht (1844-1898), graduado en el Conservatorio de San Petersburgo en 1865'). En: *Musicus* (2) 2012, Conservatorio de San Petersburgo.

4. Obras de consulta

Terminorum Musicae Index Septem Linguis Redactus. Kassel: Bärenreiter, 1980.

Índice de grabaciones

Las grabaciones fonográficas citadas en este libro están disponibles en el enlace www.trinozurita.com/historicalrecordings.zip

1. Violonchelistas

AUGUSTE VAN BIENE (1849-1913)
1. van Biene: *The broken melody* [1903] [667]
2. van Biene: *The broken melody* [1911][668]

ALEXANDER VERZHBILOVICH (1850-1911)
3. Davidoff: *Romance sans paroles* [1904][669]

JOSEPH HOLLMAN (1852-1927)
4. Saint-Saëns: *Le cygne* [1906][670]
5. Schubert: *Ave Maria* [1906][671]
6. Schubert: *Ave Maria* [*ca.* 1916][672]
7. Chopin-Servais: *Nocturno,* op. 9/2 [1918][673]

HEINRICH GRÜNFELD (1855-1931)
8. Haendel: *Largo* (de Xerxes) [1903][674]

---

[667] Zonophone, X-47852 [1905 (rec. 1903)].
[668] *The recorded cello. The history of the cello on record,* vol. 1. Pavilion Records, Pearl GEMM (9981-9986), 1993.
[669] Ibíd.
[670] Victor, 64046 [1906].
[671] Victor, 64001 [1906].
[672] *The recorded cello. The history of the cello on record,* vol. 1. Pavilion Records, Pearl GEMM (9981-9986), 1993.
[673] Disque Pathé, 9507A [1918]. Consultado en <http://www.servais-vzw.org/>
[674] Gramophone, 47875 [Berlín: 1903]. Consultado en <https://www.deutsche-digitale-bibliothek.de>

9. Schumann: *Träumerei* [1903][675]
10. Koschat: *Verlassen bin i*, op. 4/1 [1915][676]

ANTON HEKKING (1856-1835)
11. Massenet: *Élégie* [s.d.][677]
12. Chaikovski: *Chanson triste* [190?][678]
13. Schumann: *Träumerei* [190?][679]
14. Raff: *Cavatina*, op. 85/3 [190?][680]

WILLIAM WHITEHOUSE (1859-1935)
15. Greene: *Sing me to sleep* [1907]. Edward Lloyd, tenor.[681]

JULIUS KLENGEL (1859-1933)
16. Bach: *Sarabande* [*ca.* 1927][682]

HUGO BECKER (1863-1941)
17. Becker: *Menuet* [*ca.* 1908][683]

HEINRICH KRUSE (1866-19??)
18. Servais: *Fantaisie et Variations brillantes sur la Valse de Schubert intitulée le Désir (über Sehnsucht's Walzer)*, op. 4 [*ca.* 1915], con orquesta de estudio.[684]

LUDWIG LEBELL (1872-1968)
19. Schubert: *Ständchen* [*ca.* 1911][685]

HANS KRONOLD (1872-1922)
20. Wagner: *O du mein holder Abendstern* [1905][686]
21. Schumann: *Träumerei* [1905][687]

[675] Grammophon, 47876 [Berlín: 1903]. Consultado en <https://www.deutsche-digitale-bibliothek.de>
[676] Gramophone, 2-47851 [1915]. Consultado en <http://music.damians78s.co.uk/>
[677] *The recorded cello. The history of the cello on record*, vol. 2. Pavilion Records, Pearl GEMM (9981-9986), 1993.
[678] Grammophon, 12438 947852/3.
[679] Anker-Record, H 515 742/3.
[680] Scala Ideal Record, 4004 5049/50.
[681] *The recorded cello. The history of the cello on record*, vol. 2. Pavilion Records, Pearl GEMM (9981-9986), 1993.
[682] Ibíd.
[683] Ibíd.
[684] Ibíd.
[685] Ibíd.
[686] Edison Gold Moulded Record, 8940 [1905]. Consultado en <http://cylinders.library.ucsb.edu/>
[687] Edison Gold Moulded Record, 9149 [1905]. Consultado en <http://cylinders.library.ucsb.edu/>

22. Saint-Saëns: *Le cygne* [1906][688]

23. Chopin-Servais: *Nocturno*, op. 9/2 [1907][689]

Pau Casals (1876-1973)

24. Elgar: *Salut d'amour* [1915], con orquesta.[690]

25. Haendel: *Largo from Xerxes* [1915], con orquesta.[691]

26. Rubinstein: *Romance*, op. 3/1 [1915], con orquesta.[692]

27. Saint-Saëns: *Le cygne* [1915], con Charles A. Baker, piano.[693]

28. Schumann: *Träumerei* [1915], con orquesta.[694]

29. Dvořák: *Když mne stará matka zpívat, zpívat u ívala*, op. 55/4 [1929], con Blas Net, piano.[695]

30. Bruch: *Kol Nidrei* [1936], con la London Symphony Orchestra y Landon Ronald, director.[696]

VICTOR SORLIN (1878-1912)

31. Wagner: *O du mein holder Abendstern* [1909], con orquesta de estudio.[697]

32. Chopin-Servais: *Nocturno*, op. 9/2 [1910], con Christopher H. H. Booth, piano.[698]

33. Breil: *Song of the soul* [1910], con Christopher H. H. Booth, piano.[699]

34. Puccini: *Madame Butterfly* [1911], con orquesta de estudio.[700]

JOSEPH MALKIN (1879-1969)

35. Schumann: *Träumerei* [*ca.* 1910][701]

GUTIA CASINI (1896-19??)

36. Strauss: *Morgen* [1913], con Frances Alda, soprano, y Frank la Forge, piano.[702]

---

[688] Edison Gold Moulded Record, 9413 [1906]. Consultado en <http://cylinders.library.ucsb.edu/>

[689] Edison Gold Moulded Record, 9637 [1907]. Consultado en <http://cylinders.library.ucsb.edu/>

[690] *Great Cellist · Casals.* Encores and Transcriptions, vol. 3. Naxos 8.110985.

[691] Ibíd

[692] Ibíd.

[693] Ibíd.

[694] Ibíd.

[695] *Pau Casals. The Complete Published EMI Recordings, 1926-1955*, vol. 9. EMI, 2009.

[696] *Pau Casals. The Complete Published EMI Recordings, 1926-1955*, vol. 5. EMI, 2009.

[697] Indestructible Record, 1049 [1909]. Consultado en <http://cylinders.library.ucsb.edu/>

[698] Victor, 31563 [1910]. Consultado en <http://victor.library.ucsb.edu/>

[699] Victor, 16484 [1910]. Consultado en <http://victor.library.ucsb.edu/>

[700] Edison Amberol, 818 [1911]. Consultado en <http://cylinders.library.ucsb.edu/>

[701] Favorite Record, F-151 [Berlín: ca. 1910].

[702] Victor, 64339 [1913]. Consultado en <http://victor.library.ucsb.edu/>

2. Cantantes

MATTIA BATTISTINI (1856-1928)
   37. Wagner: *O du mein holder Abendstern* [1902][703]

ADELINA PATTI (1843-1919)
   38. Flotow: *Letzte Rose* [1905], con Landon Ronald, piano.[704]

ADALGISA GABBI (1857-1933)
   39. Bellini: *Casta diva* [1903][705]

OLIMPIA BORONAT (1867-1943)
   40. Flotow: *Letzte Rose* [1908][706]

3. Oradores

BRANSBY WILLIAMS (1870-1961)
   41. Wolfe: *The Burial of Sir John Moore after Corunna* [1913][707]

BERTA SINGERMAN (1901-1998)
   42. Darío: *Marcha Triunfal* [1931][708]

4. Pianistas

CAMILE SAINT-SAËNS (1835-1921)
   43. Chopin: *Nocturno*, op. 15/2 [1905][709]

5. Simulación del vibrato de Pierre Baillot según su *L'Art du violon* (1834)

   44. Muestra 1: Simulación de un vibrato de oscilación lenta
   45. Muestra 2: Simulación de un vibrato de oscilación rápida
   46. Muestra 3: Comparativa: vibrato de Baillot/vibrato de Grünfeld

---

[703] *Mattia Battistini. The complete recordings 1902-1911*, vol. 1. Classical Moments: 2010.

[704] *The Complete Adelina Patti And Victor Maurel.* Marston (52011), 1998.

[705] Pathé: 84038 [Milano: Anglo-Italian Commerce Company, 1903].

[706] *Lebendige Vergangenheit. Olimpia Boronat.* Preiser Records (PR89629), 2006.

[707] *Edison Blue Amberol, 23031 [1913]. Consultado en <http://cylinders.library.ucsb.edu/>*

[708] Barcelona Transoceanic Trading Cº, Barcelona: 1931 (Catálogo BNE: Archivo de la palabra, Recitales poéticos, Signatura DS/9350/4, PID 3422714).

[709] *Welte-Mignon Piano Rolls*, vol. 2 (1905-1915). Naxos, 8.110678.

Índice onomástico

Agradecimientos

Estoy en deuda con todos los que me han asistido de alguna u otra forma durante la elaboración de la presente obra. Quisiera mencionar especialmente a quienes me han permitido el acceso a documentos de gran valor para mi trabajo: al doctor Uta Schaumberg, del Departamento de Música de la Bayerische Staatsbibliothek München; a Andreas Sopart, del archivo de la editorial Breitkopf & Härtel en Wiesbaden; al doctor Raymond Dittrich, del Departamento de Música de la Bischöfliche Zentralbibliothek Regensburg; y a Ben Morley, de la Clive Morley Collection de Londres.

Quiero mostrar mi agradecimiento y admiración a Alicia Díaz de la Fuente, por sus pacientes y valiosos comentarios cuando este trabajo tomaba la forma de tesis doctoral.

Siento igualmente una enorme gratitud hacia Reynaldo Fernández Manzano y Javier López de Goicoechea, por sus inestimables consejos y por haber apoyado mi trabajo con tanto entusiasmo y eficiencia.

Quiero agradecer a mi familia, sobre todo a mis padres, el aliento y la motivación constante que me han transmitido a lo largo de los años.

Por último, el agradecimiento más especial es para mi esposa, María del Carmen, y para nuestros hijos, María y Tomás, por su cariño y su comprensión sin límites.